U0069324

紅樓摘星

——紅樓夢十二星座

作者★風雨 琉璃

自序

這是一本寫給喜歡《紅樓夢》與星座學朋友的一本書。

星座學本源於中國，在古代的大唐時已作為觀察個人命理與國家天數的一門學問，後透過絲路傳至西域的波斯等地，成為一門神秘的占星學，再經由西方的十字軍東征，由伊斯蘭世界傳至現在歐洲的基督教世界。星座學則在中國融合了天干、地支、五行而成為獨特的紫微斗數與風水學。這一段簡單歷史的介紹只是要告訴讀者，星座學本是我們中國人的產物。

《紅樓夢》是中國的偉大古典小說，這本著作中的人物們，性情的刻劃與細膩的對話，觸發了人們內心靈泉的想像與空間。凡人如我輩，習慣於在現實、文藝中貪看女兒的風貌，喜歡女子的深情、嫉情、纏

自序

綿、耽溺、遐思、夢想、掙扎、野心、生命力……雅、俗、清、濁、以及對抗命運的搏鬥。一直想追尋女子的生命密碼，思考著存在於現世中的女兒局限與怎樣突破困境及開發潛能；而當我們循回古典、一遍遍翻閱《紅樓夢》，怎樣出挑靈動的女兒們呀！奈何不得充分發揮才情真性！惋然之餘，在想：如果讓她們活在現代，她們會是怎樣一個格局？因此試圖在占星學中找出一些印證與答案……。

寶玉為閨閣昭傳、為英秀傳心，是紅樓女兒的第一知心人。如果您和賈寶玉一樣有鍾愛女兒之心，那麼您務必要看這本書，也請您進入紅樓星夢的世界……。

生命沒有標準答案、生命是驛動的，就連看似「無解」的答案，也可能找到屬於您獨特方式的出路，所以在這本書中，我們並不為紅樓兒女的生命做演繹。當您進入紅樓星夢的世界，您就已化身為紅樓兒女，請您自視為他們生命的延續，為他們、也為您自己譜出現代的心曲、活出真我的風采……。

自序

對於一些嫻熟於現代星座，卻疏忽了中國傳統文學的年輕朋友而言，這本由星座學進入《紅樓夢》的著作，應可有助於了解與認識「中國」的這本偉大著作，這也是作者寫作本書的另一動機。

這篇作品能夠得以完成，對於雨若與Ken兄的意見與鼓勵，特在此表達感謝。

風雨琉璃

於蘇州旁的一個美麗又有詩意的中國傳統水鄉古鎮「甪直鎮」

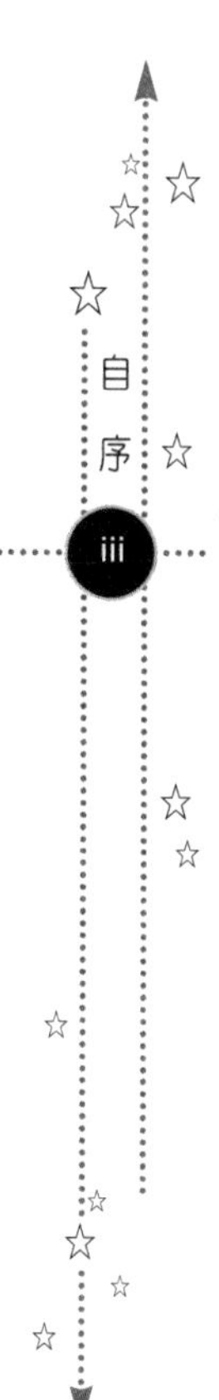

自序

目錄

目錄

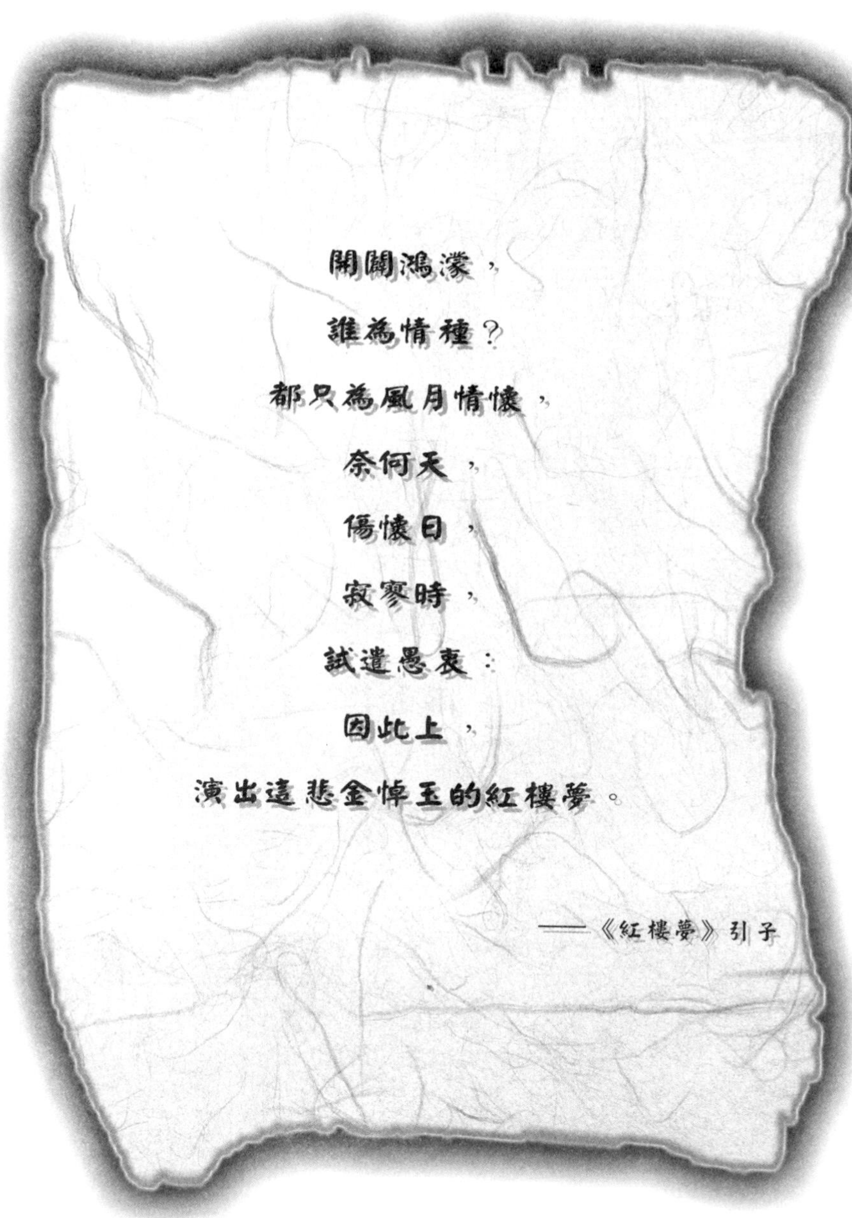

開闢鴻濛，

誰為情種？

都只為風月情懷，

奈何天，

傷懷日，

寂寥時，

試遣愚衷：

因此上，

演出這悲金悼玉的紅樓夢。

——《紅樓夢》引子

♈ 白羊座

（三月二十一日～四月十九日）

白羊座是黃道十二宮裡的第一個星座，大約是中國二十四節氣的春分至穀雨出生的人。

探春

太陽—白羊

月亮—金牛

上昇—獅子

水星—金牛

金星—金牛

火星—處女

火象星座

若以占星學的四分法來編類，白羊座是屬於火象星座（另外兩個火象星座是獅子座和射手座）。火象星座人的性格傾向樂觀主動、積極進取、活潑自信、熱情光明、天真率直、果敢無畏、勇健慓悍、對生命充滿熱誠與期待。如果白羊能量過強，則容易流於好勇鬥狠、剛愎自用、缺乏耐性、主觀急進、魯莽衝動、獨斷跋扈。

基本星座

以三分法來歸類，白羊座是屬於基本星座（每個季節的開始，都是基本星座，所以春分白羊、夏至巨蟹、秋分天秤、冬至摩羯都是基本星座）。基本星座既是承接著時序變幻的開始，因此基本星座的意義，在於賜予本命星座的人們重要的生命資源：「開創性」及「行動」。基本星座人，通常擁有危機處理的反應力、毅然果斷的決定力和積極建設性的主控力，不過上述能量容易轉換為好管閒事，未經深思熟慮、冒然行動的毛病；有創新及管理事務的潛力，且凡事喜歡做開頭、做頭頭，因為他們喜歡居於領導地位，所以也容易下意識的愛指揮人。其中尤以白羊座行事最常見雷厲風行，而往往也最能立竿見影，只不過其內涵比較像政治學上的「法家」，容易事後出紕漏、出亂子。

白羊日座

當我們出生時的霎那，太陽進入的星座是我們的太陽星座☉。太陽星座關乎個人的基本潛能、個人的意志、外在的自我形象、自主人格的展現、精力與能量的來源、處世原則與主觀意識。

白羊座的守護星是火星♂，火星在神話中的代表人物是戰神，因此火星坐落本命的白羊座，更是如虎添翼，其生命的基本情調就是戰鬥、意志力、驅策力。

白羊座的符號♈象徵羊角，防衛心強，隨時準備向侵犯他的命運角力、搏鬥；並且也象徵初生的芽苗，正欣喜地攢出生命的活力與炙熱，是最富生命力的星座之一。

白羊座是行動派的翹楚，常常一個意念閃過，就會化諸於行動，對白羊座來說，行動的另一個名字叫做「證明自己」；白羊座天生熱愛競爭、勇於挑戰，所以往往也能樂在其中。凡事講究效率、快狠準，好打「閃電戰」，最恨拖拖拉拉、不乾不脆，往好的方面看是性情中人、自然率真、善於把握機會；但要思考一體之負面，有時不妨放慢節奏，多做「三思而後行」的工夫，以免欲速而不達，到頭來一場空。並且人生的風景有時是需要停下腳步、慢慢欣賞，方能體會出其中的味道。

白羊座積極進取，而且是極度「成就取向」的。如果白羊座會覺得生命無意義，那麼通常就是他們沒有得到成就感的滿足。這樣的白羊座會變得頑固、自私、小心眼、或者極端霸道、難以相處。

為了避免蹈入自我感倍受挫折的慘境（對白羊座來說，「自我的破滅感」是最殘酷的），他們會非常喜歡競爭，因為競爭的另一個意義，代表著通往「完成成就感」的手段與路徑。然而伴隨競爭而來的常是摩擦，因此，要注意控制火氣，火氣會變成血氣，逞一時之勇的結果，不免演出全武行，鬥得兩敗俱傷、難以收拾，這種破壞力是不可能有「建設性」的餘地。

由競爭衍生而來的正面性能量是喜歡設定目標（另外一個愛設定目標的星座是射手座，不過射手座比較欠缺從一而終的貫徹精神，因為他們玩心重，也比較沒有競爭心。請參考湘雲射手日座一文），而且是絕對清清楚楚的目標（他們不喜歡模稜兩可、曖昧不清）。這對人生的自我實現，是絕佳的動力。

白羊能量強的人，在人生舞台上常常予人「賣力演出」的印象。他們用於努力實現目標的精力、狂熱，有時會令你訝然：怎麼他們好像在「發洩」什麼、「拼命」什麼似的；然而你也會不得不佩服他們無窮的精力，慨然驚嘆他們執著於完成目標的激情、狂熱，與爆發力的強度。

白羊座子民的信條是：絕不輕言服輸，要就要當第一。他們也甚少對生命真正絕望，挺身面對挑戰的白羊座，總是帶給自己與他人柳暗花明又一村的新境。其實，不論是哪個星座的人們，只要勇於面對生命挑戰，生命給予他們的回報就是「絕處逢生」的機會，屆時那些新生的人們，他們的心情必得更深一層的化境。

白羊座人極欲開拓一個新局面、開創一個大格局，這種不喜歡給生命做自我設限的性格，加上具有冒險犯難、大無畏精神及英雄崇拜的本色，其最佳的表演舞台，往往就在「需要衝鋒陷陣、或具有挑戰性」的層面上。

然而白羊座人「愛的表達能力」欠缺精緻細膩，容易流於表面或比較不懂得體貼關心人，他們很少把別人的需要納入考慮，因此常不知不覺犯了不夠尊重別人、傷害別人的毛病，他們異常自我，容易自我膨脹，變成自大狂，喜歡做獨行俠（因為他們比較信任自己，又常嫌別人速度不夠快、婆婆媽媽），此時不妨多交幾個對宮天秤座的朋友（對宮的特質經常具有本命宮今生比較欠缺的特質），學習合作和協調的藝術。

白羊座代表人物——探春

探春嘆惋：「我但凡是個男人，可以出得去，我必早走了，立一番事業，那時自有我一番道理。」以一個庶出的身分，不愧具有白羊日座才志清高、英姿颯爽的因子。

太陽在白羊座的探春

探春（出生於農曆三月三日）是賈府小姐中唯一一個最有膽、有識、最有魄力、才幹、且最具政治風度的女巾幗。她曾嘆惋：「我但凡是個男人，可以出得去，我必早走了，立一番事業，那時自有我一番道理。」她的思想超越封建貴族小姐的侷限、視野與藩籬，以一個庶出的身分，

卻能在賈府裏出頭（以小廝興兒的話來說，她是「老鴰窩裏出鳳凰」）不愧是具有白羊日座才志清高、英姿颯爽的因子。

因著白羊日座的能量，探春總能夠在危急時刻排難解圍，仗義直言。像賈赦想討鴛鴦做姨娘，令得賈母震怒，當時王夫人委屈不敢辯，薛姨媽是王夫人的親妹也不便說項，甚至連寶玉、李紈、鳳姐都不敢辯駁，卻只有探春膽敢在賈母盛怒之時進言，先緩和了氣氛，才有王熙鳳之後的妙語（參見天秤座／王熙鳳）。

像「纍金鳳」事件，她看不慣玉桂兒媳婦吃定迎春軟弱，占她便宜，對迎春未能轄治只當罔若未聞的逃避心態也看不過眼，雖然迎春不願追究，探春還是硬要出頭伸張正義。再舉一樁「紅香圃」慶祝平兒、寶玉、寶琴、岫煙生日的歡宴，眾人都玩地瘋魔時，管家林之孝擔心丫嬛們趁著熱鬧玩地失了體統，帶著幾個婆子前來探問，被探春擋了回去，平兒等她們一幫人走之後，投鼠忌器地說：「依我說，竟是收了罷，別惹他們再來。」探春依然是雲淡風輕地說「不相干」做擔保，充分表現了白羊座敢做敢當的氣度。

白羊日座的探春豪氣干雲，打擊惡勢力大快人心：在抄撿大觀園時，一幫欺主刁奴正一路勢如破竹、赫赫揚揚風捲殘雲般地襲剿大觀園時，諸院皆敢怒不敢言或唯唯諾諾、閉聲噤氣，除了晴雯（上昇星座在白羊座）演出倒篋火爆場面外，就只有三姑娘探春反擊出最漂亮的一仗！

當大軍浩浩蕩蕩壓至秋爽齋時，氣勢不凡的探春先是命丫嬛秉燭開門而待，一派大將之風。極其擔當、巧施威壓地說：

「我的東西倒許你們搜閱；要想搜我的丫頭，這可不能。我原比眾人歹毒：凡丫頭所有的東西，我都知道，都在我這裏間收著。一針一線，他們也沒得收藏。要搜，所以只來收我。你們不依，只管去回太太，只說我違背了太太，該怎麼處治，我去自領。」

鳳姐已看出這山雨欲來的勢頭不對，打了個圓場：「既然丫頭們的東西都在這裏，就不必搜了。」探春的白羊硬派脾氣上來了：「你果然倒乖！連我的包袱都打開了，還說沒翻（其實根本是探春命丫嬛們打開的。真真是白羊日座得理不饒人的氣魄！）？明日敢說我護著丫頭們，不許你們翻了？你趁早說明！若還要翻，不妨再翻一遍！」這利招不僅是反唇相譏，還乘隙插足、扼其主機的反客為主，連鳳姐都招架不住，不敢攖其鋒，待要鳴金收兵，偏是受王夫人之命的現官吆喝檢查團一員王善保家的，以為眾人沒眼色、沒膽量，一個姑娘又是庶出的能有什麼利害本事？況且平日裏哪有權管制大觀園的公子小姐，這個威風可要逞足癮，不然「有權不用過期沒

用」，趁勢作臉拉起探春的衣襟，故意一掀，嘻皮儂賴的笑道：「連姑娘身上我都翻了，果然沒有什麼。」

「蓄意冒犯」是白羊座的一大忌諱，果然探春大發白羊座的火箭炮威力，甩了王善保家的一個耳括子，怒道：

「你是什麼東西，敢來拉扯我的衣裳！我不過看著太太的面上，你又有幾歲年紀，叫你『媽媽』，你就狗仗人勢，天天作耗，在我們跟前逞臉！如今越發了不得了！你索性望我動手動腳的了！你打諒我是和你們姑娘那麼好性兒，由著你們欺負，你就錯了主意了！你來搜檢東西，我不惱，你不該拿我取笑兒！」

白羊座的尊嚴是絕對不容許任何人侵犯的，逞強作耗的王善保家的若是對星座個性稍有概念，或許就會節制點，免得白落得成為炮灰了！

另外一件值得一書的紅樓逸事：「海棠結社」，要不是探春的啟發與堅持，遊夢紅樓可就少了一番清奇雅趣了。

紅樓兒女一向清閒散漫，缺乏一股生氣蓬勃的組織力，有的每日在大觀園中縱性遊蕩，有的把光陰虛度歲月空添，這時也唯有深具白羊日座開創新局能量的探春會凝出集結詩社的構想，以承擔眾人之事的熱情與能力，發了帖子給寶二哥哥和眾家姐妹：

「今因伏几處默，忽思歷來古人處名攻利奪之場，猶置些山滴水之區；遠招近揖，投轄攀轅；務結二三同志，盤桓其中，或豎詞壇，或開吟社；雖因一時之偶興，每成千古之佳談。妹雖不才，幸叨陪泉石之間，兼慕薛林雅調。風庭月榭，惜未讌集詩人；帘杏溪桃，或可醉飛吟盞。孰謂雄才蓮社，獨許鬚眉；不教雅會東山，讓余脂粉耶？若蒙造雪而來，敢請掃花以俟。」

所謂「蓮社」，是東晉名僧慧遠在廬山東林寺所創，與會者號稱十八賢，並曾邀陶淵明參加；而「東山」是指謝安隱居地，當年曾邀王羲之等人同遊山水吟詩誦文，傳為佳話。當中一句「孰謂雄才蓮社，獨許鬚眉；不教雅會東山，讓余脂粉耶？」氣象灑脫豪邁，活脫脫是純粹且最能代表白羊女兒的思維與語法。

李紈拜帖而來，一進門就說：「要起詩社！我自舉掌壇！」，黛玉也興高采烈地提議大家起個雅號。探春起了個「蕉下客」，當下被說起笑話來也尖刻的黛玉取笑（黛玉的水星在白羊座，請參考雙魚座黛玉的篇章），要眾人把她燉了作鹿肉脯子來吃酒，原來黛玉是用了莊子「蕉葉覆鹿」的典故，探春既用「蕉下客」為名號，豈不就是蕉葉下那隻鹿嗎？可惜對手是白羊能量更強的探春，她豈會甘願受嘲而不反擊：「你又使巧話來罵人。你別忙，我已替你想了個極當的美號，當日娥皇女英灑淚在竹上成斑，故今斑竹又名湘妃竹；如今他住的是瀟湘館，他又愛哭，將來他那竹子想來也是要變成斑竹的，以後都叫他做『瀟湘妃子』。」真不愧是白羊座快人快語，教人無法再反駁，不敢再自討沒趣！

起完了號，李紈又自願在稻香村作社，要做東道主人，並分派迎春出題限韻、惜春謄錄監場。探春的白羊性格是極欲領袖群倫的，當然不大服氣：「好好兒的，我起了個主意，反叫你們三個來管起我來了。」還好探春亦是蠻大度的，她只要求：「這原係我起的意，我須得先做個東道，方不負我這番高興。」並且劍及履及：「明日不如今日，就是此刻好。」最終詩社定名「海棠詩社」也是讓探春搶了去主張的。而當做為限時用的「夢甜香」燃起時，首先寫完交卷的也是探春，白羊座在思緒上的機敏比之行動上的快捷也不遑多讓！

探春的白羊日座落在她個人星圖上的第九宮（第九宮是遷移宮，原本是射手座的宮位，其宇宙生命的主題是「人生智慧」），代表她對倫理、宗教、法律、哲學等高層次精神與知識領域會有高度興趣，因此她會有傾向於心智探索、追求智慧展現特質的能量，對於未來她具有敏銳的觸角、本能的洞析力，能引發對未來的真知預見，本人會有較強的道德期許與正義感，即使白羊座讓她充滿競爭心與成就取向，但她還是會在價值觀上向精神層面做調整。

在星象週期中，「太陽時期」的生命週期大約是二十二歲到四十歲之間，也就是成年期至中年期，這是每個個體的關鍵時段，我們會在太陽週期當中學習自我的認同、與塑造自我的形象。不過一般世人大都以外在的社會認同與社會地位做為自我的塑形標準，如果這段期間我們嚴重忽略內在的自我價值感，那麼在太陽時期結束前，我們可能要面對喪失真我的陰影：「中年危機」（自我價值感的衰落）的困惑甚至崩潰。

上昇星座在獅子座的探春

當我們出生時的霎那，從我們的出生地往東方地平線向黃道延伸，正有一個星座冉冉上升，第一個接受陽光的照射，這就是我們的上昇星座了。它是我們個人星盤中的第一宮，也就是我們的「命宮」。除了太陽星座讓我們讀出、辨視個人外在的氣質外，上昇星座是另一個展現個人氣質屬性的指標，有時還會影響個人的身材外貌，其重要性不亞於太陽星座。上昇星座是我們在成

長環境與事件的衝擊中逐步塑造出來的自我形象，常常是「我們所期許的自我形象」甚或是「受壓抑後的變形人格」，所以也常常成為「別人看到我們時的第一印象」。

黛玉第一次見到探春時的印象是：俊眼修眉，顧盼神飛，文彩精華，「見之忘俗」。探春的才貌品格有如「日邊紅杏倚雲栽」，美豔兼又高貴不可方物；興兒說她「混名兒叫『玫瑰花兒』：又紅又香，無人不愛，只是有刺扎手。」只可遠觀，不可冒瀆。

獅子座是占星術先天盤的第五宮——子女宮。命宮在獅子座的星主，一生中絕不乏會碰到幾次上台表演的機會，事後看來，總是那麼地水到渠成似的，教人不禁艷羨命運似乎特別眷顧他們；而任何場合，他們也總是予人氣宇不凡的感覺，在眾人中你很難不會注意到這號人物。連自負精明、眼高於頂的鳳姐，也早就觀察到這個三姑娘「心裏嘴裏都也來得」，不得不承認「她又比我知書識字，更厲害一層」！不論他們是先天散發這種氣質，還是偽裝的保護色，這份自信尊貴都是他們最喜愛、念茲在茲的色彩。

他們有堅強的意志，往往能突破一般人不易克服的困境。但是他們樂觀，所以在競爭或與他人交手時，雖然總是會讓他們見識到人性的卑劣處，但是上昇獅子最終還是不會放棄他們的高標準。探春的庶出地位堪稱是內心深處自卑情結的一大疙瘩，同樣是庶出的迎春、惜春，都無法擺

脫自卑情結的困頓，一個選擇逆來順受、一個選擇冷酷無為，作為生命舞台的情調，唯有命宮在獅子座的探春，可以在內心化自卑為自強的昇華。

獅子上昇星座的人們不容對手忽視，常戲劇化的扳倒對手，令人瞠目。像探春第一次露臉代理鳳姐治家之事，眾人以為她不過是個未出閨閣的年輕小姐，素日平和恬淡（探春的月亮☽、金星♀、水星☿都在金牛），欲試探她怎樣處理賞銀支費；探春問吳新登家的舊例如何辦，吳新登家的推說忘記舊賬，探春沉著卻不失強硬地回問：「你辦事辦老了的，還記不得，倒來難我們。你素日回你二奶奶（熙鳳）也現查去！」一句話戳破了也扣死了吳新登家的謊言，真是觀察透地透徹、拿捏地果決、說地理直氣壯、辦地切實立行！幾件事下來，輕慢者都被這玫瑰花兒刺扎了手，才知探春精細厲害處不讓鳳姐！上昇獅子座的女子是一朵溫甜的紅玫瑰，她們並不主動去攻訐別人，但有誰膽敢欺騙、用鋒針芒刺對著，她們必定會迎頭痛擊，不容別人侵壓忽視！

獅子坐命的人最恨別人「灑潑胡鬧」（特別是和自己親近、或關係非淺的人，他們習慣用相同的標準來要求親人），演出潑賴的戲碼，尤其是在大庭廣眾之下。這和他們花很多力量來維持驕傲高貴形象的心意嚴重背倒而馳，這時的獅子會變得非常冷酷、嚴厲、甚至予人一種極度尖刻的印象。偏偏趙姨娘時不時的來上一鬧，弄地探春不得已惡言上口，數落自己的親生母親「何苦自己不尊重，大吆小喝失了體統」、「何苦來！誰不知道我是姨娘養的？必要過兩三個月尋出由頭來，徹底來翻騰一陣，生怕人不知道，故意的表白表白！也不知誰給誰沒臉！」發作的獅子，任誰也不敢惹，連平兒都不敢以「往日喜樂之時相待，只一邊垂手默侍」。

命宮在獅子座的人常把世界視為一座華美的舞台，自己是聚光燈下的主角，力求高雅演出，他們喜歡結社交遊、鍾情於團體活動；他們的藝術感也強，嚮往高品味的生活，喜歡從事藝術方面的活動，抒發他們的創造力，最好是能成為領導者，不然很容易會喪失興趣；受到守護星太陽的影響，他們的人生觀如同孩童一般，通常都是往好處看，因此個性也比較傾向光明開朗，但也傾向於貪求名聲地位。

上昇獅子座人，因為守護星太陽的作用力，在卸下武裝時，他們也會有深情底蘊的同情心腸，將溫暖帶給身邊的人，尤其是對於弱者。也難怪在眾人熱呼地忙著寶玉婚事、黛玉魂歸離恨天之際，也只有探春會主動來這失勢，門前冷落車馬稀的瀟湘館了！

月亮在金牛座的探春

月亮星座代表各人的內在氣質、潛意識和安全感，它所在的宮位影響星主的情緒、直覺、性向、好惡，支配著一個人真正的內心想法，而人與人之間對情緒與感覺的親密與否也歸月亮掌管。

月亮在土象星座（金牛、摩羯、處女座）的人比較傾向壓抑、隱藏或者忽略真實感覺的人。但因為金牛的金星和月亮關係和諧，因此月亮在金牛的人，在表達感情時，不至於彆扭或刻意不讓對方知道他們的感受。月亮金牛和月亮巨蟹最能夠做感情交流，因此探春對寶玉（月亮巨蟹）最投緣。

月亮落在金牛座是擢升位置，受到月亮正面能量：母性、順從與包容力的影響，金牛月座顯得非常穩定，再加上守護星金星和平、愛與美的加持力，金牛月座擺脫了月亮負面敏感善變、缺乏安全感的作用力，因此探春衝動、激進派的白羊能量得以被平衡，因此只要在不受剋的情況下，她可以很自在專心地追求對美的事物的追求。

探春在先天命盤上是很幸運的，太陽白羊和月亮金牛都是「廟旺」的位置，是日月功能最為彰顯、最為平衡的相位，可以說是兼具白羊和金牛的優點：對人大方慷慨細心周到、直而不拙樸而不俗、脫如狡兔守如處子、極有主張又能謹守分寸，所以不會恃權橫行淪為奸雄！

金牛月座的人，其人生觀積極、充滿希望、行動有大志、做事有擔待責任心重、踏實又守信

用，號稱是個「可靠的肩膀」。他們能夠將這份氣質感染給身邊的人，在他們的照拂下，容易激發團結對抗外侮的精神。因此探春身邊的丫嬛侍書在她的護衛下，也敢理直氣壯，對抗不合理的壓迫，贏得王熙鳳一句：「好丫頭！真是有其主必有其僕！」的美稱。

由於金星管照，使金牛月座成為十二星座中的感官大師，與生活美學大師，他們通常對藝術極具鑑賞力和創造力，金星愛追求諧和性，總是喜歡保持情緒的穩定，追求心靈的寧靜，不管在外的生活是怎樣的殺伐，金牛月座回到自己的窩時，一定盡可能反樸歸於厚實安穩質地的真，他們可不希望在家還要武裝自己，時時如白羊、摩羯、處女座的「天行健，君子以自強不息」。忙裏偷閒享受人生閑散之樂是金牛座最不可缺少的樂趣。他們喜歡佈置家庭，對擺飾精心挑選，懂得享受人生的美好與舒適，非常投入生活的美學。嚮往大自然、山林意趣的他們，善於捕捉生活的浮光掠影妝點生命，即使不是一位隱士，他們也會製造出高雅飄逸的幽居環境。我們且看秋爽齋的佈局：

> 探春素喜闊朗，這三間屋子並不曾隔斷。當地放著一張花梨大理石大案，案上堆著各種名人法貼，並數十方寶硯，各色筆筒，筆海內插的筆如樹林一般；那一邊設著斗大

的一個汝窯花囊，插著滿滿的一囊水晶球的白菊。西牆上當中掛著一大幅米襄陽「煙雨圖」。左右掛著一副對聯，乃是顏魯公墨跡。其聯云：「煙霞閑骨格，泉石野生涯」，案上設著大鼎，左邊紫檀架上放著一個大觀窯的大盤，盤內盛著數十個嬌黃玲瓏大佛手。

我們可以在上述文字中發現許多「大」字，這非常符合金牛月座（以及上昇獅子）在情感上傾向於穩定及沉著，尋求物質上厚實有價值感兼舒適的特質。

另外值得注意的是，以探春個人的星圖來看，她的月亮落在第十宮（事業宮），因此她會比較重視事業、外在形象，追求成就感，對於社會地位會比較敏感，比較喜歡設立成就目標，善用她所擁有天生的潛能，專注於發揮個人影響力，或經由事業途徑，來得到社會的認同與肯定，當她擁有事業、權威、聲望及榮譽時，最能感受到生命的滋潤與意義。然而正好她是月亮十宮兼金牛座，所以她會以剛嚴自我砥礪，心術正直真切，諸法合理凜然大公，不屑玩弄權謀，凡事適可而止，就如黛玉對寶玉說：「你家三丫頭倒是個乖人。雖然叫他管些事，也倒一步不肯多走；差不多的人就早作起威福來了。」可說是有為也有守。

在星座週期中，「月亮時期」是從出生到四歲的階段，這段時期會在我們的潛意識中烙下痕

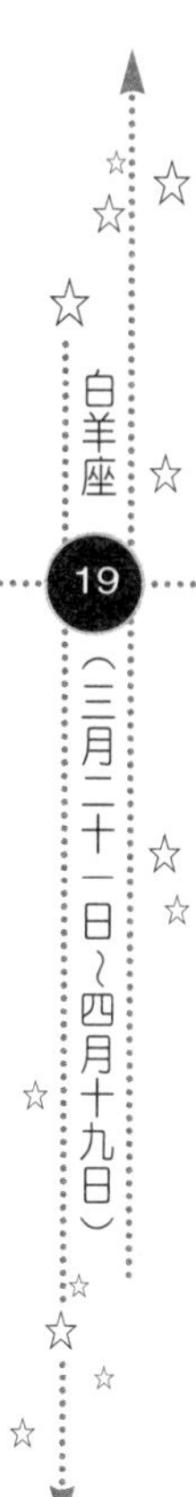

跡，人說「四歲定終生」，並非誇張的說法，尤其對那些比較沒有自覺意識去改造自我生命的個體，這個本能——「性格的原型」，恐怕會跟著他們進入棺材。

水星在金牛座的探春

水星管轄心智和抽象觀念的範疇，也就是攸關我們的思考、學習、溝通及表達能力。由於水星是最靠近太陽的內行星，它和黃道總是呈二十八度的角度，因此在個人的星圖上，水星通常不是和太陽落在同一個星座，就是和太陽前後的一個星座（金星的狀況也差不多）。

水星位在金牛座時，很自然會以事物的「實用價值」作為思考的模式或方向。因此他們多半很實際，對於財務及家務具有廣泛的常識，天生就比較具有商業頭腦，善於經營管理的工作，並且一旦計畫開始，就會邁著穩健的步伐，保持堅忍的毅力直到完成為止。

像理家興利除弊那段，可以說是探春運用水星金牛能敏感嗅出事物價值或附加價值的天賦的最佳例證：當她參觀賴大家的園子後，以一個未出閣沒見過外頭世面的姑娘家，她卻能動腦筋想到利用大觀園的花草來生利。

在星座週期中，個體從四歲到十四歲是屬於「水星時期」。這是我們心智的探索階段，經過語言、心智的啟蒙，我們建構著和外界的溝通網路；如果這個階段沒有受到良好正向的啟發與正確指引，那麼在未來的時刻我們將花更多的精力走出封閉扭曲的自我，或者和這個世界的溝通老是「短路」、更或者總是格格不入。所以下兩個星座週期（金星和太陽週期）是翻身的最大契機，可以說是「事在人為」的階段。

金星在金牛座的探春

金星落入的星座可以反應星主容易受吸引或會吸引什麼樣的人事（縮小範圍的話，就是「愛情的吸引力」），魅力展現形態、社交能力、對愛情與婚姻的看法、對金錢觀的態度等。由於金星和黃道面的角度不會超過四十八度，所以個人星圖中的金星一定在太陽所在星座的前後兩個星座內。

金星是金牛座的守護星，精神的富裕和物質的富裕對他們來說幾乎占有相同的比重；金星金牛的愛、金錢與所有權、占有慾經常是不可分割的，因此他們會愛好音樂繪畫、美麗服飾、財寶、也愛好收藏。對於金星金牛座的人來說，情感的保障（常會牽涉到金錢）和穩定是最起碼的要求，所以他們絕不輕易動感情，一旦動感情大半是來真的、且長久持續的，不過他們的愛通常

是不願平白付出的，他們會要求某方面的回報，且不容愛人的背叛，他們很少愛上「不該愛的人」。我們可以說金星金牛座的愛情觀強調的是感官愉悅、物質美，傾向功利性，較世俗的情愛兼物質的吸引力。

此外探春的金星落在第十宮，金錢色彩濃厚，代表的是她對世俗成就及藝術比較有強烈的企圖心，容易傾向塑造「經濟人」的自我形象，喜好結交能提升自己地位及財富的對象，會希望經由愛情或婚姻獲得社會地位，和有權勢地位者能建立良好的關係，和同事關係處得很好，若身為主管也頗能獲得屬下的愛戴。

探春雖因精明的才幹受讀者喜愛，不過對於親母趙姨娘和弟弟賈環的態度頗讓人訾議，姑不論這兩位親人是如何不堪，造成她的精神包袱，有時她在處理親情的態度的確顯得有些涼薄寡情，也不得不承認她的階級觀念比較深，她甚至說：「我只管認老爺太太兩個人，別人我一概不管，就是姐妹兄弟跟前，誰和我好，我就和誰好，什麼偏的、庶的，我也不知道。」其實這些話裏是有玄機的，或多或少潛藏著勢利因子。探春在心理上比較當王夫人是自己的母親，對嫡出的寶玉哥哥也有意更親近，她會三天不見寶玉而擔心他是否被賈政叫去受了責罰，她會親自做些賈政批為「虛耗人力作踐綾羅」精巧無比的鞋給寶玉，只因寶玉素愛華美，所以她會特別投其所好。

不過，探春雖然時常暴露出自己重視名位、極慾擺脫庶出地位的心態，然而她不忘以正大光明的方式來獲得別人的賞識尊重，這一點點的勢利還是瑕不掩瑜的！

十四歲到二十二歲躍入「金星時期」，是青春期至成人期的階段，是我們邁入初步成熟的時期，最重要的是，這是學習兩性之愛的萌芽階段。千萬要注意避免受到不正常的壓抑，不然它會尋找變形的出口做為補償，諸如性變態、暴力傾向、戀物癖等等。當然這也是友誼之愛、社會之愛的塑造期。

火星在處女座的探春

火星在土象的星主是屬於火不發則已，一發則難以平復型。落在處女座算是最輕微的了，因為處女座有水星守護，在理智與知性的要求下，他們會竭力在最短的時間內恢復外表的平靜，只是剩下的餘火仍是讓人覺得冷峻嚴厲，不敢攖其鋒。

火星處女座人經常強調理性，非常不喜歡別人用感情來說項，亦即「關說」，他們會覺得人格被侮辱；最怕被人批評能力不夠、循私枉法；他們相當講究做事的效率，善於處理細節，有條

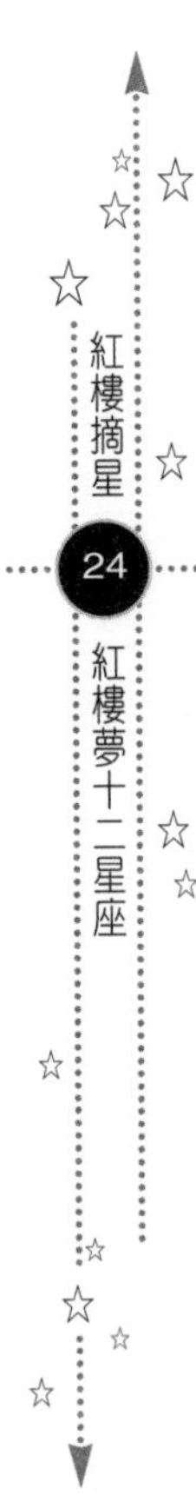

不紊，說起話來很能一語中的、批判力強。鳳姐相當警透，當探春替她打理賈府時，她就曾對平兒說：「『擒賊必先擒王』，他如今要作法開端，一定是先拿我開端。倘或他要駁我的事，你可別分辯，你只越恭敬越說駁的是才好。千萬別想著怕我沒臉，和他一強就不好了。」寶玉也曾因黛玉稱讚探春是「乖人」，而諷論：「如今多掐一根草也不能了。又蠲了幾件事，單拿我和鳳姐姐做筏子。最是心裏有算計的人，豈止乖呢！」

另外，當趙姨娘因探春竟不看在親故的份上，為她死去的舅舅多給些打賞（比襲人的媽死了的賞銀還少二十兩），恨得大鬧探春說：「這會子連襲人都不如了，我還有什麼臉？連你也沒臉面」，探春卻振振有詞地說「並不敢犯法違禮」、「這是祖宗手裏舊規矩，人人都依著，偏我改了不成？……這原不是什麼爭大爭小的事，講不到有臉沒臉的話上。……太太連房子賞了人，我有什麼有臉的地方兒？一文不賞，我也沒什麼沒臉的。……太太滿心裏知道，如今因看我重，才叫我管家務。還沒有做一件好事，姨娘倒先來作踐我。倘或太太知道了，怕我為難，不叫我管，那才正經沒臉呢！」那種敬「情弊」而遠之的冷峻態度，倒真是水象星座人忘塵莫及的！

雖然平兒向鳳姐請示過：「若照常例，只得二十兩；如今請姑娘裁度著，再添些也使得。」探春不但不領這打圓場之情，更以她處女座精明、機警、尖利、嚴謹的能量，擺出鐵面無私的臉，正色還擊道：「你主子真個倒巧：叫我開了例，他做好人；拿著太太不心疼的錢，樂得做人情！你告訴他：我不敢添減，混出主意。他添，他施恩，等他好了出來，愛怎麼添怎麼添！」處女火星就是這麼冷靜到有點冷酷的可怕，是那種很容易成大事的類型。難怪據說紅樓夢散佚的「警幻情榜」中，探春的評語是「情敏」！

星座週期中，四十歲到五十五歲是屬於「火星時期」。僅管某些人正在面對中年危機的陰影，然而更有人認為自己尚有衝勁，奮志能夠創出生命另一座高峰。此階段延續著太陽時期之後愈形重要的內在價值感的充實，歲月催人老，當什麼都開始往下搭，什麼都敵不過地心引力時，就算外在的成功，也不能解釋內心的荒虛，此時火星的負面作用力，是相當容易被不當牽引的：有時其暴燥與意氣用事，比之血氣方剛的年輕小伙子更暴烈；有時其軟弱、想不開的程度更令涉世未深的少年男女瞠乎其後！有的人連中年危機都還未解決，更年期又忽焉而至，所以這個階段也是人們厭世的另一高峰期。

而今識盡愁滋味，欲說還休，欲說還休，卻道天涼好個秋，在這個階段，人們大都已領略出屬於自己獨特一套的人生智慧與哲學，請你停下腳步來，真正靜下來回味人生這一路走來的風景，認真觀照自心：是否我現在擁有的、或我所沒有而還想擁有的，是我真正的理想？我願不願

（四月二十日～五月二十日）

金牛座是二十四節氣的穀雨至小滿出生的人。

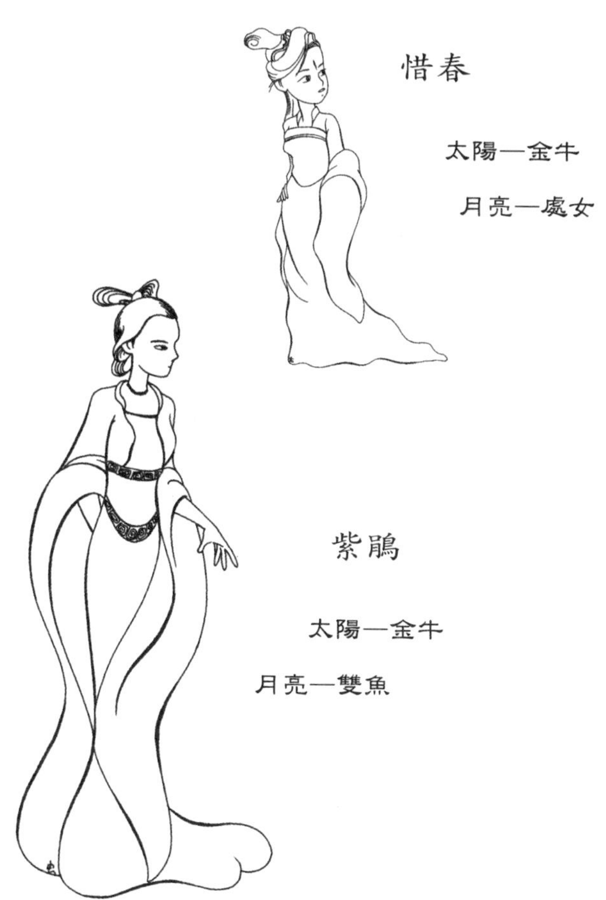

土象星座

金牛座在占星四分法中屬於土象星座（另外兩個土象星座是處女和摩羯座）。土象星座人是物質型的人物、看重金錢價值、不喜歡浪費、現實主義者、腳踏實地、討厭空想和做白日夢、重視安全感、保守主義者、行事小心作風謹慎、重視家庭和朋友之情、缺乏主動精神，但比較能夠有始有終、穩定度高、木訥寡言、實際可靠、成長較慢。缺點是容易變得固執呆板、墨守成規、唯物主義。

固定星座

金牛座在三分法中屬於固定星座（其它為獅子、天蠍、水瓶座）。固定星座是時序進入該季特色的全盛期，因此宇宙生命賦予固定星座「穩定性」和「堅持」的稟賦。固定星座人強調「秩序美」、外界的變動很難改變他們內心的堅持、篤志堅定、有恆守成、專心一致、耐力十足、對未來較有規劃；缺點是頑固不知變通、自我中心。

金牛日座

金牛座在先天的星宮圖上是第二宮——財帛宮，代表我們對金錢的態度和實質的需求。對於世俗的價值感和安全感的建立，是第二宮的課題。

因此有金牛座能量的人宿命地會蹚到物質匱乏的恐懼、與缺乏安全的壓迫感，這股原始的危機意識對於「生命型態趨向於敏感脆弱的心靈」會造成難以估量的創傷，使他們變成占有慾極強、緊抓住不放的類型。嚴重點的在金錢態度上會變成守財奴、在感情面上會把對方視為自己的財產來依賴或霸占；也可能變質成消極厭世的形態。金牛座需要學習沉澱對「慾望」的追求。

金牛座的守護星是金星——愛與美之神，所以金牛人天生對美感經驗（線條、色彩、音樂、質感、影像）比一般星座敏銳、豐富，通常會具有美學素養、藝術的天份。然而受到土象星座的影響，這份金星的美感經驗會比較偏向感官的愉悅和物質的舒適（和金星守護的天秤座的美感經驗是有差異的，請參考王熙鳳／天秤日座部分）。

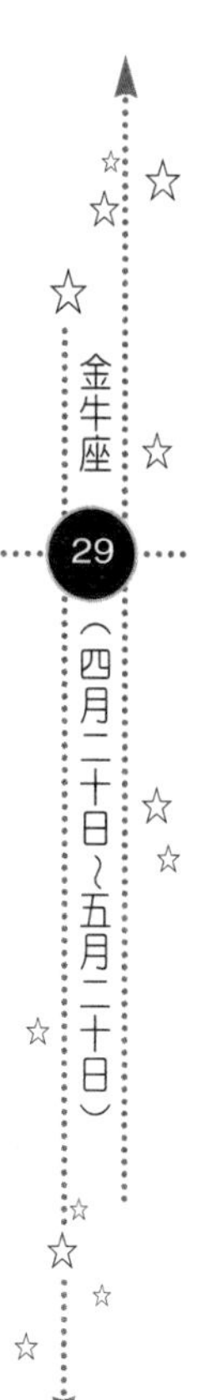

金星帶給金牛人的另一項重要作用力是和諧。比之天秤人，金牛座的和諧是比較發自內在的（天秤人時常會考量外力的影響來調整心中的天秤），他們比較榮辱不驚，在自我心靈中，自有一股安逸、平和的律動，保持著屬於自己的格調、步伐與節奏。所以金牛人蠻能保持鎮定、鎮靜，很能帶給他人信賴感、並產生安撫、安慰的作用。

金牛座的符號是♉，其中的圓形不僅代表頭腦，也是整個身體，象徵金牛人熱愛圓滿、穩定的人生，他們的思想也大都是建立在能帶給他們富足的實用性價值上；而牛角代表的是金牛人的執著、不可觸踫的禁地，亦即他們的安全感。一般來說，金牛人是很能構築自己的安全感，並且內化成心底的一股穩定，他們與巨蟹人安全感的形態相反，他們是「擁有並保護」安全感，而巨蟹人是「缺乏並需要」安全感，雖然「擁有」，但害怕「失去」，卻是他們內心焦慮、壓力的來源。所以一旦遭到外界的脅迫，看似穩重老實寬厚的他們，會有讓人意想不到的驚怒之火。

金牛人一般外形比較保守、樸實，不是屬於亮麗、搶眼型，而個性也比較偏向內斂、穩定型；如果必須在舞台上，他們不太喜歡站在最前面，但是他們絕對會是最認真的表演者之一，並且絕不會為了出風頭，而刻意突顯自己。他們通常是那種在群眾中保持沈默、埋頭苦幹的一群，然而該他們上場時，他們也會要求自己做到完美且不誇張的努力實幹。

金牛人的親和力、踏實，與如未雕琢的玉般樸而不拙、實而不俗的氣質，是他們最大的魅力，越久越耐看。

金牛日座人是善於等待者，對於生命他們通常是被動的等待，因為他們害怕改變，改變意味著「可能會失去原有的某部分」，他們太在乎「擁有」，根本不願意冒險，所以他們寧願守成持舊，也不會主動去做他們所認為是「空想」的事，除非誘因太強，足以讓他們拿原有的當賭注；而且一旦擁有，他們會非常戀舊，念情惜物；對待愛情，他們也是忠誠守候的，他們有堅定厚實的肩膀，永遠等著你去偎靠。此外，雖然衡量之下「既有的」並不受威脅，有時他們還是不願去爭取，因為他們習慣於安逸。總之，要他們下決心是很困難的，但是只要突破了「那一刻」，他們是絕對有毅力、矢志會完成的。

金牛日座追求心靈的自在寧靜，也就是安全感，但是這個安全感常是建立在物質擁有的基礎上。金牛座不喜歡改變，改變伴隨而來的可能成長，對他們沒有太大的誘因，他們著眼於改變更可能帶來的失去安全感，所以他們寧願不去改變。忠厚老實、缺乏彈性、脾氣執拗使得他們聞一仍然知一；追求平穩安逸，讓他們安份守己，卻可能因此生活呆板無變化；缺乏對世界宏觀角度的積極發掘，結果可能帶來金牛座易流於意識淺薄或思想的窄化。

不過金牛日座是屬於「越沉越香型」，或者說是「大器晚成型」。他們喜歡「囤積」，不論是財富、才賦、學問、還是能力，因此能按部就班、一步一腳印的到達別人不曾預估的境地。金牛座給人的第一印象常常是溫吞不起眼，甚至會忘了他們的存在。但是當他們發揮出生命本色與潛質時，你會驚訝的發現，金牛座的生命品格竟是那麼地雋永，就像他們鑑賞出來的藝術品一樣：值得珍藏。或許這就是累積的堅定厚實感所帶來的附加價值，讓我們體會出路遙知馬力，日久見人心吧！

基本上金牛座日座人給外人的印象是脾氣好得不得了，其實他們只是懶得發脾氣而已，因為他們不喜歡變動，就連氣氛的變動也會讓他們不安，所以下意識地會去避免發生衝突，擾亂他們追求寧靜的想望。然而外在的挑釁超出他們的忍受力時，金牛人會讓人體會到「驚天動地」的火爆與倔強。不過，金牛座是需要偶爾適度刺激、發洩，就像「地牛」需要能量的釋放，一個人若老是把脾氣、想法（也代表了個體的部分「自性」）深藏，這是不健康、違反自然的，容易變成個性陰鬱沉悶。金牛座應該學習對宮天蠍座變化、重生的能量。

關於愛情，金牛人實在是太溫吞了，有時候會讓人誤以為他們對愛情的反應太遲頓、開竅慢。其實金牛人既然是金星的子民，所以他們怎麼可能會對「愛與美」沒有感受力！之所以讓人有這種錯覺，主要原因有二：第一，他們對愛與美的要求很高，寧缺勿濫，嘿嘿！所以你可能還及不上他們的標準；第二，縱使達到他們的標準，他們的心會久久醞釀：一邊再慢慢觀察評估你（好像做「考績」一樣）、一邊衡量可能的「得失」、一邊還猶豫不決……哦，拜託！金牛人呀！你們這樣的磨菇、菇磨、龜毛，也不怕人家「曠男怨女」不耐久候呀？金牛人經常因此錯失先機，讓人捷足先登。

不過，由於金牛人對愛情的追求，通常是經過長期觀察、審慎考慮的結果，所以，一般來說他們既然下定決心接受這份愛情，通常都會無怨無悔、之死靡它，是十二星座中對感情最忠貞最堅持的同胞。

金牛人真地是相當不錯的伴侶，因為他們希望相愛是一生一世的，所以他們會盡其可能地疼愛另一半，而且也不吝大方表示他們的愛意，他們的浪漫不是花前月下，而是一生的承諾與照顧。金牛人號稱是十二星座中最可靠、最值得託付終生的情人。

關於友情，金牛人也通常會是那種你願意「相交終生」的朋友。不僅因為他們念舊、覺得「朋友還是老的好」，更因為他們誠懇篤實；所以，在經過人生的風風浪浪後，你會覺得金牛人是那種「幾番」回首時，那人「仍」在燈火闌珊下的永遠知心的朋友、最忠實的朋友、最有味道的朋友。

金牛座代表人物——惜春

惜春是土星對衝月亮的星主，老是會有被「遺棄」的恐懼與創傷，他渴望愛，卻害怕受傷，致使他「不信任」別人對他的愛，自己也喪失了對人生的信心，也無法對別人產生愛。

惜春是紅樓女兒中處境最堪憐的女兒之一，她的生母不詳，生於萬惡淵藪的寧國府，儘管賈母把她接到榮國府，名分上是四小姐，卻從來得到最少的關注和疼愛，造成心靈上的孤苦無依。可以說她的金牛能量嚴重的不滿足。

形容尚小正是純真無憂年代的惜春，冷僻古怪的個性已露端倪，那時候的她不和其她姑娘，偏愛和水月庵的小姑子智能兒在一處玩。稍稍懂事時，也常是靜默不言，那是種拒人千里之外的安靜。唯一交往的朋友大概只有妙玉，不過妙玉也是個處境特殊不近人情的姑娘，她們倆多半是下棋談經，總不會說上心裏的話。

在園子裏她是年紀最小的小姐，才貌遠輸黛玉，娟慧不及寶釵，幹練強不過探春，伶俐俏不如湘雲，連二木頭迎春個性都比她多了一項優點：柔順好相處，在群芳中註定是不起眼、難受重視的人。

勉強說她比其她姐妹稍有繪畫天份，卻偏偏不能單純為怡情養性、起興自娛，被賈母派遣著畫大觀園圖，還得連人都畫上，要像行樂圖才好。而惜春究竟在繪畫上沒多大能耐，她自己說：「我又不會這工細樓臺，又不會畫人物，又不好駁回，正為這個為難呢。」寶釵也說她：「藕丫頭雖會畫，不過是幾筆寫意，如今畫這個園子，非離了肚子裏頭有些邱壑的，如何成畫？」話雖中肯，對沒有卓越才華的惜春，實在是更剝奪她的自信。也因為這份苦差事，讓她更少與群釵聚首同樂，她彷彿被摒拒在大觀園的青春歡樂之門外。藕香榭往暖香塢西門上的石頭匾，鑿著「穿雲」「度月」，一派閒逸雅緻，對住在裏頭的主人真是一大諷刺。

因為金牛日座的能量，惜春天性就比較寡言被動、懶散遲緩，能不問的事她絕對不問，得避免的事必儘量避免，對付外界的壓迫，她選擇了消極抵抗的方式，到性格大致定型時，她的外在形象已是膽小怕事、性情乖僻、少恩寡情了。

抄檢大觀園時，在她的侍婢入畫的箱中尋出銀子和男靴等物事，鳳姐問明原由卻是惜春的哥哥賈珍賞給入畫哥哥的，只不過先寄放而已，惜春當下過度反應，極力撇清：「我竟不知道。這還了得！二嫂子要打他，好歹帶他出去打罷，我聽不慣的。」鳳姐原本有意放了入畫一馬，事情

也就算了，偏偏惜春卻疾言：「嫂子別饒他」、「嫂子要依他，我也不依！」這實在是心腸太硬了。更有甚者，第二天惜春遣人去找嫂子尤氏：「這些姊妹，獨我的丫頭沒臉，我如何去見人？昨兒叫鳳姐姐帶了他去又不肯，今日嫂子來得恰好，快帶了他去。或打、或殺、或賣，我一概不管。」當真令人齒冷，她無視含冤的入畫跪地求告，不念從小兒服侍之情，百折不迴地對尤氏說：「不但不要入畫，如今我也大了，連我也不便往你們那邊去了。況且近日聞得多少議論，我若再去，連我也編派。」、「我一個姑娘家，只好躲是非的。」、「我只能保住自己就夠了。以後你們有事，好歹別累我。」一番言語讓尤氏瞠目，說她真是個「心冷嘴冷的人」。

從這段情節我們可以明顯看到金牛日座和處女月座的作用力。惜春會這麼孤拗狷介、這麼在意丫頭讓她丟人現眼和不願沾惹是非，這是她意識中清白好潔的自我要求。處女月座的人通常生性害羞、畏縮，注重外在環境和內在情緒的秩序、對感情的表達會選擇壓抑方式、讓人猜不透的他們很容易會予人深沉有心機的印象，習慣以批判的角度看待事物與自我、自制力強、觀察力敏銳、憂慮細節、精神潔癖，如果對外界只有無力感，他們會嚴格要求獨善其身，相位不佳的處女月座會在感情上顯得淡漠、鑽牛角尖、尖酸刻薄。

惜春是土星對衝月亮的星主，老是會有被「遺棄」的恐懼與創傷，她渴望愛，卻害怕受傷

（像迎春誤嫁中山狼、黛玉的夭亡等，在她的心靈造成深刻的人生無常的不確定感，與人生清歡的疏離感），致使她「不信任」別人對她的愛，自己也喪失了對人生的信心，也無法對別人產生愛。不僅如此，惜春的太陽和月亮還形成四分相九十度刑剋（由於緯度的影響，本命星圖的每一宮位不盡然是以三十度清楚劃分）的困難相位，因此她的自我表達能力受剋，在潛意識中會覺得外在世界「不可靠」，外界和意識的溝通常常互相衝突，造成情緒的不安。

再看惜春如何應對尤氏的評語：「怎麼我不冷？我清清白白的一個人，為什麼叫你們帶累壞了？」氣走了尤氏的臨頭，她還要補上一句：「你這一去了，若果然不來，倒也省了口舌是非，大家都還乾淨！」說明了她的人生哲學是「唯我主義」（處女座的唯我並不同於白羊座的唯我，前者是獨善其身式，後者具有攻略性）。她說：「我看如今人一概也都是入畫一般，沒有什麼大說頭兒！」「不做狠心人，難得自了漢」，佛教小乘境界的自了漢就是獨善其身的遁世，只管自己的了悟，惜春以為自己了悟，是個「明白人」，然而她的出家只是環境的造就（生活的不得意、群芳的凋零、賈家的漸落而覺得人世是個火炕），並不是來自心靈的淨化，這種消極的逃避真能帶給她嚮往的清潔寧靜嗎？根據脂評：「公府千金緇衣乞食，寧不悲夫」、「芸哥仗義探庵」，敗家以後的惜春，不僅沿街行乞，似乎也曾被軟禁在庵裏，原來寺庵未必是她夢想的清淨地，要真

能覺悟，恐怕是經過一番寒徹骨了。

惜春在情榜中名為「情潔」。

金牛座代表人物——紫鵑

在占星學上，金牛座最能安撫、包容巨蟹座的敏感和不穩定情緒，而紫鵑因著金牛座日座、雙魚月座的影響，有著顆至誠又溫暖的心，在情榜中名列「情慧」。

紫鵑原本只是賈母眼見黛玉身邊的奶娘極老，丫頭雪雁甚小，而撥給黛玉使喚的丫嬛，卻在數年的相處下，培養出一股「一時一刻分不開」的默契。一方面是因為黛玉待她如知心的親妹妹，一方面也是因為紫鵑有深厚的金牛日座能量，一旦交心必然誓死忠誠回報；而在占星學上，金牛座最能包容、安撫巨蟹座（黛玉是巨蟹月座）的敏感和不穩定情緒。再加上紫鵑是雙魚月座人，和雙魚日座的黛玉都是重感情的水象星座人，很自然地能夠進展彼此感情上的親密、分享情緒上的感受。當黛玉需要安定和實際建議時，紫鵑的土象客觀特質又能彌補黛玉水象主觀的情緒氾濫。

月亮雙魚人信條是「感覺至上」，溫柔善感、宅心仁厚、慈悲為懷、感性多情、能夠為人設身處地的著想、愛好追求心靈的寄託，他們像個海棉，能夠吸納別人的情緒、感情，給予關懷體貼，然而過剩的感情容易耽溺，將自己也陷入同情他人或自憐情緒的泥淖，容易受騙上當、受到傷害，當月亮雙魚受剋時，常常會感覺空虛寂寞、沒有人生方向、缺乏安全感、失落在情緒的迷宮，為了保護自己免於受傷害而有氣餒退縮、逃避現世的傾向。如果是雙魚正向的驅力，他們會因為追求精神層次淨化的意識，而得到提昇性靈的解脫或遁世。

紫鵑由於金牛日座、雙魚月座的影響，有顆至誠又溫暖的心，她是賈府中除了寶玉之外真正關心黛玉的人，她不只是忠僕之事主而已，她還真心替黛玉的終身歸宿發愁、盡心：「一片真心為姑娘。替你愁了這幾年了，又沒個父母兄弟，誰是知疼著熱的？」。也唯有感情主義至上的雙魚月座會因同情而捲入寶黛之間的感情，還得不時做和事佬、調解的橋樑（平兒也是雙魚月座，請參考雙子座／平兒）。

而金牛日座是比較實際的，所以她會擔心並提醒黛玉：「趁早兒，老太太還明白硬朗的時節，作了大事要緊。」「一日沒了老太太，也只是憑人去欺負罷了。所以說，拿主意要緊。」她知道黛玉孤苦，沒家人為她主張，所以才會以金牛式的直接不花巧的方式來試探寶玉：「我們姑娘來時，原是老太太心疼他年小，雖有叔伯，不如親父母，故此接來住幾年。大了該出閣時，自然要送還林家的。」沒想到卻引發了寶玉的癡病，鬧地賈母眼內出火一陣痛罵，襲人一腔怨怒，黛玉一時情急不了解她的苦心，嘔出了一肚子苦藥，還推開紫鵑嗔怪：「你竟拿繩子來勒死我是正經！」，弄得賈府上下不安寧，自己還得不眠不休服侍寶玉。這些委曲她都受了，只因為她的雙魚月座能量讓她甘心為她喜愛的人付出、犧牲。

最好笑的是由於金牛座日座的固執和強調確定感的驅使下，她又在寶玉漸好的時候忍不住再試探一次，說賈母給寶玉和寶琴定了親，惹得寶玉發誓賭咒只願立刻死了，把心迸出來讓她們瞧瞧他的真心。得到她想要的確定感後，她才滿心歡喜地對黛玉下了一個結論：「寶玉的心倒實」，「萬兩黃金容易得，知心一個也難求」。真是樸拙地可愛！

而且紫鵑逮到機會都不會忘記提醒大家寶黛之間的特殊感情，像抄檢大觀園，在紫鵑房中搜出兩副寶玉的寄名符，一副束帶上的帔帶，兩個荷包並扇套，紫鵑就笑道：「直到如今，我們兩下裏的帳也算不清！要問這一個，連我也忘了是那年月日有的了！」她也時時刻刻把握任何可能促成寶黛良緣的機會，即便她知道薛姨媽口是心非的一句不如把林妹妹定給寶玉豈不四角俱全，她也要厚著臉說：「姨太太既有這主意，為什麼不和太太說去？」真不愧是十二星座忠誠度最高的金牛日座！

當確定寶黛無緣時，紫鵑的心硬了也冷了，金牛日座的忠誠心與雙魚月座的感同深受，令她把寶玉對黛玉的負心（不論金玉良緣並非寶玉本願），也當做是對自己情感的背叛，於是她狠狠地說：「你過了你那如心如意的事兒，拿什麼臉來見我！」就連賈母和熙鳳要把她調到寶玉房裏使喚，她也違抗，只因為她要照顧奄奄一息的姊妹黛玉，只因為她一顆真心都在黛玉身上，再不可能昧著心去侍奉新二奶奶寶釵。

當紫鵑看到甄寶玉時還痴想著：「可惜林姑娘死了！若不死時，就將那甄寶玉配了他，只怕也是願意的。」連人都死了，還如此記掛著！愛深心勞、絕而死，當她想透寶玉其實並非忘情負義之徒，只不過人生緣分都有定數，從前種種執著竟都是癡心忘想，又想到：「可憐那死的倒未必知道，這活的真真是苦惱傷心，無休無了！算來竟不如草木石頭，無知無覺，倒也心中乾淨！——想到此處，倒把一片酸熱之心，一時冰冷了。」

萬念俱灰的紫鵑將她最深摯的情感埋葬，自願隨著惜春出家，再不問紅塵苦惱情纏了。

紫鵑在情榜中名列：「情慧」。

♊ 雙子座

（五月廿一日～六月廿一日）

相當於二十四節氣小滿到夏至出生之人。

寶玉

太陽—雙子

月亮—巨蟹

上昇—巨蟹

水星—雙子

金星—巨蟹

火星—雙魚

風象星座

雙子座在占星學四分法裏是屬於風象星座（另外兩個風象星座是天秤座和水瓶座）。風象星座人的特色是溝通高手，語言、社交能力忒強，善於掌握人際關係的互動，思辯敏慧，通常具有三寸不爛之舌。他們對於邏輯、分析、概念、意識形態等智識上的活動相當熱衷，喜歡思考、創意比賽，喜歡與人做心智上的較勁與交流，他們的腦筋像是裝有幾十組永不休止的齒輪，一個思緒傳動著另一個思緒，任你軋進哪一段，他們都有辦法把你轉進他們的邏輯、理論中。因為這項特質，和他們談話非常地有趣、新鮮感十足，他們可以隨機轉換話題，就算是現學也都有現賣的本事。

風象星座人的優點是創意天才、好奇心重、聰敏機智、多才多藝、觀念進步、條理分明、表達能力強、理性主義，缺點是紙上談兵、浮誇不實、缺乏耐性、見風轉舵、喋喋不休、刁鑽滑頭、謊話連篇。

變動星座

在三分法裏雙子座是屬於變動星座（其它為處女、射手、雙魚座）。變動星座處於季節的尾聲，等待新時序的交替更迭，其主題與基調是「變換」、「應變」，因此變動星座人大都對環境有較好的適應力，而其變換與應變的本質也許是積極的參與、跟進式的心隨境轉，也或許是消極的盲從、隨波逐流。優點是足智多謀、反應快、處事有彈性、隨和、靈活、主動活潑、精力旺盛、時代先鋒，缺點是輕浮、善變、不專心、好高騖遠、矛盾、喜新厭舊、緊張焦慮、憂悒躁鬱、敏感懷疑、狡滑、工於心計。

雙子日座

雙子座的固定位置在第三宮——兄弟宮（溝通宮），掌管心智、思考、溝通、教育、親友、人際關係、交通、大眾媒體等；因此雙子座人一般都是社交力強、能言善道、好結交朋友，好讀萬卷書、行萬里路。

雙子座的守護星是水星。水星默丘里Mercury（希臘神話名為Hermes漢密斯）生得聰慧機智異常，以多才多藝著稱。他很調皮，在出生後未滿一天便開始偷東西；他喜歡捉弄人，曾經把太陽神阿波羅耍得團團轉，為了賠罪，他將自創自製的豎琴送給阿波羅，其材料之一的牛腸還是從阿波羅那裏偷來的呢。默丘里長相英俊，動作優雅、敏捷，喜歡到處遊玩做短暫的旅行，他的標準配備是有翼皮草鞋和帶翅魔杖，是眾神的信差、使者。此外，他還是睡神、商業及道路交通之神，以及盜賊、詐欺者的保護神。

這麼一個有趣的神祇做守護，雙子座人自然天生有將生活多采多姿化的秉賦。由於水星是個花樣百出、鬼計多端的星子，因此，雙子座人的生命充滿活力與變化，他們好奇心重，喜歡扮演不同的角色，喜歡運用心智遊戲人間，不獨想像力豐富，他們還能化想像為創意、為創造、為生活上的機巧、妝點與實用價值。雖然雙子座人聰明伶俐，然而畢竟多為小孩子心腸，他們很沒有定性，不像另一個同為水星守護的處女座般，有土象星座往下紮根的持續力，因而往往流於虎頭蛇尾、隨緣隨喜的半調子。如果缺乏「樂趣」的吸引力與牽動力，他們經常會是半途而廢、丟下爛攤子等別人收拾的類型。

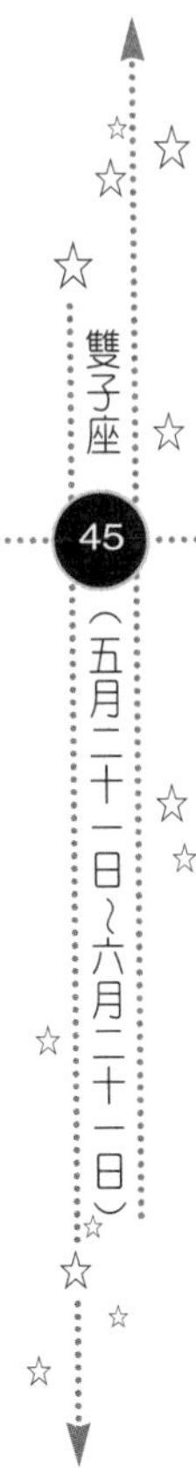

他們經常睜著靈動好奇的雙眼看世界、保持著一顆赤子之心，因此他們是十二星座中最不容易顯老的星座，是永遠的大小孩，常患拒絕長大的彼得潘症候。他們討厭一成不變的生活，總是想方設法挖掘活水源頭，喜歡同時做三五件事情，展現他們優於常人的青春、活力與心智；他們最討厭悶不吭聲的人，最討厭沉悶繁重的工作；他們最喜歡問：「你覺得呢？」其實他們並不一定真地非要徵詢你的意見，他們只是要你開口、要你表現「能夠溝通」的上道、要你停止你的呆板、要你陪著他們一塊玩……同時他們有喜歡抓人語病和話頭的毛病，如果「存心」要和你槓上的話，他們是相當會打言語、筆墨官司、好玩文字遊戲的，有時甚至會讓你感覺好像是被他們捉來實驗的小老鼠！所以，和他們說話有時得全副精神，可別一不小心著了他們的「道」，漫不經心的結果通常就是被他們利用來做為「反制你」、「拿你的話頭砸你的腳」的武器嘍！有一點千萬記住：在他們面前要表現樂在其中的模樣，不然，若是剛好碰上他們有點厭膩、力不從心（玩累）的時候，他們很快會覺得你無聊，覺得你「不好玩兒」了。

他們那句「你覺得呢？」其實還有許多妙用，既可經由拆招解招的過程使雙方更投入，營造熱絡的氣氛，又可藉由答話者的觀點，引發新的話題，更重要的是能激盪他們的腦力。從某個角度來說他們是相當高竿的思想剽竊大師，藉著思想的交流充實他們心智的資源；何以說是高竿、大師呢？因為他們並不照本宣科、原封不動地抄襲別人的觀點，而是經過複雜的改造，成就質變又量變的結果。

雙子座的符號♊象徵兩個分裂的個體，有兩副腦袋及四具靈魂，他們思維活動的能量與速度是十二星座之冠；想和他們爭辯嗎？省省吧！咱們就只一個腦袋瓜子，怎麼去應付他們凌厲的左右夾功之勢頭。他們的腦袋猶如海綿，求知慾、領悟力極強，總是高度、興致盎然地吸納新鮮事物，因此，雙子座人通常具有飽滿高額、聰明外露的相貌。然而雙子座人非常著迷、強調事物的新鮮感，對於未知的領域總是有極大的野心與興趣想挖掘，他們喜歡雜攬旁搜，而博雜的結果，通常會博而不精、雜而不純。

雙子座人的知識經常只會停留在概念化的狀態，欠缺深入、研究的精神，他們覺得舊有、已知的範疇根本無需浪費時間精力再去鑽研，何況陳腔濫調一點都不有趣，不如探索、開發新領域來得重要且得趣。所以他們比較適合動腦筋及創意型的工作，至於後續的研究工作，注重細節的處女座（科學），和善於結構、系統化的射手座（人文）是比較在行的。

關於愛情方面，與雙子座人交往的感覺猶如做桑拿，冷熱無常，若是心臟不夠強的，奉勸還是不要輕易嘗試，但是如果你熱愛刺激、冒險型的戀愛，雙子座人的多變絕對不會讓你失望。他

們像魔術師，讓你期待下一刻的變妝（小心上癮哦），只是你的地位是觀者，無法掌握主動權，要取悅還是驚嚇你，全憑他們的心意；而且你還得注意「反應」不能太虛偽做作，不能太奉承或太配合，他們眼尖心利地很，一旦被察覺，他們會認為你傷害他們的自尊，與最沾沾自喜的心智能力，比那些不了解不欣賞他們的人更厭煞！其實最讓他們喜歡的還是那種能夠一起參與表演的「觀眾」，最好領悟力高、能夠快速進入狀況、達成默契的人。

但是也不必過度戒懼謹慎，他們只是不喜歡呆板、缺乏變化，他們只是不喜歡被牽制、被管束，尤其那種「死心塌地」型的人是他們最害怕最想逃避的類型，他們喜歡創意型、智慧型的愛人，他們喜歡足以當對手、敵手的愛人，只要你的腦袋夠靈活、嘴巴夠機巧，就能經常吸引他們的目光。總之，記得「保持新鮮感」，記得他們認為自己是屬於喜歡精神層面戀愛的人，切忌流露低俗品味；此外，雖然他們經常有同時多戀的傾向，那只不過是確定誰最適合他們的過程，你強求也沒用，切忌流露信任或不信任的態度，露相不好，自然最好，那麼你就會是愛情兼生活的得勝者，因為從雙子座人的態度中你可以學習到不執著及開放性的思考角度，這樣的意義遠重要於擁有觀的陷溺，不是嗎？

在交友方面，雙子座人也是相當豐富、有趣的對象，因為他們充滿活力，口若懸河、上知天文下知地理，他們的幽默風趣經常帶來四座春風的活絡氣氛、無厘頭式的搞笑、正經八百的思論、怪誕奇癖的詭辯、葷素不忌的話題……他們隨時可以信手捻來。這樣可以滋養生活樂趣的朋友，你豈可錯失？只是老話一句，千萬不要強求他們做你的知己，他們會覺得你很乏味。他們認為重點是談不談得來，談得來就不要太在忽形式，話不投機半句多，檢試內容，只要不光是泛泛之談，那麼你已是生根在他們心底了，不要扼殺他們的興致啦！

不過說實在的，雙子星人時常讓人感覺對待朋友一如泛泛之交，他們的自我中心不像牡羊座人，單純地認為自己能力強、自我重要感，因為至少牡羊座人也很喜歡表露講義氣的身段，而「義」字在雙子座人的字典裏經常是倒過來寫的：「我王八」，何必做那些吃力又不見得討好的事？（寶玉正文中的「文死諫、武死戰」理論，正有異曲同工之妙，他們實在太好詭辯了！）其實雙子座人經常會對世界抱持懷疑論，而且他們很不喜歡被人看透，因此，雙子座人對世俗價值經常會有一股故作離經叛道的現象，當然這之中也包含了他們戲謔人生的態度，久而久之就會在一般人心中生出不信任感，這點雙子座人應該要注意。

希臘神話中，雙子星是一對孿生子，手足情深，但是在特洛伊戰役中哥哥不幸遇海難而死，弟弟祈求情願以自己的生命換取哥哥的復生，因此感動天神宙斯，將他生命的一半賦予哥哥，但是兩人必須輪流半年待在冥府，仍是不得相見。因此雙子座人表面上看起來凡事好像蠻不在乎，其實他們內心有著脆弱無助的一面，總是覺得個體生命不完整、分裂成兩半，一生似乎都在追尋那迷失的另一半，他們經常會讓人感覺判若兩人，教人迷惑，而他們自身也經常夾纏在不由自主的變化中。有時他們實在讓人分不清是耍聰明還是施詭詐、是弄機玩智還是欺上瞞下，是活潑外向還是沉渾內斂，開心時口角春風，憂鬱時彷彿病若沉痾，恨惱時憤世嫉俗，消極時又像遭逢世界末日……性格多重地教人驚異。

不過雙子座人通常不太承認自己有多重性格，他們認為自己是隨機應變，他們認為不同的面具只是適應、潤滑的工具，帶給人際關係的是正面和諧的互動，卻不知道這讓人摸不著底細、及失真的做法只會讓人漸漸產生不信任的防衛，並且其漸漸泯滅真實的自我，可能會發展成越來越不了解自己的困惑感，到最後只會令雙方感到不安與衝突。這點雙子座人不妨學習對宮射手座人的坦誠直率，你會發現少戴一副面具，並不會使得人際不和諧，而且才可能得到知心之交，雖然你常會覺得朋友不在乎少一個，但是在你心靈落難時，你才會知道寂寞的滋味並不好受。一顆真誠的心才是最重要的，至少你不會輸掉自我。

雙子座代表人物——寶玉

關於愛情方面，與雙子座人交往的感覺猶如做桑拿，冷熱無常，若是心臟不夠強的話，奉勸還是不要輕易嘗試，但是如果你熱愛刺激、冒險型的戀愛，雙子座人的多變絕不會讓你失望。

至貴者寶，至堅者玉，寶玉呀寶玉，「爾有何貴？爾有何堅？」當初黛玉執問你時，爾竟言謇語澀。實在怪不得你，因為當初的你畢竟是個沒有自由意志的軟弱者、不能主宰自身命運的失敗者，錦衣玉食、溫柔富貴只是祖先的庇蔭，既滋養你卻又剝奪你的責任心、與謀生能力，你不過是個「天下無能第一，古今不肖無雙」的膏粱子弟。

寶玉的上昇星座在巨蟹，這樣的人通常與家庭的關係深厚複雜，一生得自家庭的照顧與資源總是不虞匱乏，而且經常是集三千寵愛（尤其是家族中女性長輩的愛）於一身的天之驕子，所以巨蟹一宮人會特別嬌縱、任性、感情豐富。而寶玉正好月亮也在巨蟹，其情緒經常會有滯留子宮期、嬰兒期的狀態，需要無止盡關愛的滿足感。然而畢竟一宮是表現自我形象的宮位，因此寶玉

會經常出現矛盾的情結，時常會有被愛限制住的窒息感。

寶玉是賈府的驕鳳凰，行住坐臥無一不被精緻照料，尤其老太君愛之如命根子，對他百般嬌慣、溺愛，眾人對最高權力中心的賈母馬首是瞻，她寵溺疼愛的人，誰不前呼後擁、爭先恐後「抬轎」、「洑上水」？

像有一回鳳姐生日，那天正好是金釧兒的忌日，寶玉偷偷溜出門騎馬至七八里遠處祭拜她，這位菩薩哥兒回來時才知道已鬧得賈府上下不寧，「再一會子不來，可就都反了」，看屋的老婆子額手稱慶「阿彌陀佛」，眾人更是「真如得了鳳凰一般」！該慶幸這無微不至的照顧，還是嘆惋生活在牢籠？愛的反面的確經常造成精神與肉體的束縛。因為世俗的愛經常是期待有反饋性的，即使要求報償的成份不高，對於受者仍是有一定程度的壓力。而傳統時代的中國，長輩對孩子的寵愛是著重在身體上的噓寒問暖，心靈的自由？提都別想提！因為給了你溫飽還嚷著要自由，那豈不是否定了他們，且有「反抗」嫌疑，那麼根本就是同義於反叛、有違人倫、大逆不道的。難怪寶玉會抱怨不自由：「我只恨我天天圈在家裏，一點兒做不得主，行動就有人知道，不是這個攔，就是那個勸的；能說不行！」

寶玉不僅如同齡官一樣感受到自己像隻被豢養的金絲雀，更可悲的是不管他願不願意，他命定是賈府未來的繼承人，因此寶玉經常會覺得精神苦悶。放眼四顧賈府的男性長輩：父親賈政是個腐儒、老師賈代儒是冬烘先生、寧府裏除了門前的石頭獅子乾淨罷了，對寶玉來說只是反面教育、只會引發深層的反感，令他害怕自己終究會變成同樣的鬚眉濁物，性靈派的他因而對男性形象充滿認同危機、在在想叛逃！反觀紅樓女兒，個個水靈，這個氣質美如蘭、那個才華馥比仙，難怪他會如此興奮雀躍認為找到真理、方向：「便料定天地間靈淑之氣只鍾於女子，男兒們不過是些渣滓濁沫而已」，所以寶玉變本加厲只在女兒身上尋求認同感，在現實與夢境中他都編織、幻想有個女兒國般的理想國度，男兒的使命對他來說是強壓、是惡勢力，男兒的國土既是爛塘泥圈，他愈發地要遁逸逃避到清淨的女兒地。

然而寶玉為何這麼極端地厭惡、排斥成為一個男子漢呢？最大問題是出在一宮與四宮。

寶玉父親賈政的土星落在寶玉的第一宮，土星是一顆專制、權威之星，通常扮演的角色是支持、給予、指導、照顧等，然而土星的一方如果父權思想、威權性格過重，那麼對於另一方的成長有時會造成相當矛盾與負面的限制、壓抑、迷失、剝奪、阻礙。身為父親的賈政當然有殷切望子成龍之心，偏偏寶玉抓周時只把著脂粉釵環抓來玩弄，因此認定這個小孩一定不能成材：「將來不過酒色之徒，因此便不甚愛惜」，恨鐵不成鋼的心態使他對寶玉極為嚴厲、苛刻，百般嘲諷

他：「你要再提『上學』兩個字，連我也羞死了！依我的話，你竟玩你的去是正經。看仔細站腌臢了我這個地，靠腌臢了我這個門！」

另外像大觀園題匾、題姽嫿詞試寶玉之才，賈政明明心中對寶玉的才情有所嘉許，卻是一口一句的謾罵：「輕薄東西」、「今日任你狂為亂道」、「畜生！畜生！可謂『管窺蠡測』矣！」、「無知的畜生！你能知道幾個古人，能記得幾首舊詩，敢在老先生們跟前賣弄！方才任你胡說，也不過試你的清濁，取笑而已，你就認真了！」、「無知的蠢物！」、「扠出去！」、「誰問你來！」、「你這畜生，也竟有不能之時了！」、「我搥你的肉！誰許你先大言不慚的」、「粗鄙！」、「你有多大本領！」罵兒子跟罵狗一樣，難怪寶玉見他如老鼠見到貓，連本能自然的父子之情都有障礙，寶玉的自我一宮被踐踏得無以復加，他太陽雙子具有的溝通能量，一旦面對土星型的父親就完全喪失作用。

然而這個父性形象在寶玉眼中並不是真正全能的權威，因為在賈府至高權力的祖母史太君的面前，賈政也無非是個無能軟弱之輩，而史太君「視兒為草、視孫為寶」的偏差心態，造成父子二人微妙的衝突：寶玉對嚴厲父親除了懼怕、不敢接近之外，其實更存在著一種奇妙的鄙睨，因此對於與父親形象具有類通性質的事物，一概變相地痛惡。舉凡讀書上進的人他就起外號叫「祿蠹」；當寶釵等人勸誡他時，他就生氣：「好好的一個清淨潔白女子，也學得釣名沽譽，入了國賊祿鬼之流！……不想我生不幸，亦且瓊閨繡閣中亦染此風，真真有負天地鍾靈毓秀之德了！」；最最乖僻的是論「文死諫、武死戰」：「有昏君方有死諫之臣；只顧他邀名，猛拼一死，將來置君父於何地？必定有刀兵，方有死戰；他只顧圖汗馬之功，猛拼一死，將來棄國於何地？」……「……那文官更不比武官了。他念兩句書，起在心裏，若朝廷少有瑕疵，他就胡彈亂諫，邀忠烈之名；倘有不合，濁氣一湧，即時拼死：這難道也是不得已？……可知那些死的都是沽名釣譽，並不知道君臣的大義。」

賈政和平凡人一樣對賈母、對寶玉都有為人子、為人父的癡想，然而對他而言這兩人是嚴母劣兒，夾在中間的他根本兩面不是人，他的失落感又有誰能為他平撫？賈政曾經有些嫉妒又陪笑地對賈母說：「何疼孫子孫女之心，便不略賜予兒子半點？」平日對寶玉的威風半點不存，落在寶玉的眼中是多麼地不堪。因此，寶玉在賈府長輩面前通常表現出太陽雙子的負面作用力：陽奉陰違——在母親面前，他是「孽根禍胎，是家裏的『混世魔王』」。在父親面前，他是孫悟空，雖然忍不得不造反叛逆，卻有個緊箍兒咒來制他；老爹喚他，他是扭股兒糖似的死也不敢去，老爹在眼前他焦雷轟頂，老爹不在跟前，他就是開了鎖的猴兒坐山為王。他們之間的代溝、心結越來越深。

唯有在清淨女兒面前，寶玉才能展現真性至情。當他住進大觀園，簡直是進了天堂：「心滿意足，再無別項可生貪求之心，每日……以至描鸞刺鳳，鬥草簪花，低吟悄唱，拆字猜枚，無所不至，倒也十分快意」，風流自得的他甚至還煞有介事地寫了「四時即事詩」以誌其志：「抱衾婢至舒金鳳，倚檻人歸落翠花」、「女奴翠袖詩懷冷，公子金貂酒力輕」，對女兒的認同感又邁前一大步。至於父親規定的功課，等泰山真正壓頂時再做計較吧，反正姐姐妹妹會幫他臨字交差，人生得意須盡歡。

這些富貴公子的行逕難道做父親的不會知道嗎？當然不可能！賈府是個小型社會的縮影，處處勾心鬥角、人人虎視眈眈，在這種充斥耳報神的世界，舞台焦點的寶玉就像電影《楚門的世界》（*Truman Show*）裡的主角楚門一樣，無所遁形。當金釧兒、棋官事件傳入賈政耳中，夾纏在伊底帕斯、雷厄斯（伊底帕斯的老爸）與托塔天王（哪吒的老爸）情結的賈政，母愛不得、教子不成的怨恨：「素日皆是你們這些人把他釀壞了！到這步田地，還來勸解！明日釀到他弒父弒君，你們才不勸不成！」索性在今天一同向寶玉討回！賈政像爆發的維蘇威火山：「堵起嘴來著實打死！」

然而這個父子衝突又演變成寶玉四宮的衝突。寶玉的四宮家庭宮落在天秤座，這天秤的兩端是極疼他的女性長輩與極嫌他的男性長輩，這兩端的力量在寶玉的星盤中拉扯，固然賈府女性勢力強過男性，但是雙方施力的時空未必都在同一點上，前者管束不到的時候，後者的推力必會趁勢瞬間爆脹。由於賈母的干涉，賈政感到在寶玉面前有威權喪失的危機意識，他必須證明自己的力量，因此為了補償威信失落的挫敗，他迷失在憤怒的情緒中，當王夫人攔他：「打死寶玉事小，倘或老太太一時不自在了，豈不事大？」更觸動他心底深處的痛：「倒休提這話！我養了這不肖的孽障，我已不孝！本昔教訓他一番，又有眾人護持，不如趁今日結束了他的狗命，以絕將來之患！」

等到丫嬛一聲「老太太來了」，賈政的威風立即蕩然無存，最後以「直挺挺跪著，叩頭謝罪」，諾諾退出去完成謝幕；而寶玉反而得到護身符賈母的承諾，可以「不見外人，過了八月才許出二門」，因此「越發得意了，不但將親戚朋友一概杜絕了，而且連家庭中晨昏定省，一概都隨他的便了；日日只在園中遊玩坐臥，不過每日一清早到賈母王夫人處走走就回來了；卻每日甘心為諸丫頭充役，倒也十分消閒日月。」他已經完完全全肯定了星盤中巨蟹一宮對女兒的認同感！

這個過程與結果對寶玉的影響非常大：在幼兒與青少年期，人格塑成的模式是透過觀察、模仿來學習與塑造的。在一宮四宮扮黑臉的父親很少給予寶玉信任、接納、肯定、以及安全感的滿足，寶玉本能抗拒這種父性的威權，連帶地對父親加諸在他身上「社會期望的性別角色」，也令他至為反感；而賈母縱容孫子的態度，養成寶玉任性、脆弱、不獨立、無責任感的性格，然而這寵愛之中是有霸占意識的，使得寶玉的太陽雙子與水星雙子的自由感窒息受剋。這天秤的兩端對寶玉來說，都是鉗制性的，讓他徹底害怕這兩種權威。父親的權威敗給祖母的權威，因此寶玉趨向認同女性；而女性一旦「嫁了漢子，染了男人的氣味，就這樣混帳起來，比男人更可殺了！」所以寶玉既不認同父性形象也不認同女性形象。什麼時候他的性靈能夠放任奔肆？是了，唯有在那些水做的骨肉的女兒們面前，他的心靈才能得到充分的自由與滋養！這就是寶玉一宮女兒自我認同（每一個個體都存有男性與女性的氣質）的辯證過程！

寶玉一宮女兒自我的認同感讓他有愛紅、偷吃女兒嘴上胭脂的癖好，加上巨蟹月亮的作用力，對於女孩兒、甚至具有女兒態的男子，他「慣能作小服低，賠身下氣，性情體貼，話語纏綿」。然而寶玉畢竟不是真正的女兒、並且極端崇拜女兒，因此會有很奇妙的自卑情意結。在太虛幻境裏，當荷袂蹁躚的仙子怨謗：「何故反引這濁物來污染清淨女兒之境」，寶玉「果覺自形污穢不堪」；當他看到風流情種的秦鐘時，不覺癡想：「我竟成了泥豬癩狗了！……綾錦紗羅，也不過裹了我這枯株朽木；羊羔美酒，也不過填了我這糞窟泥溝：『富貴』二字，不料遭我茶毒了！」當他聽聞藕官與藥官、蕊官之間至為純情奇絕的同性之戀，又是歡喜又是悲嘆：「天既生這樣人，又何用我這鬚眉濁物玷辱世界。」……難怪焙茗（寶玉替他改名前叫茗煙）會對著寶玉祭拜金釧兒的香爐叨叨唸：「跟二爺這幾年，二爺的心事我沒有不知道的。……你在陰間，保佑二爺來生也變個女孩兒，和你們一處玩耍，豈不兩下裏都有趣了？」雖然說地是滑稽突梯，但是在女兒崇拜的寶玉心裏，這應該正是他的想望。

寶玉的女生緣（不一定就等於「異性緣」、「愛情緣」，但是能得到異性的好感，自然發展為愛情的運勢也相對提高）相當好，這要歸功於巨蟹座守護星月亮的能量。個人星盤中只要有重要行星落在巨蟹的人，「不論男女」都具有女生緣，通常女性的朋友會多於男性，其中上昇巨蟹人在外貌上尤其更有較多女性的柔媚特徵與氣質，像是面盤偏向圓而柔和、較無稜角，在個性上也是屬於溫和、無稜角型，但也通常敏感、多情、重情。當寶玉躲在花叢後，齡官以為他是個丫頭；老太君眼花時把寶玉看成女孩兒；北靜王一見「面若春花，目如點漆」的寶玉，不禁喝采：「果然如寶似玉！」鳳姐說他是「女孩兒似的人品」，連平日嫌惡寶玉的賈政都不免暗嘆「神彩飄逸，秀色奪人」，最最教人「驚豔」的是黛玉眼中的寶玉：「面若中秋之月，色如春曉之花；鬢若刀裁，眉如墨畫，鼻如懸膽，睛若秋波；雖怒時而似笑，即瞋視而有情」、「面如傅粉，唇若施脂；轉盼多情，語言若笑；天然一段風韻，全在眉梢；平生萬種情思，悉堆眼角」，哪裏有一絲男兒態，簡直是十足的女兒貌！

巨蟹能量相當強的寶玉不僅面貌秀麗如女兒，個性也很女性化（這裏指的是廣義的陰性特質，請勿以批判社會符碼的狹隘觀貼標籤），容易同情、感動、動情，尤其是對美麗的女兒。寶玉的另一個真我甄寶玉曾說：「『女兒』兩個字，極尊貴極清淨的，比那瑞獸珍禽奇花異草更覺希罕尊貴呢。你們這種濁口臭舌萬萬不可唐突了這兩字，要緊，要緊。但凡要說的時節，必用淨水香茶嗽了口方可；設若說錯，便要鑿牙穿眼的！」可說是言傳了寶玉的心聲。巨蟹月座喜歡照顧人、同情弱者、情感滲透性強，亦且相當「吃軟」，只要觸動他們內心的柔軟，恐怕他們投射出來的感情要比當事者更強烈呢！

像黛玉葬花時，寶玉聽見她邊哭邊吟葬花詞，居然慟倒山坡上：「試想：林黛玉的花顏月貌將來亦到無可尋覓之時，寧不心碎腸斷！既黛玉終歸無可尋覓之時，推之於他人——如寶釵、香菱、襲人等，——亦可以到無可尋覓之時矣。寶釵等終歸無可尋覓之時，則自己又安在呢？且自身尚不知何在，何往，將來斯處，斯園，斯花，斯柳，又不知當屬誰姓！——因此，一而二，二而三，反覆推求了去，真不知此時此際如何解釋這段悲傷！」

所以寶玉既然看重女兒若此，他更是不能忍受看見女兒受苦，寶玉的奶媽李嬤嬤就曾說他：「丈八的燈台，照見人家，照不見自己。」像彩雲為賈環偷了玫瑰露，他為她瞞贓應承了這事；像賈環惡意用燭油燙傷他的臉，黛玉來探望，他想到黛玉素性好潔，便把臉遮住不肯讓她噁心；像他不小心打翻玉釧兒手上的熱湯，只燙著了自己，卻擔心玉釧兒：「燙了哪裏了？疼不疼？」等玉釧兒說：「你自己燙了，只管問我。」他才覺得燙。旁邊兩個婆子出去後笑個不住：「相貌好，裏頭糊塗，中看不中吃。果然竟有些獃氣！……還聽見說……大雨淋的水雞兒是的，他反告訴別人：『下雨了，快避雨去罷。』你說可笑不可笑？」（詳細內容請參考巨蟹座／齡官的部分）。

巨蟹座和雙魚座人有一個相類的特徵：相當愛哭。雙魚太陽的黛玉是來「還淚」的，其愛哭的性格自不消說，寶玉的月亮、金星及上昇星座在巨蟹，火星在雙魚，其星座特性都是：受挫、徬徨困惑時，容易悲傷倩淚以淘心洩怨，因此這位「滴不盡相思血淚拋紅豆」的情公子，其愛哭的能量比之黛玉也不遑多讓，最妙的是二玉初見時，最先哭的人居然是寶玉，因為：黛玉這個神仙似的妹妹沒有「玉」，因而狠命摔玉，哭得「滿面淚痕」，真是既突兀又妙絕！如果讀者們有雙魚、巨蟹座的友人，定然曾經領教他們這種看似莫名其妙的哭泣，然而「箇中自有癡兒女」，其曲曲彎彎的柔腸中，絕對是有「情衷」、並非真如表面上之無由來的。

「警幻情榜」評說寶玉是「情不情」，按脂胭齋評說，係「凡世間之無知無識，彼俱有一痴情去體貼」，巨蟹寶玉對女兒之體貼，有時連沒有生命的物體只要引發他心中的美感，他都能生出愛護之心。像賈珍請他到寧府看戲，他嫌那幾齣戲太過熱鬧不合脾胃，乾脆到處閒耍，忽然想起：「素日這裏有個小書房，內曾掛著一軸美人，畫得很得神；今日這般熱鬧，想那裏自然是寂寞的，須得我去望慰他一回」；像他和群釵在瀟湘館的院子裏放風箏，獨有他的美人箏放不起來，他恨恨地說：「要不是個美人兒，我一頓腳跺個稀爛！」其實很多時候寶玉比釵、黛等紅樓女兒更具有女兒心呢！

最美妙最奇幻的一次是劉姥姥瞎編了個雪地抽柴女孩的故事。當劉姥姥才說到她是個十七八歲極標緻的小姑娘，外面卻嚷起失火，打斷劉姥姥的話。等火救下去後，寶玉忙問：「那女孩兒大雪地裏做什麼抽柴火？倘或凍出病來呢？」老祖宗正因才說抽柴火就惹出火事，因而不准再說，令得寶玉悶悶不樂。散席時，寶玉惦記著拉住劉姥姥細問。劉姥姥說那女孩叫茗玉（程本叫若玉），十七歲上一病病死了。寶玉一聽，跌足歎惜。劉姥姥繼續說：「因爹、娘心疼她，蓋了祠堂、塑個像兒供奉，而那泥胎竟日久成精，時常變成人出來閒逛，村上的人商量著要拿榔頭砸她。」寶玉萬分緊張地說：「快別如此！要平了廟，罪過不小！」

第二天一早，寶玉便給焙茗幾百錢，要他按著劉姥姥說的地點先探個明白，盤算著要為茗玉修廟、重塑泥像。急切等待的心，像熱地裏的蛐蜒似的，好不容易方等到興興頭頭回來的焙茗：「爺聽的不明白，叫我好找！……有一個破廟。……我找的正沒好氣，一見這個，我說：『可好了』！連忙進去，一看泥胎，唬的我又跑出來了，——活似真的似的！」寶玉眉開眼笑道：「他能變化人了，自然有些生氣！」焙茗拍手道：「那裏是什麼女孩兒！竟是一位青臉紅髮的瘟神爺！」焙茗抱怨他隨便聽人胡謅、什麼都信以為真。寶玉猶自二分懷疑、（因為）寧願八分相信地說：「改日閑了，你再找去。要是他哄我……要竟是有的，你豈不也積了陰騭呢？我必重重賞你。」

寶玉這番尋根究底，表面上給人的印象極為憨痴，不解其中味之人只會覺得噴飯，其實，這份情懷是相當有深情底蘊的：那是一種全心全意憐香惜玉的同情與愛護，尤其當他知道「根本沒有茗玉這個女孩」幾乎是肯定的事了，卻還是為那「萬一」做計較、做打算，其中的情意是純

粹、真摯而讓人感動的！寶玉小時候就給自己取了「絳洞花主」的稱號，表示自己是群芳的護花使者；在星座學中，自我取的封號，是屬於個人星盤中月亮星座的祕密情感與情緒，其他人給我們取的綽號，則屬個體太陽星座與上昇星座的外在形象。因此佯狂、扮癡的「混世魔王」、「怡紅公子」是雙子寶玉的外殼，他真正最潛意識的心靈伏流正是巨蟹月座的「情」以及「情不情」。

許多人認為寶玉很不專情，其實這種看法也算對、也是不對。對的是：寶玉有雙子太陽、水星專注力無法持續與好奇心重的因子，以及巨蟹月亮、金星對美感經驗的鍾愛與不能抗拒，所以他會時常見了姐姐就忘了妹妹；不對的是：寶玉對女兒的癡心、或者說是妄想，其實並不是單純的占有，而是摻雜著更多不沾滯、形而上的情致，群芳對他的意義更多是在於靈感的啟發與心靈的解放，他的期盼裏更多是希望能夠引起共鳴、相濡以沫。

警幻仙子就說寶玉是「天下古今第一淫人」：「如爾，則天分中生成一段癡情，吾輩推之為『意淫』」，此二字只可意會不能言傳，並非「如世之好淫者，不過悅容貌，喜歌舞，調笑無厭，雲雨無時，恨不能天下之美女供我片時之趣興：此皆皮膚濫淫之蠢物」。脂評將「意淫」這兩字詮釋為「體貼」，乃推崇寶玉「天生情癡情種」，對女兒能夠細心照顧、設身處地著想，並憐惜、迎合、疼恤、珍視她們。所以寶玉的不專情絕不是普通人字典中狹義的博愛、泛愛主義，而是偏向個人心靈與精神較高層次的進化。

關於愛情，寶玉受到巨蟹與雙子綜合能量影響最大。

巨蟹座人的感情對象通常在「最理想狀態」下的「第一選擇」是最能觸動心弦、彼此心靈相吸相近的人，此外安全、安定感的需求，相處時間長短，以及一種因循、習慣式的情懷，甚至「先來後到」的次序，亦是左右巨蟹人情感最重要的因素，像寶玉就曾勸慰黛玉：「你這麼個明白人，難道連『親不隔疏，後不僭先』也不知道？……頭一件，偺們是姑舅姐妹，寶姐姐是兩姨姐妹，論親戚，也比你遠；第二件，你先來，偺們兩個，一桌吃，一床睡，從小兒一處長大的。他是纔來的，豈有個為他遠你的呢？」、「我也為的是我的心。」二玉之間的感情最接近「本質」之愛，他們以最本然、無雕鑿的面目相知相惜，最是氣味相投，所以從任何角度來看，黛玉都是紅樓女兒中「條件」最能符合巨蟹之愛的佳人，所以巨蟹座月亮與金星的寶玉自然是「禪心已作沾泥絮，莫向春風舞鷓鴣」，「任憑弱水三千，我只取一瓢飲」。

雙子座人的理想愛情是「面面俱到」，他們喜歡爭辯、推論、印證、比較，這種能量用在愛情計較上面，同樣地會造成雙子人最喜歡「棋逢對手」型的愛人，並且投注力廣泛，時常會猶豫不定，總覺得這廂有缺憾那廂頗得全、彼廂固驚心此廂亦動魄，因此，雙子太陽與水星的寶玉的目光老是被群芳鶯慚燕妒的姿態眩惑：寶釵的豐澤肌膚令人艷羨、妙玉的神祕脫俗引人嚮往、湘雲的姣憨英豪使人心曠、寶琴的風華絕代教人神怡，晴雯的伶俐、襲人的溫婉、紫鵑的娟慧、芳官的佻味、齡官的愁韻……無一不激發、啟迪寶玉靈魂跳躍的識覺！

雖然「女孩兒未出是顆無價寶珠；出了嫁，不知怎麼，就變出許多不好的毛病兒來；再老了，更不是珠子，竟是魚眼睛了！」然而當俏平兒遭受委屈哭成淚人，寶玉因「自來不曾在平兒前盡過心，且平兒又是個極聰明、極清俊的上等女孩兒，比不得那起俗拙蠢物，深以為恨」，得此「良機」，自是戮力效慰，不僅幫著平兒理妝，兀自別有意味地著起一支並蒂秋蕙簪在平兒的鬢上，心中樂想：「竟得在平兒前稍盡片心，也算今生意中不想之樂」，過後「因歪在床上，心內怡然自得」，忽又思及平兒究竟薄命，因此「便又傷感起來；復又起身，見方才（平兒剛才換下）的衣裳上噴的酒已半乾，便拿熨斗熨了疊好；見他的絹子忘了去，上面猶有淚痕，又擱在盆中洗了晾上，又喜又悲。」另有一回，寶玉機緣湊巧又得以為「真應憐」（「甄英蓮」是香菱的本名）的香菱「服務」（詳文請參考巨蟹座／香菱「情解石榴裙」一段），更是樂陶陶：「往日平兒也是意外想不到的，今兒更是意外之意外的事了！」但是當他聽到薛蟠要娶媳婦的消息時，不禁為柔弱的香菱擔心憂慮後；果然香菱屢受新婦夏金桂的妒虐，為此寶玉還向江湖郎中王一貼請教「妒婦方」呢！

然而寶玉這份對女兒的癡愛是有極劇烈阻礙的。

寶玉的月亮與金星都在巨蟹座，家庭宮又落在天秤座，綜合起來是「情」與「和諧美」的等比，並且有很濃烈希望永遠被所愛對象包圍的想法，形同一個「家」的概念，所以他最大的理想是：「若果有造化，趁著你們都在眼前，我就死了；再能夠你們哭我眼淚流成大河，把我的屍首漂起來，送到那鴉雀不到的幽僻去處，隨風化了；自此，再不託生為人：這就是我死的得時了！」（注意文中「保護意識」的缺乏！寶玉假想的自己，是被看顧者）。巨蟹座人是母性與子性的綜合體（請參考巨蟹座），他們喜歡照顧保護別人，也同樣喜歡受到照顧與保護！

寶玉的巨蟹母性使得他對群釵傾力的付出與體貼，極盡能事的順從、陪笑臉、縱容她們，造成黛玉、晴雯等人的任性、不獨立、不合群等負面性格的加乘，令她們招惹許多不必要的口舌之尤，真可謂是巨蟹人同情濫愛之罪！可是寶玉的巨蟹子性在一宮及四宮裏受挫，事實證明，從金釧兒開始，只要遇上威權，他就只有退回子宮的份，根本沒有保護女兒的力量！

變動星座人直感強、水象星座人第六感強，寶玉的星盤中有雙子、雙魚和巨蟹的能量，所以

其實一直都有「預感」自身的不能自主、身不由己、無可如何、以及無能為力，因此寶玉經常說些化煙化灰、做和尚的話，像他對著紫鵑說：「活著，咱們一處活；不活著，咱們一處化灰，化煙，如何？」對襲人說：「只求你們看守著我，等我有一日化成了飛灰，……等我化成一股青煙，風一吹就散了的時候兒，你們也管不得我，我也顧不得你們了，憑你們愛那裏去那裏去就完了。」寶玉一生至情的「事業」，就是在這情極、情迷、情惘、情悵、情愴、情懺、乃至於情空、而至於情悟中最後「懸崖撒手」。那是一種「存在主義者」對「人的存在」之虛無、荒謬、不可答覆、以及以有限對抗無限的無力感之悲釋，是獨特個體（unique individual）面對巨大茫茫不能理喻之世界的「逃禪式」解悟。

再來看寶玉的雙子能量。雙子座人一向都很有天馬行空的想像力，他們風趣幽默、臨場反應佳、思緒很即興，一肚皮鬼靈精、很能見人說人話見鬼說鬼話，很會瞎掰、是編故事的能手。

當寶玉初見黛玉時，他見黛玉無表字，因而為她取名「顰顰」；探春好奇問他可有典故，寶玉說：「古今人物通考上說：『西方有石名黛，可代畫眉之墨。』況這妹妹，眉尖若蹙，取這個字，豈不甚美？」探春笑他杜撰，他卻強辯：「除了四書，杜撰的也太多呢。」另外像「意綿綿靜日玉生香」一節，寶玉因為黛玉老拿寶釵的冷香嘔他：「人家有『冷香』，你就沒有『暖香』

去配他？」寶玉怎堪這種屈打成招、冤枉編派？於是故意煞有介事地說了個耗子精的故事（原故事太長，不繁備載，請讀者自行翻閱第十九回，相當戲謔精采喔！），扯到最後竟然是妙喻「黛玉才是『真香玉』」，表明他才不在乎寶釵的「假冷香」，黛玉臊地作勢要擰他，他還扯：「我因為聞見你的香氣，忽然想起這個『故典』來。」

雙子座的寶玉時常說出前所未聞的創見，只是他的感情太偏重於「情」字，因此不通世務的雙子能量幾乎呈現的都是驚世駭俗的觀感，一般人聽聞之後只會搖頭喟嘆他濫情、奇情、詭情、譎情。像有一回寶玉要去瀟湘館，途中經過一株大杏樹，只見花已全落，葉稠陰翠，因而想道：「能病了幾天，竟把杏花辜負了！不覺到『綠葉成蔭子滿枝』了！」因此，仰望杏子不捨。又想起邢岫煙已擇了夫婿一事，雖說男女大事，不可不行，但未免又少了一個好女兒，不過二年，便也要「綠葉成蔭子滿枝」了；再過幾日，這杏樹子落枝空，再幾年，岫煙也不免烏髮如銀，紅顏似槁：因此，不免傷心，只管對杏歎息。正想歎時，忽有一個雀兒飛來，落於枝上亂啼，寶玉又發了獃性，心下想道：「這雀兒必定是杏花正開時他曾來過，今見無花空有葉，故也亂啼。這聲韻必是啼哭之聲。……但不知明年再發時，這個雀兒可還記得飛到這裏來與杏花一會不能？……

……」

寶玉的太陽與水星都落在雙子，這樣的組合，一般都智商高、好詭辯、學習力強、好奇心重、領悟力亦不同凡響，所以寶玉「天分高明，性情穎慧」、「聰明乖覺處，百個不及他一個」、「天性聰敏，且素喜好些雜書……每見一題，不拘難易，他便毫無費力之處，就如世上的流嘴滑舌之人，無風作有，信著伶口俐舌，長篇大論，胡扳亂扯，敷演出一篇話來。雖無稽考，卻都說得四座春風。雖有正言厲語之人，亦不得壓倒這一種風流」。

雙子寶玉的確天資敏慧、思想如風，且空靈娟逸、最忌拘板庸澀，他的創新立意、辯給才情、醍醐醒見是那些腐儒可望而不可及的。這種「無罣礙」唯有在女兒面前才會「出槌」：因為寶玉的火星落在雙魚座，原本就較柔性、軟弱、不喜爭執、無競爭心，並且愛找「合理化」的解釋，而太陽十二宮（寶玉的雙子在十二宮）時常經由服務、悅納、怡情他人之中得到認同、價值、充實感的反饋，何況雙魚、巨蟹之唯情觀，讓他在女兒面前自慚形穢，那麼只要能夠在一旁欣賞她們抒發風采真性與靈動的自然，就是他莫大的喜悅與滿足了，敬陪末座又如何？群芳展現的煥采與盛美就是他生命的膏粱脂血。所以他在潛意識中自動繳械。

然而雙子人有個特性：他們對生命的自主性很堅持，不喜歡人云亦云、被人牽著鼻子走，因為他們相信自己的智識，太強調的結果，可能造成偏執。因此寶玉的「每日家雜學旁收」裏頭，不免趨向於追逐相對性格（追求性靈、怡情悅性）的偏嗜，他的博學、廣為涉獵並不建築在價值與實用上面，而是在乎有沒有興趣，正好他的喜好是世俗經濟人眼中的無用小道，如詩詞曲賦、異草奇花等，只要投合興味，他偏有些「歪才情」，然而一旦帶有「舉業」味道的書，他就生出滿腹反抗的歪論，庚辰本裏還曾提到他因氣憤寶釵女夫子、女賢人樣的見機勸導，而「禍延古人，除四書外，竟將別的書焚了」的情節。

再且寶玉的天王星和太陽在同一個宮位，所以他的形象、言談舉止相當地「顛覆」，興兒說他：「成天家瘋瘋顛顛的，說話人也不懂，幹的事人也不知。外頭人人看著好清俊模樣兒，心裏自然是聰明的，誰知裏頭更糊塗。見了人，一句話也沒有。……又怕見人，只愛在丫頭群兒裏鬧。再者，也沒個剛氣兒。有一遭見了我們，喜歡時，沒上沒下，大家亂玩一陣；不喜歡，各自走了，他也不理人。我們坐著臥著，見了他也不理他，他也不責備。因此，沒人怕他，只管隨便，都過的去。」其他下人也經常私下談論取笑他：「時常沒人在跟前，就自哭自笑的；看見燕子，就和燕子說話；河裏看見了魚，就和魚兒說話，見了星星，月亮，他不是長吁短歎的，就是咕咕噥噥的。且一點剛性兒也沒有，連那些毛丫頭的氣都受到了。愛惜東西來，連線頭兒都是好的；糟蹋起來，那怕值千值萬，都不管了。」

集結眾人的印象，寶玉是「無故尋愁覓恨，有時似傻如狂……潦倒不通庶務，愚頑怕讀文章。行為偏僻性乖張，那管世人誹謗……可憐辜負好時光，於國於家無望」。寶玉這種「於社會國家無望」的棄才、偏才與自棄，溯源於他的前世：寶玉原是女媧煉石補天時單單捨下未用的一塊，被棄在青埂（意即「情根」）峰下，「因見眾石俱得補天，獨自己無材不堪入選，遂自怨自嘆，日夜悲號慚愧」。這段神話很能象徵部分巨蟹月座的原型（在占星學上，個人星盤中的月亮星座代表我們的前世記憶）：巨蟹月座人經常會覺得自己軟弱無能，尤其在父性社會裏，無論男女都會時常感受到「弱肉強食」的悲哀；並且巨蟹人「情之宿緣慧根」較重，容易追尋感性的共鳴，因此成為寶玉雙子偏嗜之導向與依歸。

至於寶玉為何會如此怪誕詭僻？實在是因為內在的價值觀難以迎合外在的世俗價值，衝突的兩端不能調和，造成寶玉「選擇」似傻如狂的偽態。人類的意識、心靈態度是可以自由的，弔詭的是：在選擇上，我們卻未必能夠得到全然的自由，亦即如果外在客觀條件的衝突過於巨大，我們時常是被外界所限制的。當太陽自我的寶玉為了脫逸出「選擇之不自由」的徬徨、困境、無奈與憎恨，天王星的寶玉就選擇了狂狷、奇僻、愚癡……等保護色來掩藏真性。

以佛洛伊德的觀點來分析，寶玉的反應轡接近「轉換性臆想症」（一種心理機能障礙的精神上的疾病），當個體不能適應社會的制約力，或者無法遵循、認同、扮演社會傳統與倫理賦予人們的固定社會性格與角色時，他們的心理會產生焦慮、失敗、逆反、退縮等負面性格，為了排解這種不良適應的挫敗感，他們會不自覺地運用心理的防禦機制來對抗外力的壓迫感。寶玉的「反社會臆想性格」，其實是一種鬱鬱不得志（意）、欲辯無言以及無可奈何的抗議、掙扎與無言吶喊呀！

對於這種天王星式的顛覆，賈雨村說得好：「清明靈秀，天地之正氣，仁之所秉也；殘忍乖僻，天地之邪氣，惡之所秉也……彼殘忍乖邪之氣，……值靈秀之氣適過，正不容邪，邪復妒正，……假使或男或女，偶秉此氣而生者，上則不能為仁人君子，下亦不能為大凶大惡，置之千萬人之中，其聰俊靈秀之氣則在千萬人之上，其乖僻邪謬不近人情之態又在千萬人之下；若生於公侯富貴之家則為情痴情種；若生於詩書清貧之族則為逸士高人；縱然生於祚寒門，甚至為奇優為名娼，亦斷不至為走卒健僕，甘遭庸夫驅制。如之許由陶潛阮籍嵇康劉伶……陳後主唐明皇宋徽宗……近日倪雲林唐伯虎祝枝山，再如李龜年黃繙綽……卓文君紅拂薛濤……之流，此皆易地則同之人也。」天王星和太陽同宮的寶玉正是秉賦著那結合靈秀與乖僻之氣的「逸氣」，他不甘願遭人驅制，然而畢竟維護自我的「臭氧層」遭到破壞，自由的空氣太稀薄，讓他無能恣情妄意

的自由發展（看文前寶玉受剋的自我），寶玉之「一肚皮的不合時宜」、「不滿現實」即任性發洩於外，如癡如狂！

這個世界難道沒有寶玉立足之境？其實這是個「相對」問題，只要他稍微轉個彎肯定濟世利物的價值，稍微改掉對世途經濟厭惡感的偏執，或許他就能夠克服自我受剋的困境，找出人生的平衡點；偏偏他鑽入天王星天生的拐孤牛心，頑強地以負面態度消極抵抗人生的壓迫。不過，問題還是「相對」的，既然他追求的是人生的從容悠閒，既然他痛恨名韁利鎖、汲汲營營的失歡，在這部分上，他至少還是得到了相當的痛快與滿足感；只是這一點快慰在人生的比重中似乎太輕微，借用昆德拉的話來說，是「生命中無法承受的輕」！因為縱然寶玉在某些追求上無怨無悔，悲哀的是，他沒有積極的態度與作為來維護這份理想。一個人若想得到什麼，他必須知道自己也該付出什麼，一味地四體不勤、好逸惡勞，當然只有任命運宰割！

寶玉星盤中的主要行星幾乎都落在風象及水象星座，因此會比較缺乏進取心、企圖心；而且，寶玉的星圖比重太偏，或者說是太集中在某種生命情態中，以至於他的生命歷程其實在某部分（比較世俗歷程的部分，如二宮財帛、三宮溝通、六宮僕役、十宮事業宮等）是相當缺憾的，不過也因此其重點的情態是相當精粹、純粹的，例如說他的極端性靈派、女兒認同，以及情悟等。

寶玉情悟的關鍵就在巨蟹一宮與雙子十二宮的交集。十二宮的相會，經常出現糾纏前世之宿命緣分，十二宮原本是雙魚座的固定宮位，因此寶玉的十二宮融合了雙魚座的某些特質：感性、仁慈、富同情心、懦弱、理想主義，經常會經歷心靈的神祕經驗。寶玉的情悟，即是藉由一次次心靈的神祕經驗，而慧覺漸悟的。

寶玉的一宮（上昇星座）與十二宮（太陽星座）都是他「實現自我」以及「自我形象」的重要宮位，前期的寶玉一廂情願的希望他的知己女兒們能夠圍繞在他四周，並能和諧相處，然而事與願違，他的「唯情、全情」與女兒的「唯一、獨占」劇烈的衝突牴觸，使他的心靈滋生濃厚的自我分裂感。

像有一回湘雲為他篦頭，引得黛玉、襲人等的奚落與悍情的潑醋，他「待要趕了他們去，又怕他們得了意，……若拿出作上人的光景鎮唬他們，似乎又太無情了；說不得橫著心，只當他們死了，橫豎自家也要過的：如此一想，卻倒毫無牽掛，反能怡然自悅。」因而仿南華經提筆「控訴」自性之遭戕：「焚花（襲人）散麝（月），而閨閣始人含其勸矣；戕寶釵之仙姿，灰黛玉之靈竅，喪情滅意，而閨閣之美惡始相類矣。彼含其勸，則無參商之虞矣；戕其仙姿，無戀愛之心矣；灰其靈竅，無才思之情矣。彼釵玉花麝者，皆張其羅而邃其穴，所以迷惑纏陷天下者也。」

另有一次是湘雲和黛玉互相嘔氣，調停不當的寶玉反落得兩處嗔怪數落，寶玉想起莊子所謂：「巧者勞而智者憂，無能者無所求」、「山木自寇，源泉自盜」，再細想：「如今不過這幾個人，尚不能應酬妥協，將來猶欲何為？」悶懨的他對襲人說：「什麼大家彼此？他們有大家彼此，我只是『赤條條無牽掛』的！」因此寫了一偈，並解道：「無我原非你，從他不解伊，肆行我礙憑來去。茫茫著甚悲愁喜？紛紛說甚親疏密？從前碌碌卻因何？到如今，回頭試想真無趣！」一宮與十二宮的自我提醒寶玉：世事皆是庸人自擾，寡情少慾就不會招惹無謂的煩惱罣礙了！

再來是重點十二宮的神祕經驗，當寶玉因黛玉葬花引發「渺小個人面對偉大宇宙」的一股存在主義式的「荒謬」、「虛無」、與「無解」，群釵終究無可尋覓！自己又安在？反復的推求，將自己推向飄渺、無限巨戚的悲戚意識中，當人類的生存意志遇上宇宙的巨輪，不過是任遭無情橫輾罷了，人生有何意義吶？

再者，復經過「情悟梨香院」（請參考巨蟹座／齡官部分），寶玉又生出新的了悟，畢竟：「人生情緣各有分定」、「只好各人得各人的眼淚」；接下來是紅樓女兒夭亡的夭亡、出嫁的出嫁，寶玉一次次經歷「亂數的現實、不可靠的生命」之驗證，個人果真是無力對抗命運的撥弄；

最後是賈家徹底的敗亡（天王星在十二宮，常有戲劇性、破壞力極強的劇變）：「好一似，食盡鳥投林，落了片白茫茫的大地真乾淨。」寶玉仰賴的幸福園地全然崩潰，深情繾意、富貴錦繡一應幻滅，歸入「猶步縈紆沼，還登寂歷原」的零和空寂。然而，寶玉十二宮的天王星並沒有和諧的相位讓他從不意遭逢的巨難中自我解脫，因此他唯有「逃禪」，以忘卻並滌清「心靈與肉體的絕望、磨難和苦痛」。

雖然紅樓夢後四十回迷失散佚，我們無由肯定寶玉的最後結局，然而以寶玉的個人星圖來看，這次的解悟並非來自主動而透徹的開釋，因此他的第一次出家（根據某些紅學家推論，寶玉應該是經過兩次出家，最後才真正頓悟的。證諸寶玉的星圖，可能性極大）。應該只是「逃禪」。要等到日後他和湘雲的重逢，以及兩人太陽、月亮星座與水星和諧相位的相會（請參考射手座／湘雲最後結局一段，自行將寶玉和湘雲的星盤合圖），並藉由湘雲對自身生命的了悟，以及他們之間真正的相濡以沫，才能幫助寶玉脫離原來悲劇性格所造成之「向清淨地的逃避」與「贖罪式的自我放逐」，而邁向真正人生開悟的境地。

♋ 巨蟹座

（六月廿二日～七月廿二日）

巨蟹座大約是二十四節氣裡夏至到大暑出生的人。

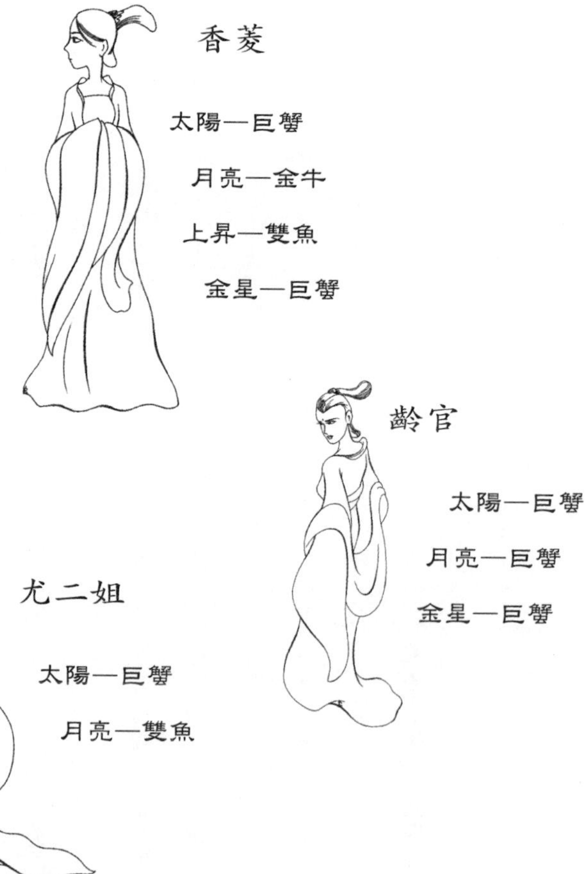

水象星座

誕生於水象星座（另外兩個水象星座是天蠍和雙魚座）的人，通常會比較富於感情色彩，是屬於跟著感覺走的類型、情感較濃烈，他們的第六感強、喜歡用直覺琢磨人際、善於察言觀色、富同情同理心、願意照顧人、較有人情味、可塑性強；缺點是容易過份敏感、情感耽溺、較無理性、情令智昏、容易受情緒影響、受感情支配、缺乏行動力、想不開、依賴性重、善感易變。

基本星座

巨蟹座的時令是進入夏季的開始，因此在占星學三分法裏，巨蟹座和白羊座一樣屬基本星座（其它基本星座特性，請參考白羊座）。

巨蟹日座

不要懷疑，其實巨蟹座也是個隱性的雙面人！巨蟹座的符號象徵一個孕育生命的子宮，溫柔的巨蟹母性意識堅強，是家庭的守護者，喜歡扮演愛人的角色，照顧別人；巨蟹的符號♋又代表蟹的雙螯，他們保護色彩濃厚，不喜歡被侵犯隱私，敏感的他們經常需要獨處，祕密地消化也享受多變情緒帶來的折磨和快感，他們需要硬殼掩飾害羞和脆弱的本我，為了要保有這份隱祕，也為了保護自己不受傷害，他們必須用螯來武裝自己。

之所以溫柔又狂野，是因為他們的守護星是雙面嬌娃月神——黛安娜。黛安娜是大地之母，沉著、有包容力，帶給大地保護、和平、寧靜與豐饒。她同時也是狩獵之神、處女之神。她生活在祕密的洞天，有一回男子亞太安偶然闖入，不小心看到她的裸體，她立刻用箭射去將他變成一頭鹿，成為他的狗的獵物；她有強烈的地盤意識，任何人想闖入或誤入她的領域、侵犯她的隱私，都將是她的敵人（尤三姐是月亮巨蟹人，頗具這部分的性格，請參考天蠍座／尤三姐）。

巨蟹座的固定宮位在第四宮——田宅宮，它的主題是「愛與家庭」。代表著巨蟹座人喜歡構築夢想、嚮往安定、對安全感需求迫切、注重隱私、喜歡保有回憶、緬懷過去、容易養成蒐集癖、照顧支持保護養育也都是巨蟹座的天性。另外，不論巨蟹座人是如何的武裝防禦，最終通常都會選擇回歸傳統（請參考天蠍座／尤三姐的月亮巨蟹一段）。

巨蟹座的「照顧」情結很微妙，一方面他們的確喜歡當照顧人的角色，但是因為月亮的變化，他們的行為又彷彿經常會退化成小孩子，敏感又脆弱，這時候的他們根本無暇照顧人，反而是很需要別人的關心保護，搞到最後都不知是誰照顧誰了！最可怕的是你根本無從捉摸他們什麼時候是大人，什麼時候又會變成小孩（寶玉和黛玉就是月亮巨蟹人）。這種反覆無常的性格是因為太陽進入巨蟹座時是逆行，它會先停在北方，然後再往南運行。

儘管巨蟹座防衛心重，但是在對外交際時，他們還是比較傾向於溫和的那一面形象，有時甚至常予人一種「討好」、「取悅」的形象，大概是源於巨蟹的母性、與不願傷害人的心理，才會抓不準「善意」的分際吧！

巨蟹座人雖然多具有豐富、浪漫的想像力，但是在外面，他們實在太缺乏勇氣，與說「不」的權利；老是被當好好先生的他們，回到家裏最是需要安靜、沉澱的時後，一個人倒罷了，反正他們習慣把心事收藏好，如果偏偏不是一個人，又偏偏對方是「愛他們的人」的時候，巨蟹座會

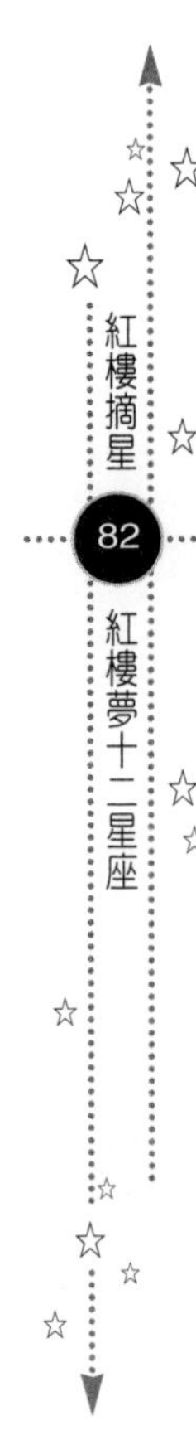

展現驚人的複雜性：一方面好像有個依靠感、另一方面又會開始莫名其妙地把情緒發洩在對方身上，一會兒又後悔、一會兒又拉不下臉，一會兒又柔腸百結，真是矛盾地可以（不妨看看黛玉和寶玉的巨蟹月座）！

巨蟹座有個缺點，就是難以抗拒虛榮浮華，不過當他們又衷心嚮往古典雅緻，經常徘迴在誘惑與抗拒中，又展現了他們性格複雜的一面，不過當他們鉛華洗淨時，又會來地突然與意外地恢復古雅的面貌。

巨蟹座人心腸很軟，他們最怕柔情攻勢。不過柔情也會讓他們有不勝負荷的時候，他們還是會以平常對待壓力的方式：消極逃避。所以巨蟹座基本上抗壓力弱，即使表面堅強，他們還是屬於那種想不開型的人。根據統計，十二星座裏自殺率最高的人，就是巨蟹座。因此，巨蟹座應該多學習對宮摩羯座的「堅忍」，他們可以做巨蟹座人生旅途上的導師。

巨蟹座代表人物——香菱

「博得嫦娥應自問，何緣不使永團圞？」

月亮金牛人容易知足，又有嫁雞隨雞、嫁狗隨狗的消極心態，因此只要日子過得去、只要還有空間去夢想，廟旺金牛月座的香菱總是以渾然天成的溫柔敦厚，面對著殘酷的世界。

香菱原本是鄉宦人家的小姐，不幸被拐子拐了去，十二、三歲被賣與馮淵。說也奇怪，這位馮公子是個風流人品，家境不錯，卻酷愛男風，不好女色，見了香菱，竟立意買來，並發誓不再近男色，也不二娶，這大概要歸功於香菱的上昇星座在雙魚；命宮雙魚的女子，通常長相、性情脫俗，膚色白晰（所以從小她就生地「粉妝玉琢」、在賈府人眼中她出挑地像一等一美人「秦可卿的品格兒」；賈璉頭一回照面，也不禁被她的齊整模樣吸引，熙鳳還吃醋要拿平兒來換她）。誰知道這個拐子又把她賣給獃霸王薛蟠，打死了馮淵。

月亮金牛人容易知足，加上巨蟹日座一般都有嫁雞隨雞、嫁狗隨狗的消極心態，只要日子過

得去，他們還算能夠守本分，只要還有空間去夢想。太陽在雙子的薛蟠（農曆五月初三），大辣辣沒啥心機的，對香菱也曾輕憐蜜愛過，然而他的「性趣」是吃著碗裏、瞧著鍋裏，將香菱把到手後不久又耐不住饑荒，娶了兩位妒婦夏金桂和寶蟾，可憐香菱「世間亦有癡於我，豈獨傷心是小青」。太陽巨蟹總教溫情主義拖累、上昇雙魚又愛顧念人性的優點、別人平日的好處，而忘記自己所受的苦，為了薛蟠招惹柳湘蓮被打得遍體鱗傷，心地善良的香菱還「哭得眼睛腫了」。香菱捉摸到詩的訣竅後寫的第一首詩，主題是閨情，一句「博得嫦娥應自問，何緣不使永團圞？」分明是時常掛念著出門學做生意的丈夫，真是可憐的癡女兒啊！

那麼，生活不盡如意的香菱，她的巨蟹空間到底夢想的是什麼？原來寶釵早看出「我知道你心裡羨慕這個園子不是一日兩日的了」，而這個園子裏究竟有什麼迷人之處？香菱央求寶釵：「好姑娘！趁著這個工夫，你教給我做詩罷！」透露了香菱星盤中渴慕性靈生活的密碼：巨蟹座原本就孺慕風雅，金牛月座總是忘不了原始的藝術美感呼喚，上昇雙魚若缺少了吟風詠月的滋養，他們會失掉了光采、生命會有莫名的枯竭感。香菱雖然沒有文學的修養，卻頗有夙慧根機，不得不說是拜這三個星座的靈氣所賜。

寶釵雖堂皇拒絕了香菱，幸而有雙魚日座的顰卿對同類人雙頻的感應，給她很大的啟發。上昇雙魚人在生命中總會遇到雙魚人的精神導師，帶領他們接觸心靈層次的美妙體驗。薄命的香菱，終於有機會暫時逃離現實生活的污煙障氣，在她的夢幻國度裏做她真正的主人！

我們且看她學詩的態度：「茶飯無心。坐臥不定」、「只在池邊樹下，或坐在山石上出神，或蹲在地下摳地」、「嘟嘟噥噥，直鬧到五更纔睡下」、「挖心搜膽的，耳不旁聽，目不別視」、探春要她閒會兒，她卻怔怔地回：「『閒』字是十五刪的，錯了韻了」，簡直中了「詩魔」了！弄地寶釵笑她「你本來就獃頭獃腦的，再添上這個，越發弄成個獃子了！」（這裏也帶有極濃厚巨蟹座因子，巨蟹座人一旦對事情起了興頭，會極度的瘋狂迷戀！不過他們比較沒有堅持力。幸好香菱的月亮在金牛，彌補了這個缺點，只要給金牛人「時間」，她的進步會令人驚異）！

再來看香菱的巨蟹金星愛情觀。巨蟹座人的愛情經常是遮遮掩掩、欲說還羞、欲言又止、想愛沒膽、拖拖拉拉而至無疾而終。巨蟹座人的心中常常會有一段「遺憾」、「祕密」的愛情，通常他們所嫁娶的都不會是「最愛」，因為他們除了自尊，還會有莫名其妙的自卑，老是害怕表現不完美，不能坦然面對愛情、愛人與自我，他們害怕被看輕，害怕失去，這些都會帶給他們極大的不安，所以他們慣於隱藏大部分的真心，甚至以一種退縮或敵對的心來抗拒真愛，「錯過」是最常發生在巨蟹人身上的情事。越想擁有就越沒有安全感，導致最後他們寧願放棄。

曹雪芹並沒有描述香菱的愛情場面，然而從「獃香菱情解石榴裙」一段，我們還是可以「揣摩」出香菱巨蟹金星那份沒有勇氣、不敢踰矩的愛。當她看見寶玉把鬥草兒玩的夫妻蕙和並蒂菱珍而重之的「用樹枝兒挖了一個坑，先抓些落花來鋪墊了，將這菱蕙安放上；又將些落花來掩了，方撮土掩埋平伏」時，她拉起寶玉的手笑道：「這又叫做什麼？怪道人人說你慣會鬼鬼祟祟，使人肉麻呢！你瞧瞧！你這手弄得泥污苔滑的。還不快洗去！」難道香菱心裏沒有一絲「異樣」？絕對不是！我們看見他們二人分道而走不數步，香菱又轉過身叫住寶玉，可是卻又紅了臉只管笑，期期艾艾，嘴裏想說什麼半天又吭不出半字掐不出一聲，恰好丫頭臻兒找她，復又臉一紅，只說：「裙子的事，可別和你哥哥說，就完了。」這就是典型的巨蟹金星，一向辜負自己的真心。並不是要藉這一場景來嘆婉香菱和寶玉之間沒有發展出「一段」，而是要表達巨蟹金星那種不能言喻的「意態」（不過，心裏還著實嘆惋呢！）。

香菱有幸做為廟旺金牛月座人，即使負荷著沉重的生活苦痛，她卻能夠保有渾然天成的溫柔敦厚，總是以寬容的顏面面對殘酷的世界（探春也正是首邀香菱入詩社的體貼人，請參考探春金牛月座部分）。不過她渾厚天真地有些憨癡，當薛蟠要娶妻時，她還興沖沖地和寶玉分享，卻不知道新奶奶是她命裏的災星。

夏金桂視香菱為眼中釘，老是尋釁找她麻煩，有一回挑剔到香菱的名字上：「菱角花開，誰見香來？若是菱角香了，正經那些香花放在那裏？可是不通之極！」香菱回了一句很能象徵她品格的話：

不獨菱花香，就連荷葉，蓮蓬，都是有一般清香的；但他原不是花香可比，若靜日靜夜，或清早半夜，細領略了去，那一股清香比花都好聞呢。就連菱角，葦葉，蘆根，得了風露，那一股清香也是令人心神爽快的。

句裏頭的「風露」真是說到點子上，香菱那股獨特的清香，如果能夠給予灌溉滋潤，她會是個相當清新出色的女子；可惜她跟寶玉相處的時間不長，紅樓夢一書中描摩她的嬌憨癡女兒情狀，就只有「獃香菱情解石榴裙」寥寥數語靈光一現而已。

悍婦夏金桂是強勢白羊座人，太陽、火星、上昇都在白羊，極具攻擊性，土星又在二宮，不僅小氣、妒性也超強，有折磨人為樂事的傾向。為什麼香菱有防衛心強的巨蟹因子，卻沒有運用這項武器呢？那是因為夏金桂的強勢白羊太陽和火星，與香菱表達自我形象的巨蟹太陽成九十度衝突相。小小的蟹螯怎麼去跟有火星戰神欽點的白羊座比拼呢！上昇雙魚讓香菱脆弱、逃避、忍氣吞聲、深陷宿命觀，而土象、水象又比較被動、消極，香菱終究抗不過命運的摧殘，歸結薄命司。

香菱以「情慍」名列情榜。

巨蟹座代表人物——尤二姐

尤二姐生的是：「花為肚腸，雪作肌膚」、「標緻和悅」，非常的「水性人兒」，且是柔而不韌的弱女子，和香菱一般「以柔見憐」。

巨蟹座對花花公子抵抗力弱，巨蟹、雙魚又都是「容易放電，也容易接收電波」的星座；單獨巨蟹座還好，尚有自制力，再搭上容易意亂情迷的雙魚座，那麼這個星主會不由自主經常陷入情海、慾海，而難以自拔。

巨蟹座的愛情經常建築在「習慣」上，而巨蟹座和雙魚座人意志力比較薄弱，兩個日月主星加乘在一起，會讓他們更容易受到誘惑，沉淪在慾（物質、金錢、愛情、性）海中。因此，尤二姐好似沒有主心骨，先是缺乏主見定見，任由賈珍、賈蓉占便宜，後來又因為貪戀賈璉的年少風流和富貴榮華，甘願被金屋藏嬌。另外，尤二姐的月亮和海王星合相於雙魚座，常過度濫情、性愛混亂，因此，她不僅是賈珍、賈蓉聚麀的臠肉，也禁不得賈璉百般撩撥眉目傳情。雖然感情氾濫，巨蟹座嚮往建構一份完整、獨有的愛的天地畢竟是本性，因此跟了賈璉後，尤二姐也頗懺悔從前，亟思從今能恪守婦道：「我生是你的人，死是你的鬼！如今既做了夫妻，終身我靠你」。

很不幸的她的對手是賈府最最厲害，玩弄權謀於掌股的鳳辣子，（請參考天秤座／熙鳳），雖然賈璉的心腹小廝興兒警告過她鳳姐是兩面三刀，上頭笑著、腳底下就使絆子，明是一盆火、暗是一把刀，耳根子軟的巨蟹和心軟容易受騙的雙魚，還是被鳳姐三言兩語便賺地認她是好人、當她是知己。

入了大觀園後，鳳姐利用善姐和秋桐等人行借刀殺人之計，百般侮辱尤二姐，弄得她像生活在地獄中；巨蟹座夢想的家無根無憑，雙魚座幻想的境界無力編織，原本尤二姐可以將寄託放在巨蟹座生兒育女的逃避上，卻也被胡庸醫誤開藥方打掉了男胎，弄地血氣虧弱，病已成勢，「胎已經打下，無甚懸心，何必受這些零氣？不如一死，倒還乾淨！」於是萬念俱灰之下，吞金自盡。

巨蟹座代表人物——齡官

齡官是最具巨蟹原型的紅樓女兒，她的巨蟹能量相當強，特別的執拗、多愁善感，特別的敏感、內向、心眼多，是個逐之不捨責之不可、不欲不憐不能不憐、雖欲不愛不能不愛的「欠疼」女孩。

齡官深情在睫，孤意在眉，看似深憐、深愛、深情人，偏偏又是多心、多緒、多惱人。

巨蟹能量過強的人，尤其是女子，容易「病態」（生理、心理皆然），她們有太多心事鬱結在心中，常常會令人摸不透她生哪樁悶氣。她不得解脫，又累地身邊的人老是變成「豬八戒」。不過，這面「鏡子」有時還由不得你不照，因為她們快樂時的溫柔可人會讓你不捨，她們傷心時的脆弱無助會讓你不忍，少不得你會甘心去照。她們非常地矛盾，一旦心結難解，她們不僅不愛惜自己，還要作踐愛她們的人，然後再自悔自傷，像結連環套一樣，伊於胡底。可憐齡官偏又生有才華，這類賦有才情的巨蟹，幾乎性格最後的發展一定是水仙花情結：孤芳自賞。巨蟹座的齡官需要被呵護，卻又痛恨自己被當作娛樂人的物品豢養，所以在人眼中她高傲、難「伺候」。

她是賈薔買來的十二女伶之一，唱小旦，演技最好、唱工最佳；元妃省親時聽完戲單只打賞齡官一人，還要她再做兩齣戲呢。不過齡官挺有個性，賈薔要她做牡丹亭「遊園、驚夢」二齣，她卻認為非她本角之戲執命不從，定要唱釵釧記的「相約、相罵」。元妃愛才，特別指示：「莫難為了這女孩子，好生教習」，又給了額外賞。齡官這樣的態度是拿翹嗎？其實倒也不完全是：前二齣是重唱工的正旦戲，後二齣重表做，齡官對自己的藝術表演講究完美，所以才會堅持。巨蟹座很怕出醜，他們不喜歡打臨場戰，非得有一定程度的把握，他們才會覺得有安全感，才放得開心、敢放手一搏；不然，他們不是螫螫蝎蝎的，就是硬著頭皮上場、演出走樣，這對巨蟹人的潛質是很大的斲傷。而齡官之特別、較一般巨蟹座人倔強，是因為她技業出眾，對藝術有優越感，才會表現地那麼「有個性」，賈妃來頭大，她不得不獻演卻也不肯多做屈就。

巨蟹座人的情感通常好發情迷情隱情癡，在「椿齡畫薔癡及局外」這一回，我們就看到一場妙絕的情迷、以及迷中迷的情境。話說寶玉因和金釧兒調笑，累地金釧兒被攆出去，情思悶悶地在大觀園裏胡逛，忽然聽見薔薇架下有人咽咽哭泣，他好奇地躲在枝蔭後偷看，只見一個女孩兒蹲在薔薇花下，手裏拿著簪子在掘土，他以為又一個顰兒在葬花，留神一看，這女孩「眉蹙春山，眼顰秋水，面薄腰纖，嫋嫋婷婷，大有黛玉之態」，不覺看地癡了。再看她並不是在掘土埋

花，倒像在寫字，仔細心裏手裏跟著女孩的筆畫，原來是個薔字，又見她寫來寫去幾十個的都還是那個薔字。天地都癡了。一片涼風吹來，催出一陣淚雨。

寫字的人兀自忘情在癡局裏，不知天地萬物，看字的人更是癡中之癡，呆呆地想：「這是下雨了。」他眼中只見癡局中羸弱的小小女子：「她這個身子，如何禁得驟雨一激？」，他「清醒」地提點局中人：「不用寫了，你看身上都濕了。」女孩抬眼一望，花遮葉隱地，以為俊臉秀面的寶玉是個丫頭：「多謝姐姐提醒了我。——難道姐姐在外頭有什麼遮雨的？」寶玉方才真地從癡夢中醒過來，噯喲一聲有了知覺渾身冰涼，自己也都濕了。

一日寶玉又拿起牡丹亭看了兩遍，想起那日和林妹妹說：「我就是個『多愁多病』的身，你就是那『傾國傾城』的貌。」引來妹妹一場嬌嗔，想著想著越發覺得意猶未盡，不如去找那個唱得最好的齡官，呀！「裊晴絲，吹來閒庭院，搖漾春如線……」。

來到梨香院，人說齡官在屋裏，寶玉忙至她屋內。只見齡官躺在枕上，見了他來也不動，寶玉一逕坐到她身旁，央她起來唱一套「裊晴絲」（「牡丹亭・驚夢」第一支曲的首三字，以此代稱「驚夢」一齣；裊晴絲是某種特定天候下產生的美麗恍惚、迷離如夢的景象：纖纖縷縷的柔絲，飄浮在春和日清的天空，傳說是輕煙漫攏或是昆蟲撒絲的結果），齡官避之不及地將身子拉遠，正色道：「嗓子啞了。前兒娘娘傳進我們去，我還沒唱呢。」好個恃能而驕的齡官！寶玉何曾遭受這等被人厭棄的景況，再看她，竟然就是幾日前畫「薔」那個如花美眷、閑愁萬種的女子！又愛又窘，心裏一片酸楚，只得訕訕的走出來。藥官等問明了原因，告訴他：「薔二爺來了，他叫唱，是必唱的。」

正好賈薔來了，手裏提個雀兒籠子。寶玉跟著賈薔往齡官屋裏，賈薔笑著：「瞧這個玩意兒。」「買了個雀兒給你玩，省了你天天兒發悶。我先玩個你瞧瞧。」拿出穀子哄那隻玉頂兒在籠子的戲臺上啣著鬼臉、啣旗串戲，滿心期待地問她好不好玩兒。齡官臉色一變：「你們家把好好兒的人，弄了來關在這牢坑裏，學這個還不算，你這會兒又弄個雀兒來，也幹這個浪事；你分明弄了來找趣形容我們，還問我好不好！」

原來賈薔的這番討好，卻是那壺不開提那壺，巨蟹座人多心多竅，齡官一向對自己優伶的身世自卑，她馬上敏感地想到自己正像那籠裏的雀兒，每日的營生不就是逗人、取悅於人嗎？

賈薔急地：「今兒我那裏的糊塗油蒙了心！費一、二兩銀子買他，原說解悶兒，就沒想到這上頭。——罷了！放了生，倒也免你的災！」說著便將那相當於一個丫嬛二個月工資的一兩八雀兒放了，把籠子也拆了。齡官明明知道是自己多心惱人，賈薔不致於存那心眼，又見他必是賭了

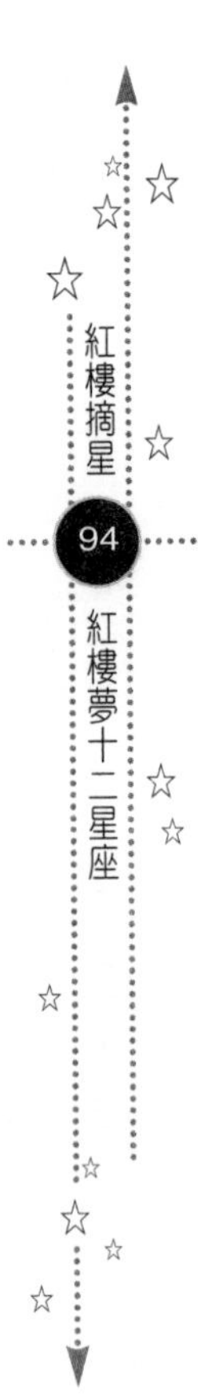

氣拆了籠，氣苦不餘不說，又挑難起來：「那雀兒雖不如人，他也有個老雀兒在窩裏；你拿了他來弄這個勞什子也忍得（嘿嘿！這也是巨蟹座人莫名奇妙的『領情』方式，然而：『誰要你戳傷了我的自尊』，所以齡官嘴上不肯饒人，又要扯些舊帳啊、新怨什麼的）！今兒我咳嗽出兩口血來，太太打發人來找你，叫你請大夫來細問問，你且弄這來取笑兒！偏是我這沒人管沒人理的又偏愛害病！」很奇怪地，工愁善病的巨蟹座人老是會用這招「楚楚可憐」式，讓你罵不得他們！想想巨蟹座的「符號」。答對！就是子宮期滯留症，這是巨蟹座人最大的人格陰影：退縮！

果然賈薔聽了心疼：「昨兒晚上，我問了大夫，他說不相干，吃兩劑藥，後兒再瞧，誰知今兒又吐了？這會子就請他去。」才要走，齡官又叫：「站住，這會子大毒日頭地下，你賭氣去請了來，我也不瞧！」讀者們瞧瞧是不是？五分鐘的時間，賈薔已當了兩次「豬八戒」了！這就是巨蟹座人表達情感的特異方式：齡官不領情嗎？她才領情呢！齡官清楚感受賈薔的關心，所以她會不顧惜自己，反怕賈薔給太陽曬壞了；齡官真地全然領情了嗎？那倒未必！因為她又覺得賈薔不夠關心，沒有更「積極」地在她「開口」之前先為她找來醫生，所以她更不顧惜自己。巨蟹座人的肚腸可真不是普通的曲曲彎彎（齡官的性格是不是像透了黛玉？因為黛玉是巨蟹月座人嘛！請參考雙魚座／黛玉）。

這倒有些精神虐待狂的模樣！不誇張，其實不加節制綰束的話，這種虐人自虐的發展，是有相當大可能性的；不過巨蟹座畢竟是心腸極軟的，通常他們的本意倒不是要針對人，而是傾向自虐的。

其實巨蟹座女人是需要人寵卻又最嬌寵不得的。一旦開了「無條件讓步」的先例，此後她們又會貪得無饜，要求凡事皆要照例來；不然，小肚雞腸的她們會怪你不像從前那麼愛她們，或者是以為你再也不愛她們。因此最好在交往的初期，就要好好的「調教」，適度一放一緊。這不是像在教燎毛小湅貓子的小毛頭嘛？沒錯，請翻回前面提到的「巨蟹座的照顧情結」，巨蟹座就是這樣一個「母性」加「孩子氣」的綜合體，你只要觸及到她們的「溫情」，就算是她們的嘴再硬、再怎麼撒賴，等她們雨過天晴時，你又是全天下最幸福的人了。她們其實好「哄」地很，只要你隨時記得「主動」關心她們，再加一點「細心」的調味料，她們是很樂於扮演媽媽角色的。不過，話說回來，咱們可別拿花花公子那套「沒真心的哄」來欺負巨蟹座，她們夠可憐見的，心情好比物理學上的「chaos」：北京一隻蝴蝶振翼，她們的心情就會受到影響而下雨。嘎？不知道啥意思？去翻翻字典什麼叫做「蝴蝶效應」吧！

再提一提賈薔這個人（賈薔是天秤人，很有女孩緣，很會逗人。奇怪的是，天秤座好像是巨蟹座的天敵似的，老是讓巨蟹人招架不住他們的魅力？請讀者參考天蠍座／尤三姐的巨蟹月座部分），進一步烘托出齡官巨蟹金星的特質。

這位賈薔生得風流俊俏，內性聰敏，平日裏鬥雞走狗、賞花閱柳，和賈蓉（和賈珍是寧府有名的一對不肖父子）最親厚，「王熙鳳毒設相思局」就是派他們去整治捉弄賈瑞的，這兩人還順便各敲詐了五十兩。賈薔和鳳姐關係打地好，因此得了「到姑蘇買辦元妃省親用的應景戲班和行頭」的美缺，帶回十二女伶後，順理成章做了梨香院的總理。

這樣一個紈袴子弟，為什麼偏偏贏得齡官的死心蹋地？巨蟹座選的情人或伴侶經常會讓人跌破眼鏡。巨蟹座人慣常演出「習慣」、「日久生情」的愛情戲碼，他們的愛情時常是從厭惡始，漸漸地又會喜歡上當初那個她百般不順眼的人，因為他們良善、溫情，所以在人際接觸的過程中，常能發現別人的優點，先前那股惡感，不知不覺就轉化為好感、愛情。我們不知道齡官和賈薔的戀愛過程，不過以齡官的自尊高傲，怎會喜歡賈薔這種華而不實的人？大概就是因為相處時間太多，才會接受賈薔的追求。奉勸巨蟹座人多敞開心門，試著去接觸更多的人，眼界才不會那麼狹窄，在愛情的路上才不會走地坑坑巴巴、所託非人。

呵，倒把寶玉這個巨蟹月座人給忘了，寶玉也可憐，遥想照顧盡身邊的女兒，如今方悟出個道理；這樣一個情深至極的人，我們怎麼忍心將他丟在一旁呢！話說寶玉看見薔、齡二人這番光景，才領會過來畫「薔」的深意，因而又發起癡來，前日裏不是才對襲人說：

「比如我此時若果有造化，趁著你們都在眼前，我就死了；再能夠你們哭我的眼淚流成大河，把我的屍首漂起來，送到那鴉雀不到的幽僻去處，隨風化了；自此，再不託生為人：這就是我死的得時了！」

巨蟹座人最受不了孤立、無情，他們心裏總是有個妄念：最好身邊的人永遠不離開他們，最好他們愛的人，和愛他們的人永遠圍繞在身邊，巨蟹座人真地很愛家的感覺。

寶玉彷彿受了撞擊，搖搖欲墜、失了魂魄般的踅回怡紅院，見了襲人，長嘆道：

「我昨兒晚上的話，竟說錯了！怪不得老爺說我是『管窺蠡測』！昨夜說你們的眼淚單葬我，這就錯了！看來我竟不能全得！從此後，只好各人得各人的眼淚罷了！」自此，深悟人生情緣各有分定，只是每每暗傷，不知將來葬我灑淚者是誰……。

真是巨蟹座的愴情。

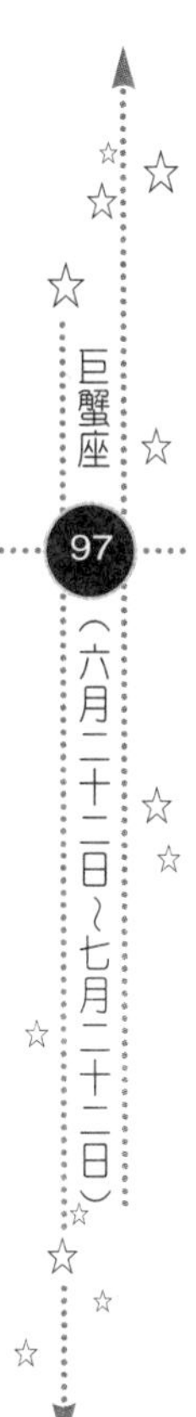

再回頭看齡官的結局。由於老太妃薨逝敕諭有爵之家一年內不得筵宴音樂，王夫人考量各官宦家凡養優伶者一概蠲免遣發，要將梨香院眾女伶都遣散出去，十二女伶中有八人不願走，其餘的就令其乾娘領回家去。並不以為大觀園是女兒樂土的金絲雀齡官就此衝出。曹雪芹並沒有交待她的下落，然而以齡官如此巨大的巨蟹陰影性格，恐怕此路亦如她扮戲的情態：演盡悲歡。

♌ 獅子座

（七月廿三日～八月廿二日）

大暑至處暑之間生的人。

晴雯

太陽—獅子

月亮—水瓶

上昇—白羊

水星—獅子

金星—巨蟹

火星—白羊

火象星座加固定星座

性情中人、善惡分明、熱誠進取、赴湯蹈火、明朗自信、大方率真，自我中心、主觀自大、惡評獨斷、虛榮炫耀、穩健踏實、堅持目標、重視信約、堅定可靠、情深義重，堅持己見、難以溝通、固執頑抗、惡勸剛愎（其它特性請參考白羊火象星座、金牛固定星座）。

獅子日座

獅子座的守護星是太陽。獅子日座在占星學上是廟旺位置，太陽是一切光與熱的來源，因此獅子日座人天性光明開朗、率直天真、爽朗大方、熱情樂觀、果敢負責、慷慨激昂、極富親和力、充滿表現慾與創造力。然而過強的獅子能量會造成驕傲、主觀、貪玩、粗心、誇張、不節制、專制霸道、肆無忌憚、自我主義。

太陽的守護神是阿波羅。希臘神話中的阿波羅，外形俊美，每天乘坐最炫、最拉風的金色馬車，由四匹健馬拖曳，載著他巡弋四方。阿波羅非常有藝術氣息，在諸神的饗宴中，經常見到眾仙姬或支頤或拖腮，著迷地圍繞在阿波羅四周，聆聽他撥弄著金色的七弦琴，吟唱著悠揚悅耳的美妙詩歌，娛樂奧林帕斯的眾神，任誰聽到他的樂音，都會將煩惱拋到九霄雲外。此外，阿波羅還是醫神、光神、真理之神，以及百步穿楊的弓箭之神。

獅子座人承襲著阿波羅的驕傲傳統，喜歡享受高品質的生活，對於藝術，有著極敏銳的感受力，當然也相當有表現慾與表演狂；他們喜愛歡樂的氣氛、喜歡扮演娛樂眾人的角色，他們耐不得寂寞，不太能過那種無聊、無聲色的日子；他們通常理想、目標遠大，非常看不過眼那些煩瑣、芝麻綠豆般的小事，有時不免好高騖遠；如果生活不順遂，他們會儘量找些娛樂排遣、避開情緒的困擾，很少生「過夜氣」，他們信奉「面對太陽，陰影就拋在你腦後」的哲學，「日出時讓悲傷終結」是他們的信念，他們同時也對著別人高唱。

獅子座人極愛面子，如果你想戳戳他們的銳氣、如果你想找一個最能報復他們的方式，讓他們在大庭廣眾之下出醜，包準有效；不過，暴怒的獅子會怎樣把你撕爛，自己要先有心理準備喔）。獅子座人喜歡排場、聲勢，在衣著、裝飾上面，有時候會突如其來披披掛掛、琳瑯滿目，好像要把最慓的家當都戴在身上似的，衣、妝不驚人死不休。他們非常享受被眾人包圍、仰慕的情境，如果萬眾矚目的不是他，他不是表現地不以為然，就是裝出無所謂、那又怎樣的表情：你們眾星拱月算什麼？月亮還得繞著太陽運行呢！

另外，獅子座人雖不見得奉應真理，但是他們倒真地是比較嫉惡如仇、且較藏不住心裏的話，經常不吐不快，也看不得別人虛偽、言不由衷，有點大辣辣地，時常粗心地戳到別人的隱私與痛處；不過被激怒的對象們自己也該自我檢討，因為獅子座人的「真心話」通常也正是你們的「不光明處」，從這個角度去想的話，他們還真是難得正直的良友呢；而且在有些情況中，他們也並不是有意要揭人之短或存心拿人取笑，他們只是心直口快，通常是沒有惡意的，而且有時候他們對幽默的尺度與界限，是依照自己的標準，他們也挺能自我消遣的，不是嗎？所以心地別太狹窄，他們不是故意逼你當小丑的。這點獅子座人也必須稍做調整、自我控制，多為對方設想，每個人的忍受度不同，不然直爽的優點，隨時都可能變成易挑起爭端的缺點喔！

尼采在《悲劇的誕生》一書中曾借用日神阿波羅與酒神戴奧尼索斯，象徵兩種不同的性格原型：他認為日神是夢幻的藝術家（**dream artist**），其性格趨向於靜觀世界，在夢幻瑰麗的外相中，尋求一種強烈又平靜的喜悅，人間的喜劇才能帶來快樂，使他擺脫存在於變幻世界的痛苦；他看重節制、規律、和諧、客觀的美感，他用理性的冷靜擺脫情感的劇烈，他認為人們應當認識自己、鼓勵自我意識，卻不可以過度。酒神則是狂迷的藝術家（ecstatic artist），其性格是鼓勵人們盡情放縱潛意識自我的原始本能，他需要具有張力、爆發力的變化；痛快飲酒，恣情歡謔，打破人與人之間的樊籬與界限、感受萬物合一的美感，充分發洩旺盛的精力，才能得到符合人性最自然的滿足；他像個孩子似的永遠停不住，不斷創造、也不斷破壞，永遠不能滿足任何固定、一成不變的形式。

其實，獅子日座人比較像日神與酒神的綜合體，因為他們是火象（酒神）與固定（日神）星座的子民，具有酒神狂傲、追求快意的特性，亦融合日神積極、追求成功的特質；如果相位好的話，他們處世算得上圓融、善於亮麗照眼的包裝、八面玲瓏、既可愛可親又不失尊嚴，他們光明磊落、愛行俠仗義、極富創意、充滿戲劇性、是個很能以自信樂觀感染周遭友人的理想朋友；相位不好時，他們自負、粗魯、輕率、壓迫性強、支配慾重、善妒、剛烈無情、憤世嫉俗。

獅子座的符號♌，象徵一頭披著驕傲、誇張、美麗、榮耀鬃毛的獅子，所以獅子座、尤其是上昇獅子星座的人，通常有著一股劍拔弩張的氣勢與俊朗（不論男女哦！而且女性也常出現穠野的外貌），非常引人注目。就算是外貌談不上英俊美麗，然而個性曠（或獷）達、表情豐富的他們，也會吸引住人們的眼光，而他們亦經常能夠輕易成為諸場合中聚光燈下最突出（不一定是

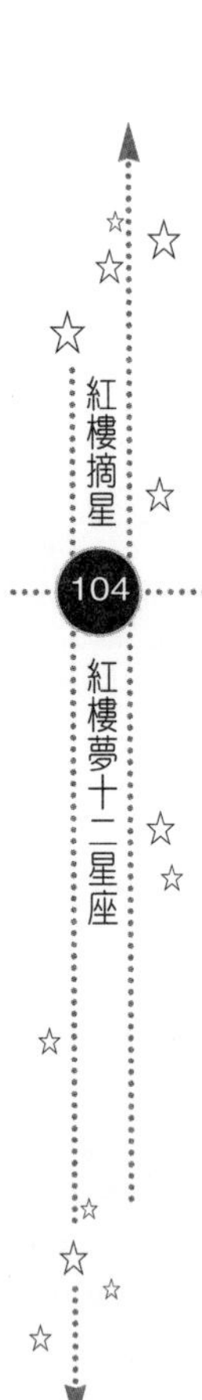

「出眾、出色」哦！因為他們愛做主角，挺能放下身段自娛娛人）的人物之一。

不過，獅子座人有時會受剋於「主角情結」，因此有可能造成令人結舌、瞠目、甚至眥目的地步，奉勸獅子座人有時多欣賞洗淨鉛華的美，凡事不要過於性急、想表現，要懂得收斂的藝術。或者受剋於「老大情結」，因為獅子座與白羊、水瓶、射手座人個性中都帶點「任俠性格」、「英雄崇拜」的味道；然而獅子人不像對宮水瓶人一般「寵辱不驚」，水瓶座人較不屑看別人眼色過日子，耐得住寂寞，即使孤獨，依然能發射出耀眼的光芒，有點「笑傲江湖」的味道；而獅子座人雖然具有俠義心腸，卻比較好名；獅子座和白羊座都有些盲目「講義氣」、「捨我其誰」的傾向，不像射手人有「有所為有所不為」的理智認知，比較不會因衝動而受小人利用，不過獅子座比白羊座理性的一點是，他們比較喜歡「以德服人」的形象、以「王者之『獅』」自居，所以尚且較少偏離「正道」。總之，獅子座人只要思想正派，倒真是既有群眾魅力又真具大將風範的領袖型氣質人物。

另外，有一個很有趣的現象：在動物世界裏，當雄獅取得群獅的領導地位時，他們的鬃毛會變得更濃密；而鏖戰失敗的獅子，其鬃毛卻會迅速脫落。這也是獅子座人的特點之一：展現自我光彩、怒放自我光芒是他們夢寐以求的境界；而失敗的打擊對他們來說，是生命中最恐懼的事。

這時如果有良好的木星相位，那麼這頭自信心十足的獅子將會是一頭精神打不死的獅子，雖千萬人吾往矣，就算一敗塗地，也會維持王者的尊嚴，贏得漂亮的總體印象；然而相位不良的獅子，卻相當容易一蹶不振，這一點不妨向對宮水瓶座人「堅定理念」、「做我自己」的能量學習，不要太在乎表面上的榮光，那些令人迷惑的光環，有時會讓人以為人生沒有了它們就沒有價值、有時候會讓人膨脹自己的實力，當你失去它們時，你該害怕的不是失去你的能力，而是失去人生態度，因為能力是累積而來的，誰也拿不去，你天性的樂觀，才是最可能讓你爬起來的能量。

獅子座的固定宮位在第五宮，五宮稱為子女宮或創造宮，是個關於遊戲、冒險、戀愛、子女等宮位。因此獅子座人創造力、原創性佳，充滿活力、精力旺盛，不管是哪個命題，華麗的冒險都是他們的最愛。

關於愛情，獅子座人相當有毅力、勇氣、主見。有時雖然礙於面子問題，他們看起來似乎不踩你，但其實他們很在乎你，那是欲擒故縱；他們喜歡被人崇拜、仰慕，所以愛上他們的你最好像克萊蒂（就是那個對阿波羅著迷，每天目不轉睛看著他，最後變成「向日葵」的水寧芙）一樣，因為對他們「榮寵」就是對自己「榮寵」（放心啦，他們不會像阿波羅那般狠心，視而不見的。），他們會以相當體貼與萬分寵愛來回報你的「知遇」。他們很受不了那種不專情、不重視他的人哦！由於他們太愛「收集」別人的目光，所以有時會讓你以為他們很花心，其實那些大都是屬於「面子」問題，他們真地還算蠻專情的，倒是你自己要檢討：是否你的愛讓他們覺得「不夠驕寵」、是不是因此傷害到他們的自尊了！

有一類獅子特別喜歡驕傲、倔強的對象，對手越是難纏，他們越有一股不服輸的念頭，非要把上你不可。就像祖師爺爺阿波羅一樣，喜歡美麗動人的獵物，想想他追求黛芬妮的英勇事跡，雖然，那個女孩為了躲避他的愛，變做月桂樹，然而，對於獅子性格的阿波羅，悲傷過去，日子還是要過的，他們照樣有明天！獅子人對愛情倒是挺坦然的，做不成情人、或曾經是情人的，他們一向都還能維持良好朋友關係。看看阿波羅，為了紀念這段愛情，不但月桂樹成為他的聖樹，當他要honor別人時，不就是「頒發」月桂冠嘛！他們是「愛情少尉」唷。

對於獅子座人，友情是他們生命中最重要的一環（愛人們別吃這種醋，這是他們最重要的樂趣、資源、創造力的來源之一耶！），他們溫暖、熱情、具有感染力，心胸開朗的他們，四海之內皆兄弟，走到哪裏都能散撥快樂與笑聲，是屬於春風拂煦型的人物。他們很容易與人打成一片，是十二星座中人緣最佳的族群。他們雖然常給人不夠細心的印象，然而，對於人際交往，最能給予友人雪中送炭、適時援助的，卻通常是他們，這樣的朋友能不令人感動、能失之交臂嗎

（水象星座人特別需要至少結交一個獅子類型的朋友哦）？就算是他們有時說話太直、性子太急，冒犯了你，請不要放棄與他們交往，想想看，他們是不是也很少記恨你呢？

獅子座代表人物——晴雯

獅子日座的晴雯心地光明、磊落率直，寶玉在「芙蓉誄」中讚美她：「其爲質則金玉不足喻其貴，其爲體則冰雪不足喻其潔，其爲神則星日不足喻其精，其爲貌則花月不足喻其色。」

清水芙蓉姿君雅，皎皎天然去雕飾，然而，嶢嶢者易折，晴雯因為太陽是火象星座，上昇星座和火星又都在白羊座（火星原本就是白羊座的守護星，白羊的作用力會非常囂張），因而使得她個性中的直率，到了容易冒犯到他人的地步，甚至有些時候顯得那麼無由來地沖犯。

像有一回秋紋因為替寶玉送了瓶新插的桂花給王夫人，王夫人一時高興將舊日的衣裳賞了她兩件，因為是王夫人賞的，所以秋紋特別高興地講與眾人聽。一個丫嬛拿了主子的打賞，心裏歡喜，原本是件再自然不過的事，晴雯馬上就潑冷水：「沒見世面的小蹄子！那是把好的給了人，挑剩下的才給你，你還充有臉呢！」、「要是我，我就不要；若是給別人剩的給我也罷了，一樣這屋裏的人，難道誰又比誰高貴些？把好的給他（指襲人），剩的才給我，我寧可不要，沖撞了太太，我也不受這口氣！」其實這些話並不顯出晴雯的高潔，因為在這裏頭，藏著一顆嫉妒的心，有些指桑罵槐的味道，既然誰不比誰高貴，那何必在意好的、剩的？一句話得罪三個人（秋紋、襲人、王夫人），恐怕也只有晴雯這種有強力火象星座的人才會做出這樣的事。

晴雯的太陽獅子、水星獅子和上昇白羊讓她極端不能忍受偽裝與邪惡，所以對人的瘡疤她會毫不留情地揭穿，對人的醜惡她會欲除之而後快。不過，縱然晴雯心地皎潔，行地端做地正，她這樣的激烈、一點不饒人，未免太過！舉例說，當寶玉告訴她墜兒偷了平兒的蝦鬚鐲，她馬上氣得「蛾眉倒蹙，鳳眼圓睜」，當下就想發難，要把墜兒找來，雖被寶玉制止，但是那口氣究竟是忍不住。過兩天，她看到墜兒，又火了眼，冷不妨拿起一丈青，戳墜兒的手罵道：「眼皮子又淺，爪子又輕，打嘴現世的，不如戳爛了！」還著人立即把墜兒打發出去。雖然寶玉是有說過打發她出去的話，但是在晴雯那顆嫉惡如仇的心裏，是半刻也容不下偷竊猥瑣的骯髒事。

太陽星座和上昇星座都是屬於表現自我形象的宮位，如果都落在火象星座，連代表行動力、戰鬥力的火星都在火象，那麼這份星圖的主人想不捲入是非都很難。而晴雯的悲劇，的確難推塞其「禍尤自招」的罪愆。不過火星在火象的攻擊力，其實並不像土象那麼深沉、破壞力久遠，因為他們的火來得快、去得也快，只是聲勢嚇人而已，基本上他們還是心胸比較開朗的。再加上晴雯的月亮落在水瓶，水瓶月座人情緒比較屬於天真型，他們很少會尷尬（很有趣的一點是，他們又很會讓別人尷尬），在吵完架後很少會記仇，還能馬上換一副心情，有時會令他們的對手哭笑不得，怒也是他、笑仍是他，分卻是他、合還是他。因此在書中，我們常看到晴雯和麝月、秋紋、芳官等人鬧在一塊玩的歡樂場面。這樣奇巧的組合，讓我們見識到一個既是「爆炭」又是「開心果」的妙人兒，不得不驚嘆星圖宮位的難以預量，以及變化多端的豐富。

晴雯聰明伶俐，思路敏捷，這要歸功於她的水星在獅子座，而且又正好在本位的第五宮。五宮是表現創造力的宮位，它的範圍涵蓋戀愛、小孩、戲劇、賭博、享樂、冒險、新奇的嘗試、創造的態度，生命在這裏無拘無束，彩筆一揮形形色色，人生如戲人生如賭博，有著無限的可能性，充滿刺激與跌宕。遊與戲的本質是不計較輸贏的，是孩子氣的，難怪同樣是彼得潘型的雙子座的寶玉，會鍾愛這個在王夫人眼裏「不太沈重，不知大體」的別緻女孩！

「撕扇子作千金一笑」是最能表現這兩位任性任情、無所為而為的遊戲態度的章節。

起先是因為寶玉無解於人生散聚的感傷，正悶悶不樂時，正好晴雯為他換衣裳，失手把扇子掉在地上，折了扇子骨，因此嘆道：「蠢才！蠢才！將來怎麼樣！明日你自己當家立業，難道也是這麼顧前不顧後的？」這段事故的前奏非常微妙，曲曲折折，很能表現晴雯金星巨蟹女兒對表達愛情的態度與方式：原本寶玉是一點罵人的心眼都沒有的，只不過先前在端陽筵上，人生聚散的痴想讓他心情懨懨，才會說出那些話。說者無心，然而引出來的效應，卻在金星巨蟹敏感的心湖，投下悶悶的一石。那句明日你「自己當家立業」，不是代表以後兩人各自婚嫁的意思嗎？再來一口一聲的「我們」、一逕一味的「打發」，晴雯金星巨蟹女兒壓抑的情思，唯有借由火象星座的變形渲洩出來（文後「俏丫嬛抱屈夭風流」一段，將進一步描述巨蟹金星的愛情觀）！

受不得氣的晴雯，立刻回了一句：「二爺近來氣大的很，行動就給臉子瞧。前兒連襲人都打了，今兒又來尋我的不是，要踢要打憑爺去。就跌了扇子，也算不的什麼大事。」、「嫌我們就打發了我們，再挑好的使，好離好散的，倒不好？」巧不巧寶玉正為聚散無常苦惱著，偏又聽到這些好離好散的話，當下氣得渾身亂顫：「你不用忙！將來橫豎有散的日子！」

襲人來勸架：「好好兒的，又怎麼了？可是我說的：一時我不到，就有事故兒。」火象星座人在吵架時，一向是一個不過癮，最好一氣來，沒有和事佬的位置的！好呀，來淌渾水，不要命的：「姐姐既會說，就該早來呀！省了我們惹的生氣。自古以來，就只是你一個人會伏侍，我們原不會伏侍。因為你伏侍的好，為什麼昨兒才挨窩心腳啊（前日寶玉回怡紅院，因叫門不開，誤踢了襲人）！我們不會伏侍的，明日還不知犯什麼罪呢！」

寶玉忍著性子：「好妹妹，你出去逛逛兒，原是我們的不是。」火象星座人才剛發了癮，怎容得就輕易熄火，何況寶玉一句「我們」的親密戰友姿態？心中這把火是擱不下去了：「我倒不知道你們是誰！別教我替你們害臊了！你們鬼鬼祟祟幹的那些事也瞞不過我去！不是我說正經、明公正道的，連個姑娘還沒掙上去呢，也不過和我是的，那裏就稱起『我們』來了！」這種令人羞憤的話，雖然是實情真話，拿出來公然的講，真是觸犯人格，任誰聽了都會眼著火、腦噴漿的！

寶玉耐不住地說：「你們氣不忿？我明日偏抬舉他！」襲人忙道：「他一個糊塗人，你和他分證什麼？況且你素日又是有擔待的。比這大的，過去了多少，今日是怎麼了？」晴雯仍是不領情：「我原是糊塗人，那裏配和我說話！我不過奴才罷咧！」於是襲人說：「姑娘到底是和我拌嘴，是和二爺拌嘴呢？要是心裏惱我，你只和我說，不犯著當二爺吵；要是惱二爺，不該這麼吵得萬人知道。我才也不過為了事，進來勸開了，大家保重，姑娘倒尋上我的晦氣！又不像是惱我，又不像是惱二爺，夾鎗帶棒，終久是什麼主意？」火象星座人最容易遷怒，然而炮口是對著

人的，而其中最最有意思的「又不像是惱我，又不像是惱二爺」，是最純粹的巨蟹金星：隱微曲折的心事、吐理不清的情緒之絲，將所有的人包括自己，都夾纏在一個繭中！

寶玉下了最後通牒：「你也不用生氣，我也猜著你的心事了。我回太太去，你也大了，打發你出去，可好不好？」兜來轉去，又回到晴雯起初的心病上去，晴雯傷心起來：「我為什麼出去？要嫌我，變著法兒打發我去，也不能彀的！」、「我多早晚鬧著要去了？饒生了氣還拿話壓派我，只管去回！我一頭踫死了，也不出這門兒！」

後來因黛玉進來，戰火暫時停歇，又因薛蟠請他吃酒，寶玉出了門去。晚間寶玉回來，見榻上有個人睡著，以為是襲人，推了那人問：「疼的好些了？」不想卻是晴雯；寶玉將她拉在身旁坐下：「你的性子越發慣嬌了。早起就是跌了扇子，我不過說了那麼兩句，你就說上那些話。你說我也罷了；襲人好意勸你，又刮拉上他。你自己想想該不該？」

對付火象星座人的怒氣，其實很簡單，就是想方設法先離了戰局，因為他們的火氣向來是來得快去得快，千萬要緊的是不要硬軋；不過火象星座人自己更應該檢討，不能老等著別人讓步，最終吃大虧的還是自己。

晴雯故作姿態地說：「怪熱的，拉拉扯扯的做什麼！叫人看見，什麼樣兒呢！我這個身子本不配坐在這裏！」寶玉笑道：「你既知道不配，為什麼躺著呢？」那個姣憨可愛的晴雯終於回來了，她嗤的笑說：「你不來使的，你來了就不配了。起來，讓我洗澡去。」寶玉被她一逗，心更開了：「你既沒洗，拿水來，咱們兩個洗。」晴雯回的話真讓人發噱：「罷，罷，我不敢惹爺！還記得碧痕打發你洗澡啊，足有兩三個時辰，也不知道做什麼呢。我們也不好進去。後來洗完了，進去瞧瞧，地下的水淹著床腿子，連蓆子上都汪著水，也不知是怎麼洗的，笑了幾天！」同樣是話裏夾尖帶刺說寶玉和丫嬛之間的隱情，但心情好的晴雯，獅子日座及獅子水星的能量恢復，有的是能耐將話說地只剩一點尷尬萬分逗趣。他們真地很有本事左右他人的心情！

「你也不用和我一塊兒洗。今兒也涼快，我也不洗了。我倒是舀一盆水來你洗洗臉，篦篦頭。才剛鴛鴦送了好些果子來，都湃在那水晶缸裏呢，叫他們打發你吃不好嗎？」寶玉睹著她：「你不洗就洗洗手，給我拿果子來吃罷。」晴雯笑道：「我一個蠢才，連扇子都跌折了，那裏還配打發吃果子呢。倘或再砸了盤子，更了不得了！」終於紅樓夢中最嬌俏別緻的場景之一的「撕扇子作千金一笑」登場了：

寶玉笑道：「你愛砸就砸。這些東西原不過是借人所用，你愛那樣，我愛這樣，各

自性情。比如那扇子，原是搧的，你要撕著頑兒也可以使得，只是別生氣時拿他出氣：——這就是愛物了。」晴雯聽了，笑道：「既這麼說，你就拿扇子來我撕。我最喜歡聽撕的聲兒。」寶玉聽了，便笑著遞給他。晴雯果然接過來，嗤的一聲，撕了兩半；接著又聽嗤，嗤，幾聲。寶玉在旁笑著說：「撕的好，再撕響些。」正說著，只見麝月走過來，瞪了一眼，啐道：「少作點孽兒罷！」寶玉趕上來，一把將他手裏的扇子也奪了遞給晴雯。晴雯接了，也撕作幾半子，二人都大笑起來。麝月道：「這是怎麼說？拿我的東西開心兒！」寶玉笑道：「你打開扇子匣子揀去。什麼好東西！」麝月道：「我可不造這樣孽。他沒折了手，叫他自己搬去。」晴雯笑著，便倚在床上，說道：「我也乏了，明兒再撕罷。」寶玉笑道：「古人云：『千金難買一笑。』幾把扇子，能值幾何？」

姑不論寶玉是否邪謬乖僻、八旗子弟不知民間疾苦，百般順著丫嬛的性子，蹧蹋物資暴殄天物，請讀者著眼於其中的象徵心態。脂硯齋說地好：「撕扇子是以不知情之物供姣嗔，不知情時之人一笑，所謂情不情。」凡人皆囿於知有用之用、昧無用之用，心靈的活泉被種種常規、刻板觀念塞滿，喪失了創造力，愚蒙了真情真性；五宮的相會，帶給我們哲學上的思考：遊與戲的意義不在結果、不計得失，其意義在於參與、分享與學習，最動人的愛情或許沒有結果、最有才情真性的人可能早夭，沒有人知道星球與星球之間的交會是善緣還是惡果，但是珍惜人與人之間情的火花總不會錯的！

讀者一定很奇怪，平日裏口角鋒芒、性情爽利的晴雯，為什麼好像從來都沒有很明顯地與寶玉有涉及情愛狎暱的場景出現？難道晴雯不喜歡寶玉？襲人曾笑晴雯平日裏「橫針不拈，豎線不動」，卻是：「怎麼我去了幾天，你病得七死八活，一夜命也不顧，給他做了出來？這又是什麼緣故？——你到底說話呀！怎麼裝憨兒和我笑？」；另有一回在怡紅夜宴的第二天，平兒抱怨沒請她來，晴雯回道：「今兒他還席，必自請你來」被聰明的平兒抓到語病：「他是誰？——誰是他！」晴雯頓時臉都飛紅：「偏你這耳朵尖，聽的真！」，足證晴雯心上對寶玉已是不分你我的了。不設防的言語、行動最能表證巨蟹金星的真正心思！

晴雯真地腦筋動得快，有時連雙子座的寶玉都還不及她：一回寶玉得到信兒說賈政要突擊盤考他的功課，平日裏愛隨機變法的雙子寶玉，一聽到賈政這個「緊箍兒咒」，嚇得沒了主張，只有老實地拿起書來溫習，丫嬛們都竟夜累著在一旁陪讀，突然聽聞有人跳牆，晴雯馬上靈機一動想到，不如「趁這個機會快裝病，只說嚇著了。」一招無中生有將計就計，輕鬆讓寶玉避過了這

場難關。

獅子日座愛玩，有時會不懂得節制。一晚麝月想出去走走，晴雯先是嚇她外頭有個鬼等著。又仗著素日比別人氣壯，不畏寒冷，也不披衣，只穿著小襖，躡手躡腳的下了薰籠，想出去唬麝月，也不管寶玉勸她凍著不是頑的，果然傷了風。病還沒好，寶玉就給她添了麻煩：原來寶玉竟將賈母才給的孔雀氅不慎燒了一塊，偏偏隔日是正日子，賈母要寶玉穿來，拿出去外頭找人織補，又都沒能耐，只有晴雯懂得針線。為了寶玉，晴雯不顧虛弱的身子，咬牙硬捱，直熬到了四更才補好。這次捨命補孔雀裘，耗損晴雯的元氣，之後一連串繡春囊（上頭畫著春宮圖的香囊）、抄檢大觀園事件的發生，身體一直都沒有完全調養好，最後被王夫人以患了「女兒癆」的理由，堂皇將她趕出大觀園。一場獅子座式的無心玩樂，竟會伏下日後夭亡的遠因之一，真是始料未及。

晴雯是五重五宮人（太陽在獅子座、個人星圖的獅子座在第五宮、連掌管思考模式的水星也落在獅子座兼第五宮），因此她即使不是主角，也會奪人光彩、天生驚世駭俗，魅力十足。獅子座晴雯天生愛美，從不掩飾自己愛打扮，即使不是刻意要做花蝴蝶，她的「豔骨」也會讓不了解她的人錯認她是「魅骨」，編派美人胚子的她是「招風引蝶」。一回王夫人因繡春囊事件擔心寶玉會讓丫嬛們勾引壞，受王善保家的調唆，第一個就把晴雯叫來，欲拿晴雯開刀；此時晴雯身子不舒服，沒什麼妝飾，誰知王夫人見她釵軃鬢鬆、衫垂帶褪，大有春睡捧心之態，不覺看了火眼：「好個美人兒！真像個病西施了！你天天作這輕狂樣兒給誰看？你幹的事，打量我不知道呢！」

接著王夫人故意試探地問寶玉可好，機伶的晴雯立即嗅出這話不簡單，知道事出有因，還好她有獅子水星隨機應變的編造能力，當即賣乖：「我不大到寶玉房裏去，又不常和寶玉在一處，好歹我不能知。那都是襲人和麝月兩個人的事，太太問他們。」、「至於寶玉的飲食起居，上一層有老奶奶，老媽媽們；下一層有襲人、麝月、秋紋幾個人；我閒著還要做老太太屋裏的針線，所以寶玉的事，竟不曾留心。」四兩撥千金一句話就稍釋王夫人的疑忌，再來個聲東擊西「太太既怪，從此後我留心就是了。」轉移了王夫人的注意力，讓她信以為實：「阿彌陀佛！你不近寶玉，是我的造化！竟不勞你費心！」在喝晴雯出去時，王夫人一眼瞥見她的容貌，禁不住又罵：「出去！站在這裏，我看不上這浪樣兒！誰許你這樣花紅柳綠的妝扮！」晴雯雖沒怎麼打扮，人又病著，給人的觀感竟還是花紅柳綠的，可想見平日在裝扮上應是恣意展現獅子座較肆無忌憚的美學觀。

箱子都挨次翻檢，輪到晴雯時，襲人才要替她打開，晴雯已嚥不下氣，闖了進來，豁琅一聲

掀了箱子一提手將裏頭的東西一勁地往下倒，弄得王善保家的臉上沒趣，紫脹著臉說：「姑娘，你別生氣。我們並非私自就來的。原是奉太太的命來搜察。你們叫翻呢。我們就翻一翻；不叫翻，我們還許回太太呢。那用急的這個樣子？」

「火象中的火象」的晴雯平日裏最看不慣西洋花點子哈巴兒子的逢迎樣，從來也不稀罕仗勢的她，看透了王善保家的仗著腰板子王夫人和刑夫人的官僚嘴臉，這不僅嚇不著她，更激起她不畏權勢打壓的傲骨，她知道抬一山壓一山是對付這些小人的鎮方，既然要比後臺，這塊爆炭也不甘勢弱的譏諷：「你說你是太太打發來的，我還是老太太打發來的呢！太太那邊的人，我也都見過，就只沒看見你這麼個有頭有臉大管事的奶奶！」唉！又是一句話得罪三個人，最糟糕的是得罪了小人，嫌隙人有心生嫌隙吶！她壓根就不可能真地去巴結賈母來保她，老是這麼快意口舌，種下一個個禍根胎苗，這就是過多的火象星座的負面作用。

晴雯的樣貌生地極俏：水蛇腰，削肩膀兒，眉眼有些像林妹妹，眉眼俊秀，鳳姐說她：「若論這些丫頭，共總比起來，都沒有晴雯生得好」。生地好是上天給予的特別恩寵，然而（只要一個人具有突出的特點，往往會變成一個尖銳點、衝突點，成為一個人性的試煉場。天生貌美的人，大都逃避不了這個試煉場，試煉著擁有美貌的人，也試煉面對美貌的人），就是因為這突出的美麗，常讓人（看不慣或者是嫉妒，也或者就是實情）覺得似乎美麗的女孩子，都有仗著自己的美而目空一切的毛病。晴雯就壞在不懂得潛沈謙虛，又因為個性不世故，嘴上不饒人，老是與人結怨，因此她的外貌變成讒人利用來打擊她的利器，愚昧的人們倒果為因，美麗變成罪證！像王善保家的因為吃了她嘴上的虧，一旦被她逮到報仇的機會，在王夫人面前就極盡能事的挑撥：「那丫頭仗著她的模樣兒比別人標緻些，又長了一張巧嘴，天天打扮的像個西施樣子，在人眼前能說慣道，抓尖要強，一句話不投機，她就立起兩隻眼睛來罵人，妖妖調調，大不成個體統！」

熱情的獅子座人，在還未「真正」體會社會制約力和人性醜惡面時，都會以為世界是「他們的」舞臺，他們喜歡華麗的演出，他們樂觀地以為自己一定是主角，最終的勝利會是屬於他們的。卻不知道這樣的樂觀並不等於會有相同的回饋！這樣的盲目樂觀並不是每個人都給得起自己的，並不是每個人都是這樣幸運的，雖然有幸出生在太陽廟旺的福地，但個人星圖交在每個人手上握有的資源並不同！他們不懂得預妨，他們光明的心地不曉得有時候天道與人的變數會使這個世界人吃人，這個世界什麼樣的人都有，什麼樣的戲碼都可能上演，並不是他們想控制就能隨心所慾的。

談到獅子座人的熱情，順便提提晴雯和黛玉之間的感情，雖然書中並未具體描述她們之間的交流，但是寶玉曾說黛玉素日待晴雯好，另外，當寶玉受賈政笞撻，在怡紅院養傷時，心下惦著黛玉，想打發人去看她，又怕襲人攔阻，便託晴雯去，古道熱腸的晴雯建議寶玉找出個什麼東西好做藉口送去，於是寶玉拿出半新半舊的兩條白綾絹子，也就是後來林黛玉寫出題帕三絕以及魂斷所焚之帕。

這裏隱藏著星座一個有趣的命題：有些星座學者認為，今世太陽星座的前後兩個星座是個人前世與來世的星座，因此認為此三世星座是屬於有「宿緣」的。姑不論是否屬真，就學理上說，代表好惡與思考的金星與水星，跟黃道各呈四十八與二十八度之範圍內，最多與太陽星座不會偏離兩個宮位以上，所以相鄰的兩個星座常會特別容易感到熟悉親切、似曾相識，比較容易有情感的交流，而在生活週遭，我們也常會發現前後兩宮特別有緣成為夫妻或好友，以此解釋緣份倒還蠻合理的。

因此獅子日座的晴雯對巨蟹月座的二玉是很能給予關懷的。或許有人會指稱晴雯連黛玉都敢得罪，給她吃閉門羹，其實是個誤會——當時晴雯因為和碧痕拌嘴，忽然寶釵來了，她把氣移在寶釵身上，心裏正嘀咕「有事沒事，跑了來坐著，叫我們三更半夜的不得睡覺」，巧不巧黛玉也來，她沒聽出是黛玉的聲音：「憑你是誰！二爺吩咐的，一概不許放進人來！」；至於晴雯對寶玉的偶爾撒蠻，那是因為牽涉到男女之間的感情大事，她倒沒有主動要發寶玉脾氣的意思，不然，她也不會捨命酬知己，為寶玉「病補孔雀裘」了！

再來談一談晴雯的金星巨蟹之愛。其實金星巨蟹座的人對愛情是很容易矜持又徬徨的，他們善於偽裝，不輕易洩露感情，因為巨蟹的守護星是月亮，而月神黛安娜的某一個分身是「處女之神」，因此金星巨蟹不喜歡表露情慾，他們會很珍視自己的情感，不容褻瀆。因此在「俏丫嬛抱屈夭風流」一文，焉焉一息的晴雯見寶玉來看她，又驚又喜，又悲又痛，一把死攥住他的手，哽咽了半日，方說道：「我只道不得見你了。」既知生命已走到了盡頭，再顧不得什麼矜持地說：「只是一件，我死也不甘心。我雖生得比別人好些，並沒有私情勾引你，怎麼一口咬定了我是個狐狸精！我今兒既擔了虛名，況且沒了遠限，不是我說一句後悔的話：早知如此，我當日……」

她還是沒有把話說完，只是用行動表達了她最真摯的情感：她把手擱在口邊，狠命一咬，只聽咯吱一聲，把兩根蔥管一般的指甲齊根咬下，拉了寶玉的手，將指甲擱在他手裏；又回手扎掙著，連揪帶脫，在被窩內，將貼身穿著的一件舊紅綾小襖兒脫下，遞給寶玉。虛透了的人，那裏禁得這麼抖摟，早喘成一處了。寶玉會意，也將自己的襖兒褪下來蓋在她身上。她再請寶玉扶她起來，幫著她把寶玉給她的襖兒穿好，然後哭道：「今日這一來，我就死了，也不枉擔了虛名！」

命運和她的巨蟹金星，只為她爭得個精神上的夫妻虛名，真是慟人心肺！

說到晴雯的反抗性，那是源自於水瓶月座的能量。水瓶座的守護星是天王星，天王星的力量最常體現出不合常規、反抗權威，是一顆極具顛覆性的星體，因此具有天王星相位的個人，會傾向於喜歡變化、驚奇、突破傳統、具有人本精神；而其中如果金星在水瓶，或者天王星在五、七或八宮，或者金星和天王星形成相位，他們對感情的看法比較不會受限於社會既定的想法與模式——如門當戶對、身分地位、年齡、知識水準等，他們強調個體的獨特性（而晴雯正好天王星在八宮，金星又和天王星呈九十度四分相，所以她一向抱著「誰又比誰高貴」的平等心）。而晴雯的太陽在獅子、上昇白羊，又最恨被壓抑，所以她月座水瓶欲掙出獨立、自由的心，更加如魚得水、不得節制，雖然晴雯並沒有天王星革命性的自覺，但是她已具有天王星天生敏感於不平等社會符碼的本能。

如果脫掉「勇晴雯病補孔雀裘」（的真摯）、「撕扇子作千金一笑」（的嬌憨）、和「俏丫嬛抱屈夭風流」（的淒婉）的美麗文學情節外衣，晴雯的整體個性（以現實社會的角度衡量與客觀的分析）實在不是容易消受的。晴雯的性格實開而不闊、曠而不達。

晴雯真地是不折不扣的爆炭，縱然寶玉心甘情願和丫頭們之間沒分沒際的，縱然她不屑迎合討巧的勾當，而恣意展現淋漓的磊落，但是這個女孩有些驕縱過頭（這之中難保沒有一點恃寵而驕的成份），這般的不懂事，似乎有些辜負寶玉對待女兒的情意。太懂事了容易掉入偽裝賣乖的世故，然而太不懂事，卻也會造成自己和他人的負擔。晴雯好發不平之鳴，卻毫不考慮自己是否有高鳴的權力、資源與擔當，她是活出了自性，然而愛她的人們情何以堪！

晴雯的天王星落在第三宮，第三宮是溝通的宮位，而天王星是有名的革命、顛覆之星，她的星圖中並沒有其它星體與天王星構成和諧相位，因此難以駕馭這顆棘手之星，所以她的天王星性只是「本能」，而比較不容易產生「思考個人與社會價值衝突意義」的自覺與智慧；光靠著本能的帶動是盲人騎瞎馬，因此這份天王星式的開創性、突破性，帶給她的大都是生命的亂源、與危機。最終口舌招尤的惡業（karma）與封建社會的「共業」逼死了這個純潔的女兒。

晴雯以「情悻」之名列於情榜中。

♍ 處女座

（八月廿三日～九月廿二日）

大約是處暑至秋分之間生的人。

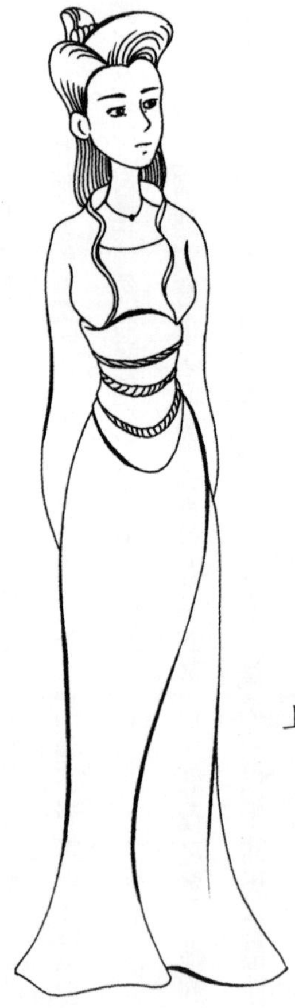

妙玉

太陽—處女

月亮—天蠍

上昇—水瓶

水星—處女

金星—處女

土象星座加變動星座

誠信堅定、守成實際、勤勞節儉、理性謹慎、思慮周密、精志純一，好惡分明、主觀批評、禁忌太多、原則太多、呆板固執、難以取悅；頭腦清晰、邏輯性強、分析力佳、觀察敏銳，尖酸刻薄、吹毛求疵、矛盾憂鬱、孤僻狷介（其它特性請參考金牛座之土象星座、雙子座之變動星座）。

處女日座

處女座的守護星與雙子座一樣是水星，一般來說，雙子的思考力較處女靈活度高，處女較雙子廣度深且精。水星掌管的是人類的腦部、知覺、神經系統等，具有精神性及物質性的雙重心智；星盤中水星能量較強、相位較好的星主，通常智商較高（奇怪的是智商越高，經常EQ越低？），當然其所坐落的星座、宮位及所形成的相位，會影響智慧潛能開發的方式、方向及強

弱。

由於水星智性與知性的能量，處女座人具有相當強的專注、溝通、分析、領悟能力。他們口齒一般都很清晰，很能表達專業、「理性」的思維。但奇怪地是，當他們遇到「感性」問題時，卻比較趨向於隱藏在內心深處，這得怪他們太放不下身段、深怕表現不完美而猶豫不決、對於暴露自己的情感太容易難為情，其實也是因為他們認為實際的行動比光說不練、耍嘴皮子或口角春風來得緊要、有意義，他們是強調身體力行的行動派與實現主義者。總之，只要是引發他們的分析、批判精神時，他們相當認真專注、也放地開，如同解剖般地小心精密、巨細靡遺，也自信於操刀的技術。

處女座人也很有自我批判精神，是十二星座裏天性中最具有內省力者之一，只是通常是祕而不宣，因為他們怕顯示出不完美嘛（他們是那種考了九十九分，都還會懊惱竟然不小心錯一題的類型）！內醜不外揚、過則勿憚改；修正，是絕對努力自我要求的，但是得關起門來做，他們敏感、害怕極了被指指點點；他們很放得開做嚴謹的批判，卻不太能拉得下臉丟現世醜。這樣注重細節、律己律人的生活，有時候實在太刻苦了、累己累人，然而他們對於不順眼的事情，就是天生缺乏忍耐力，還越看越礙眼。如果不改善的話，他們會神精繃地太緊、異常焦慮。唉，處女座人吶，有時候生活態度不妨放 easy 點！

處女座人蠻好為人師的，有時候還真有那麼點說教的味道，不過他們倒不會不知為知之、不懂裝懂，因為他們討厭言不及義，並且他們好沉思、喜研究、進取心強、求知若渴，時常覺得不夠充實、害怕及不上人，因此相當努力追求更高深的學問，得到知識與智慧的成長（但通常生活態度與方式卻「原地踏步」）。處女座人吸收力、理解力強，再加上本身努力不懈、一向抱持著「學海無涯，唯勤是岸」的篤志，所以在智識的成長上幾乎都能一步步達成目標。

但是他們也經常為了達成高標準，而喪失「玩的能力」（他們原本就少娛樂）、甚至拼壞身體。其實他們也不是「不會玩」哦！好一點的理由是：他們認為「務實」最重要、經常會有「自我鞭策」之慾在心中鼓動，使他們在玩的當兒會想「跳脫」出來，深怕玩物喪志，最可憐的是，他們太害怕破壞形象，所以本能會扮酷兒族，當他們越是掩藏真性，在他人眼中越是不合群、假清高、虛假造作，反正渾身上下就是不自然、不對勁、賣假的樣兒。雖然他們一般是健康主義奉行者，非常有健康意識，是礦泉水（絕不碰含有咖啡因的飲料）、鮮奶、素食、天然食物、維他命、瑜伽、有氧舞蹈、靈修課程等的愛好者與信奉者，然而為了工作及目標的盡善盡美，他們卻是寧願不惜代價的。

處女座人強調「秩序」的美感，他們不能容忍生活秩序被打亂，他們喜歡規律的生活，一天結束時最重要的事情就是把所有事情都「歸檔」，如果今日事沒有今日畢，他們的情緒會相當困擾、沮喪。為了保持生活的秩序美，所有事情他們似乎都要經過：分析、分類、研究、探討、計算、評估、組織、歸納、結案等過程，是最像「電腦」性格的星座人。

處女座的符號♍象徵手持的麥穗，象徵處女座人注重「收成後的果實」，這個果實，可以是知識果、也可能是工作後的報酬，亦即說明處女座人注重辛苦耕耘、投注智慧與體力於工作，並期望能得到實際成果。的確，這個象徵符號很能代表處女座人的形象：他們腳踏實地，肯定實用價值，工作認真努力、全心投入，並且有時為了精益求精（穀物要去掉雜質，去蕪存菁），而到了焚膏繼晷的地步，因為他們也同樣關注收穫。雖然他們講究「實際」，但是並不代表他們最重要的報酬，就等同於世俗價值的金錢、權勢與地位，有時卻是無價的財富：個人能力、資源的累積。

此外，處女座的固定宮位在第六宮工作宮，因此處女座人非常熱愛工作，常為工作拼出「拼命三郎」的封號，他們和摩羯座人一樣，經常給人一種「工作狂」、「工作機器」的印象，都是那種「生活發條」上地太緊的類型，最常患胃疾、精神亢奮或衰弱症；正好和他們各自的對宮雙魚與巨蟹座人相反，這兩個水象星座人通常好逸、不積極，應該要上上發條；這四宮的人應該互相交往，好綜合雙方性格的偏向。

第六宮亦是服務的宮位，因此處女座人經常急公好義，很有服務精神，但是他們求好心切、愛挑剔，所以有時候會顯得很雞婆、碎碎唸。

關於愛情，處女座人在外表上是相當「蹇愛」哦（蹇者：遲鈍、貧乏、傲慢的）！倒不是說他們沒有愛心、缺乏感性，而是他們性格有些閉塞、堅持原則、不喜歡表露情感，所以讓人覺得他們不是太過高傲、缺少柔性氣質、就是不夠浪漫；其實他們只是「在理智上」（理性對他們太重要，幾乎常是影響最後決定的關鍵），不喜歡不切實際、太過夢幻、無病呻吟的感情。

嗯，倒真有點像**Charlotte Bronte**小說「簡愛」中的女主角**Jane Eyre**：簡愛是相當獨立自主、充滿女性意識的堅強女性，她個性孤獨嚴肅、想法實際，對於命運及他人的嘲諷，有一股勇敢不屈的抗爭性；為了追求獨立意識、擺脫依賴、不願做金錢控制下的愛情奴隸，她曾經毅然絕然放棄愛情；但是當她知道男主角羅卻斯特失卻財富、雙眼失明、肢體殘廢時，她卻反而主動、執著照顧他的一生。不過這個抉擇的過程卻不是由於同情心作祟、或浪漫主義情懷，而是她認為那是達成自我實現的一條路，並且她也認為自己有能力挑起另一個生命個體的力量。

處女座人一般對愛情的態度比較保守、理性，很少主動表露內在的情感世界，因為他們會覺得有傷自尊。在他們的念頭中，很少會出現那種不食人間煙火型的愛情幻想，其考量比較傾向於麵包重於愛情。由於他們很善於克制情感，也要求自我節制，所以有些處女座人看起來木訥、拘謹、矜持、冷淡、缺乏激情，但是他們卻是相當忠實於自己感情的族群。而他們非常不能容忍「背叛」，不僅因為他們自尊心強，更因為他們大都有點精神潔癖，自己潔身自愛，所以也以相同的標準要求他人。有時他們的嚴肅、強烈的批判精神，會讓對方有疲累、喘不過氣的窒息感。

處女座人對愛情的要求比較高，像是注重儀表、最好是看起來乾淨整齊（包括外型、內務和習慣等），要求氣質、學識、風度、尤其是很容易受才華型人物的吸引，如果達不到內心的「理想」，他們是寧願放棄，也不願意屈就的；他們「品管」嚴格，對於心儀的對象，等到他們開口時，早就經過相當相當長地一段觀察時間嘍，所以能夠成為他們伴侶，非得有點「內容」、有點「真材實料」的。

關於友情，處女座人是個相當正直、能給予良好建議的良朋益友，對待朋友，他們注重實際的關心與體貼。也許他們做不來你所要求的呼朋引伴、會需一飲三百杯的娛樂型友人（因為他們太節制，不喜歡影響正常坐息、帶累壞身體健康），但是他們對友誼是非常認真的，有「貴精不在多」的傾向，他們認為朋友關係要做就要做長久、一絲馬虎不得，有時候雖然他們對人事的挑剔與批評太過嚴苛，然而大部分都是出自於他們希望你更完美罷了。與其為此過份在意、弄僵了友誼，倒不如深思其中可能有的錯失之處，因為以他們觀察力之優秀，絕大多數可能並不是隨便亂做批評、無的放矢的，總有那麼些「不是」的味道，他們才可以捕到風、捉到影罷？

處女座人這種自覺或不自覺地一絲不苟的精神，時常令不瞭解他們的人有壓迫感，造成一種很不容易討好、很不容易相處的印象。此外，他們講究完美的態度，不僅造成自我焦慮、沮喪感，連帶地也會讓人感到不安、焦躁、不舒服、甚至挫敗感。尤其是對於經常和他們相處或必須和他們生活在一起的人們。他們會給予人一種「說（疏）不通」、以及類似「霸道」的感覺：不是火象星座那種形顯於外的氣勢強盛、不管得不得理都不饒人的蠻霸，而是土象星座人特有的那種深沉悶重，有時比起火象星座的霸氣，更加沒有討價還價的餘地。

諸種性格上過強的「堅持性」，為處女座人的人際關係蒙上陰影、帶來人際困擾、阻礙，使得處女座人很容易與他人格格不入、容易引起他人的距離感。他們通常和同是處女星座的人才能夠彼此投合、物以類聚，久而久之也以為自己「天生」就是無法跟其他人交心。

奉勸處女座人無論如何多交些不同類型的朋友，你們真地不知錯過多少屬於人性特有的風景，不要有太多先入為主的觀念，像是「反正道不同不相為謀嘛！」，就否定了人與人之間相知相惜的機會，要知道「成見」就如「知識障」，太相信自我的判斷（其實你們並非真地是那麼有自信的，而是不得不然，其實你們的心靈常是悲觀、空虛、亦且寂寞的），有時當「迷失感」產生時，豈只如墮五里霧中呀！請把你們的研究精神撥出一些，做些「訓練自我感性」、「嘗試放收感情」的實驗，請相信「承認、體會、深入自我感情的深刻」，正是解救你們人格陰影的良方。

處女座代表人物——妙玉

處女座人通常很「自覺」，也很在乎外在形象，因此他們過度節制、理性、矜持，一個拿捏不好，反而經常予人不自然、故作姿態之感；而妙玉「過潔」的負載，不單考驗著她自身，也考驗著週遭的人，很難取得世人的理解與賞識，只落個「爲人古怪」、「只怪是假惺惺」之名。

妙玉原本是宦家小姐，自幼多病，家人替她買了許多替身（迷信習俗以為命中多災難之人，若捨身出家為僧尼，可以消災解禍；富貴人家往往買窮人家子女代替出家，稱做「替身」）皆罔效，不得已入了空門才好的。倒底是因為體弱多病才寄身空門的，所以並不是真的姑子，只是帶髮修行。因緣際會賈府為了元妃省親，把她請至大觀園做櫳翠庵的住持。

妙玉文墨極通、模樣兒極好，又生在仕宦之家，原本應該享有青春女兒花團錦簇的燦灼，卻被命運安排一個「檻外人」的角色，幾乎過著與世人隔絕的生活；而諷刺的是她遺世獨立的閣樓之根基，卻是立在脂正濃、粉正香的大觀園中，想要真正超然，似乎魔障重重。因此妙玉生命的衝突點一直都是外在體現與檻內人的格格不入、以及內在壓抑與自身情結矛盾的尷尬。

妙玉生命的藍圖像透了她那開在雪地裏極為扎眼的胭脂般的紅梅，一方面予人一種捍然的冷極處境與精神的不惹塵埃，而又逃不過本質的色豔慾濃，這是因為她的命格被框限在自律甚嚴的土象處女座、和神祕激情的水象天蠍座，因此她必須經歷冥王星帶來的靈魂考驗與劫難。

處女座人通常很「自覺」，很在乎外在形象，因此他們過度節制、理性、矜持，一個拿捏不好，反而經常予人不自然、故作姿態之感。處女日座的妙玉，在自我形象上受到處女座的能量影響，擁有過人的智慧與超乎常人的批判精神；處女日座人經常以顯微鏡來看人，也同樣地看待自身，因此通常會有精神潔癖的傾向；而妙玉的水星、金星亦在處女座，因此這種處女能量更是驚人，造成「過潔世同嫌」的向量，幾乎所有的人不僅對她毫無同情，甚至還覺得她「為人最可厭」。

這種「過潔」的負載，不單是考驗著她自身，也考驗著週遭的人，很難取得世人的理解與賞識，落得個「為人古怪」、「只怪是假惺惺」之名，也只有汎愛的雙子加巨蟹座的寶玉才會有欲窺其究竟的好奇。加上她的處女座落在第八宮——潛意識與原慾的迷宮，自律與激情的衝突掙扎，很難讓她在心理重重的伏流中不遭滅頂的危機。

妙玉內外極度不調和的心靈地圖，就連聰明、善觀天機的妙玉也拿捏不住，難免會變得做作，也就不免有露餡的時候，所以一向最嫉妒寶玉，拿寶玉當敵手的賈環就看得明白，曾說妙玉「一日家捏酸」、「見了寶玉，就眉開眼笑了；我若見了他，他從不拿正眼瞧我一瞧！」。

「蘆雪亭爭聯即景詩」一節，寶玉因為聯詩又落了第，被李紈想出個妙「罰」，要寶玉到櫳翠庵乞一枝紅梅。向妙玉乞梅竟與「罰」字沾上了邊，可見一般人的心態是：與妙玉的相處、交往是「活受罪的」。哎！槎枒誰惜詩肩瘦，眾人看妙玉不是孤高自負、矯柔造作，就是自命清高、令人憎厭，再不然就是惜春隔層紗的錯認她閒雲野鶴、無拘無束，就連妙玉所心繫、以為與眾不同的寶玉，也只不過是好奇、尊重而無一絲愛慕之心。

處女座人很講究生活的「精緻」，而妙玉是仕宦人家的女兒，更是造成她的過度精緻。櫳翠庵裏喝的茶和用的茶具都是上上之品，光拿茶杯來說，有好些還是王愷、蘇軾等人用過的古玩奇珍。當寶玉說妙玉給他喝茶用的綠玉斗是俗器時，妙玉還自豪地對寶玉說：「不是我說狂話，只怕你家裏未必找的出這麼一個俗器呢。」喝個茶也有道理：「一杯為品，二杯即是解渴的蠢物，三杯便是飲驢了」；連沏茶的水都珍貴異常：是她五年前「在玄墓蟠香寺住著收的梅花上的雪」，（玄墓位於蘇州鄧尉山，山上多梅，花開時望之若雪，香聞數十里，有「香雪海」之美譽），埋在地下，只為「隔年蠲的雨水，那有這樣清淳？如何喫得？」

處女座能量過高，尤其是金星在處女的人，經常會表現極端的好惡，妙玉這種性格表現地最突出也最讓人詬病的一幕是「櫳翠庵品茶」：賈母將喫了半盞的茶遞給劉姥姥，妙玉原本嫌髒，要把劉姥姥喝過的杯子丟掉，寶玉認為可惜，覺得不如賞給劉姥姥，妙玉點了頭也就罷了，竟然還說：「幸而那杯子是我沒喫過的；若是我喫過的，我就砸碎了也不給他。」妙玉對不是自己專用的東西都會在意被沾惹不潔感，欲棄之而後快，一些俗人的氣息沾惹櫳翠庵，事後也得大肆清洗一番，卻單單將自己專用的綠玉斗斟茶給寶玉飲，這之中的好、惡豈只雲泥之別！

此外，妙玉的上昇星座在水瓶，水瓶的守護星是最怪異的行星天王星，個人星盤中有重要天

王星宮位（太陽、上昇、金星、一宮、十一宮和十二宮）與相位（零度合相、九十度衝突相、一百二十度和諧相、一百八十度對衝相）的人，通常不是非常叛逆、或具有原創性和革命精神、就是極度與人群疏離；而水瓶座人因為這種疏異的氣質，經常會對探索高層次的玄祕思想有興趣、或者會有機緣接觸這一類的領域。

而上昇星座是除了太陽星座以外，最能表現我們外在氣質的星座，所以妙玉的外在形象給人的觀感是：冷漠、距離感、自命不凡與怪異不合時宜。她連表達自己的關懷，也是那麼地冷峻，像她去探賈母的病時，岫煙因與她是舊識，先去迎接她向她問好：「在園內住的時候兒，可以常來瞧瞧你；近來因為園內人少，一個人輕易難出來，況且偺們這裏腰門常關著，所以這些日子不得見你。今兒幸會！」她也是冷冷一句：「頭裏你們是熱鬧場中，你們雖在外園裏住，我也不便常來親近；如今知道這裏的事情也不大好，又聽說是老太太病著，又惦記著你，還要瞧瞧寶姑娘。我那管你們關不關！我要來就來；我不來，你們要我來也不能啊！」雖嘴裏說「惦記」，那冰冷的口氣、高傲的距離感，讓人聽了就是不倒抽口涼氣也會不舒服，岫煙只得乾笑說：「你還是這種脾氣！」

如果妙玉能夠維持一貫處女座精闢的思維與水瓶座超然的大愛，或許她能專心致力於生命的探索，偏偏她的月亮落在最隱微最我執的天蠍座，因此她的外表再怎麼故作冷淡，態度再怎麼無情、隔閡，天蠍月座波詭雲譎、善於隱藏的潛意識，在遇上誘因時，在心靈的沖擊，必是排山倒海之勢。

「品茶櫳翠庵」是這位氣質美如蘭的妙玉初露天蠍月座心事的一節。

起先，妙玉是以上昇水瓶的姿態招待賈母，她並沒有因為老祖宗的赫赫權威而薦以上品茶與上等茶具，甚至不等賈母辭去，就示意黛玉和寶釵隨她進去耳房喝體己茶。

這樣的動作是有其背後隱微曲折的機心，雖然她並沒有主動把寶玉「算進」一塊兒體己，然而這項邀約落在寶玉眼裏，大有可能對寶玉造成暗示與催動，果然寶玉也跟了進來。釵、黛兩位客人取笑寶玉：「你又趕了來撤茶喫？這裏並沒你喫的。」，而妙玉這位主人卻並沒有言語，只是去取杯，可見她天蠍月座的心思。這心思不過是有意無意、虛無縹緲的，接下來，她竟將自己平日喫茶的那隻綠玉斗給寶玉用，對照前一刻她嫌惡劉姥姥的處女潔癖，我們已了然這位清高的女尼，其實也有女兒家的心思！

然而，這樣的思凡（縱使寶玉和釵、黛並不知道這樽綠玉斗的「來歷」），怎能不帶給她內心的激盪，因此她必須自欺欺人、裝模作樣地說：「你這遭喫茶是託他兩個的福；獨你來了，我是不能給你喫的。」以她的個性，她要不給就不給的，哪裏會看誰的人情！待賈母等人要回去時，她又換回水瓶座的面具：亦不甚留，送出山門，回身便將門閉了，一句客套也沒有。

再看她從來對世事不關心，卻偏知道寶玉的生辰，還以粉紅的芳箋書上：「檻外人妙玉恭肅遙叩芳辰」，叩開紅塵俗世的大門，卻又故作姿態地名之為「檻外人」；既名之為「檻外人」，就不應有賀生辰的舉動，如此心思如此行逕矛盾的可以，難怪岫煙不能理解會怪道：「放誕詭僻」、「從來沒看見拜帖上下別號的。這可是俗語說：『僧不僧，俗不俗；女不女，男不男』，成個什麼理數！」，也會若有所感地打量寶玉：「怪不的妙玉竟下這帖子給你；又怪不的上年竟給你那些梅花。」而乞梅一事，當時李紈要著人陪著寶玉一同去，黛玉馬上攔住說：「有了人，反而不得了。」可見敏感的黛玉早就發覺妙玉待寶玉不同一般人！

一回黛玉和湘雲離了中秋夜宴到凹晶館聯起排律，正聯至「寒塘渡鶴影，冷月葬花魂」的高潮時，寂寞芳情也信步來至凹晶館的妙玉，早在一旁聽候多時，因詩中多有頹敗淒楚之音，怕有傷黛、湘之氣數，出來止住二人，並邀她們到櫳翠庵吃茶。

妙玉難得露出高興，因此黛玉請她將詩改正改正，妙玉雖自謙不敢妄評，但頗有續詩的雅興。提筆之前說了一段很「妙」的話：「如今收結，到底還歸到本來面目上去。若只管丟了真情真事，且去搜奇檢怪，一則失了咱們的閨閣面目，二則也與題目無涉了。」終於這位天蠍月座的女尼承認「本來的面目」是咱們「閨閣」面目，所以她的續詩中，毫不隱藏地寫出：「簫憎嫠婦泣，衾倩侍兒溫。空帳悲文鳳，閑屏設彩鴛。」這是一個寂寞女兒的心，嫠婦、冷衾、空帳、閑屏，在在都透露出她內心渴望著愛，云空何曾空吶！然而「有興悲何極，無愁意豈煩？芳情只自遣，雅趣向誰言？」妙玉的原慾已悄悄地脫溢出禪心。

終於妙玉必須面對她生命中的最難題：冥王星的考驗，也就是有名的「坐禪寂走火入邪魔」。

經歷了幾番處女日座加水瓶上昇「禪心」與天蠍月座「芳心」的天人交戰，妙玉雖然坦承「閨閣面目」，但畢竟處女座與水瓶座的面具已戴了十數年，豈能說扯下就扯下。因此她還是克制著自己，還如平常般，閑時偶然去找惜春下棋。不想寶玉正巧也來到蓼風軒，因見和惜春下棋的人是妙玉，所以不敢驚動，直至看到精彩處，方情不自禁哈哈一笑。

為了嚇著惜春和妙玉，寶玉向妙玉施禮：「妙公輕易不出禪關，今日何緣下凡一走？」因為是沒有防備之下，所以面具還來不及戴上，因此掌管潛意識與情緒的月座性格登場，妙玉臉紅了，有些失態地不答言，只低著頭看那棋子；寶玉以為造次，忙岔開話題：「倒底是出家人比不得我們在家的俗人。頭一件，心是靜的。靜則靈，靈則慧……」。

偏偏此時的妙玉根本就不靜不靈不慧，這般心事觸動，更讓她無措，臉上的紅暈泛開來，癡癡的問寶玉：「你從何處來？」寶玉平日不敢冒犯妙玉，因此又以為這是妙玉的「機鋒」，反而答不出來，臉也紅了，惜春怪道：「這什麼難答的？你沒有聽見人常說的：『從來處來』麼？這也值得把臉紅了，見了生人的似的？」妙玉心上一動，臉上第三度臊熱，起身說要回去了。

這時天蠍月座已占據了妙玉波濤洶湧的心，莫名其妙地說了一句：「久已不來，這裏彎彎曲曲的，回去的路頭都要迷住了。」迷住了的是妙玉的女兒心！請問妙公「從何處來」？蓼風軒她又豈是第一次來！寶玉也乖覺，馬上說道：「這倒要我來指引指引，何如？」——何如？正中情懷！

妙玉也不管是否會引人側目，和寶玉幽行於花紅柳綠之間。走近瀟湘館，正好黛玉撫琴，寶玉想去看黛玉，然而今日從蓼風軒一路來的奇妙心情、這樣相伴獨處的難得機會，使得妙玉尋了個藉詞：「從古只有聽琴，再沒有看琴的。」於是寶玉陪著她坐在山子石上靜聽黛玉撫琴低吟。

忽然妙玉從琴音聽出變徵之聲，果然君絃繃斷，她失色於黛玉不祥的命數，連忙起身就走，急地寶玉詢問，她只說：「日後自知，你也不必多說。」妙玉能有前知悟出黛玉的命運，偏偏算不出自己的大劫。

晚間跏趺坐禪至三更，忽聽得兩個貓兒一遞一聲廝叫，妙玉突然想起日間與寶玉的一番相遇，不覺耳熱心跳，一時神不守舍如萬馬奔騰，只覺禪床恍蕩起來，彷彿身子離了櫳翠庵，又見許多王孫公子要娶她，一會兒又有盜賊劫她……再也收不住心神，走火入魔了！

這次幸虧打坐不久，魔尚入地淺，然而被此下流人傳至外頭，被造謠說：「這麼年紀，那裏忍得住！況且又是很風流的人品，很乖覺的性靈！以後不知飛在誰手裏，便宜誰去呢！」並且惡傳她是為了寶二爺「害起相思病」。

金星處女的愛情，最容不下一顆沙子，他們生平最恨留下汙點、最恨有不潔感，有了這場「不完美」的演出，妙玉把那蠢蠢欲動的心火壓制下來，再不輕易洩露她的心事，似乎又「自我催眠」、把自己鎖回處女座自尊自潔的樊籠。但是這次事件引來的風言風語，竟成日後強梁劫走她的誘因之一。

一生愛潔成癖的妙玉，她算是定力超出常人的了，卻因為過不了冥王星這一難關，墮入紅塵劫中。這冥王星的心靈、肉體的煉獄之旅，是宇宙中最難修的課題之一，有時我們好像根本沒有在這一世獲得重生的機會，那些看來毫無定數、毫無天理的結局，真地讓愚庸的我們在面對這樣巨大的課題時，不禁要氣餒、自暴自棄、束手就縛。

然而妙玉的問題真地無解嗎？假設她能虛心面對處女座的人格陰影，調整她不近情的壓抑，假設她能誠實面對天蠍座感情的桎梏，也許情緒能得到紓解，那麼也許就能避免邪魔入侵。

如果真地躲不掉，是不是這樣的生命只有被動地經歷痛苦與折磨，償還背負的「業」債？

若說真有「宿命」的存在，那麼被動的生命的確沒有討價還價的酬碼與能力，然而當事人還是有掌握對待宿命的「自主態度」；不過如何看待這種催毀和破壞的力量，如何從地獄的劫難中走過，帶回荊棘裏的惡之華與啟示的神曲，卻不是一般人能粹化得出的。所以我們大部分的凡人都只能敗陣下來，在今世生命的終極再重返輪迴的軌道，再次經歷善惡難分、法門萬千的天地循環。

妙玉以「情隱」名列情榜。

♎ 天秤座

（九月二十三日～十月二十二日）

相當於二十四節氣秋分至霜降之間出生的人。

熙鳳

太陽—天秤

月亮—天蠍

上昇—白羊

水星—獅子

金星—天蠍

火星—白羊

風象星座加基本星座

能言善道、分析力佳、理性公正、善人際協調、適應力強、機智圓融、公關人才、交遊廣闊，輕浮善變、工於心計、天花亂墜、說地多做地少、牆頭草、見風轉舵、猶豫不決；富理想野心、積極進取、具整合力、善用資源、有遠見、耳根子軟、喜奉承、獨占性強、無耐性、自我意識強（其它特性請參考雙子風象星座、白羊基本星座）。

天秤日座

天秤座的守護星是金星。金星是一顆影響星盤廣義的情愛關係、好惡及吸引力的星體。它愛慾深重、好惡分明，但更喜歡諧調和美的世界。這樣的能量，使得天秤座人對於人性、情感、心靈、人際關係的諧美課題，顯得特別的感興趣。金星具有極強的藝術美感能量，因此天秤座人酷愛美的事物，然而這份美感要帶給他們諧和感，才能深植在他們心中，太過刺激、或破壞、攪亂他們心中平衡的美，他們是寧願敬而遠之的。

天秤座的金星美感受到風象星座的影響，略不同於同樣是受到金星守護的金牛座能量，天秤人的美感經驗會比較偏向於精神、心靈的愉悅；借用藝術上的分類做比較，金牛座人會偏好實感、視覺、觸覺的美，也就是像繪畫一般的藝術，而天秤人較偏好抽象、靈視、聽覺的美，亦即如音樂般的藝術。我們常形容一個會講話的人「說地比唱的好聽」，天秤人中多的是這類話語如蜜汁般的人，或許天秤人將他們音樂感性強的能量化為一種神奇、常人無法辨視的音符，摻入語言中，好像加了符咒般令人著迷。

金星的守護神是維納斯（希臘神話名為**Aphrodite**亞芙蘿黛蒂），她是神話中著名的愛與美的女神，也是春天、庭園、花草、海洋之神。這位姿容絕色的維納斯是超極蠱惑女，舞袖傾四海、纖腰惑十方，天上人間、最聰明的智者都抗拒不了她的魅力。被維納斯守護的子民，在外貌上（尤其是上昇星座天秤人）通常男的是清俊如秋麗之葉、女的是嬌柔若春媚之花，他們的細緻、幽雅、風姿散發出一股清爽怡人的氣質，讓人忍不住想親近結交。

如果光靠外表的美麗，久而久之也會令人乏味；然而天秤人的美是「耐久」「耐看」的，因為他們是屬於風象加基本星座的族群，喜歡吸收新知、善於溝通、又能察納雅言、能說會道、幽

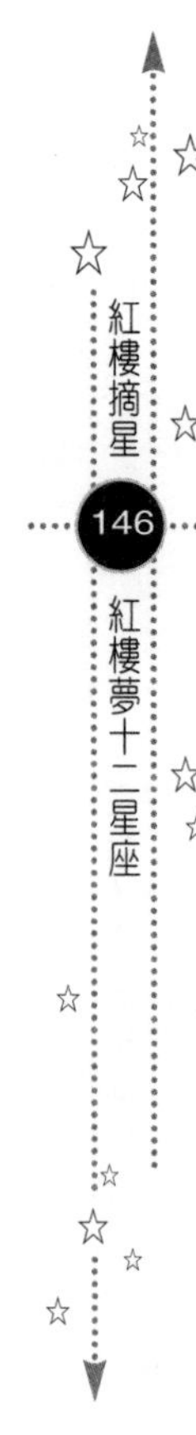

默風趣，更有著平和、溫柔、友善、圓融、配合度高的個性（金星是屬於陰柔的能量，所以天秤座是陽性星座裏最富陰性氣質的星座），結交看面容、相交配智性、深交識個性，天秤座人具備這三種能量、互相加分，因此會予人特別舒服耐看的感受。

天秤人生性倜儻浪漫、多情風流，蓄電力高、放電力強，他們的交際手腕一流，不論是同性或異性，都很容易受他們吸引。他們很懂得說話的藝術，不會過分搶風頭，但也不任人專美於前，通常很能掌握、拿捏到恰如其分的分際，他們的觀察力也相當不錯，又懂得分析、善於利用人性，所以很能融入、帶動氣氛。如果「有心」的話，他們很容易成為投機分子。

天秤座的符號♎，象徵的正是一座天平，代表公正、公平、平衡、和諧。天秤人很需要一個獨立不受干擾的空間潛沉，去調整心中那座秤，「平衡」的時候，他們會亟思強力中肯的判斷力、找尋可以歸依、信奉的條理、正義，因此天秤人的理想性高，對於自居為法律人、調停人、公正人的形象很在意；而天秤人為了更接近公平，他們會多方徵詢意見，總是希望面面俱到，但是也可能在這吸收、採納的過程中，遇到曖昧、模稜兩可的答案或困境，讓他們猶豫不決、難以下定論，使得他們看起來相當的立場不穩、前後矛盾、毫無中立的可能與可信。這是天秤人常見的自我與他我的困惑、衝突與分裂。

並且，畢竟面對人性，即使刻意將心中的天秤擺平，也不會有真正的平衡，更何況天秤的「支點」也不可能擺在真正的公理正義上，更弔詭的是：天秤的支點，隨時受到個人人性與外界變動的支配。那麼天秤的穩定也不過是假象，當外界與心中的亂源干擾天秤人的天秤時，天秤人極可能會有與平日差之十萬八千里的形象：潑婦罵街、瘋狗亂咬……。這是天秤人宿命的痛。

天秤座的固定宮位在第七宮，七宮稱為配偶宮或婚姻宮，顧名思義是掌管婚緣、伴侶的宮位，此外還是朋友、合作、合夥關係、社交人際等的宮位。金星的能量，使得天秤人經常為追求和諧而產生被動與妥協，他們渴望愛人、被愛及被欣賞，重視親密、合作以及人與人之間的關係等，並以平衡諧美為己任、為動力、為目標；因此，天秤人的理想境地類似巨蟹座人的家庭觀，而範圍更廣義、擴大，愛情與友誼在他們心目中幾乎是同等重要的，當二者相互衝突時，天秤人會試著講理、希望儘量採取協調的方式加以解決，如果協調失敗，不得已他們會衡量哪種關係會破壞心中生態的平衡，然後傾向選擇另一方。而基本上，天秤人是比較喜歡像朋友般能夠合作、共同成長的關係，他們非常不喜歡爭執性強、緊迫盯人式的壓迫感。

所以對於愛情，天秤座人是非常討厭伴侶拿翹，威脅到他們對安定逸樂的需求，一旦對方想引起爭端，他們也許會為了天秤的平衡，選擇表面的讓步以換得平靜，也許躲開戰局等你氣消；

也就是說，有時他們寧願冷戰，也不願捲入衝突，陪著你纏在情緒的繭中；如果搞不定你，你說分手，ok！隨你，那麼就分手吧！或者，相位差一點的話，協調不成，他們索性隨著心中的天秤亂盪，完全失去理性，然後等到天秤回歸平靜時，啃噬著後悔，對著你甜言蜜語、賠盡不是，如此週而復始，便成為他們日後跟你相處的規律與模式，你絕對不會想到你的任性會造成他們情愛性格的變相與永不悔改，墮入激情、畸零的愛的輪迴中。

天秤座不但號稱出產最多的俊男美女，還得到十二星座中「最具異性緣」、「最佳情人」的封號，因為，他們非常喜歡、且懂得取悅情人，從他們深情款款的眼神、風度翩翩的舉止、一加侖完全不稀釋的蜜語、與無微不至的關愛，你會錯覺自己若不是the best of the world，也是the only one，令你感受無限驕寵；他們可以帶著你乘著他們的幻想之翼飛翔，他們是「造境」能手，配合著你扮演你希望的角色、劇情與場景，最厲害的是，他們不必問你，就能猜到你的心事。……只要你「乖乖」的（就是說：不要蓄意破壞他們的平衡啦！），他們一定會讓你享受到。

不過你可別被愛情的表象沖昏頭，天秤人之所以能扮演最佳情人角色，只是因為他們很容易受氣氛影響、也非常享受對於愛境、美境的創造，至於他們是不是獨衷你一個呢？那就不知道嘍！所以不要太得意、不要太多要求，在他們沒心情討你歡心的時候，就識相點；此外，他們太容易吸引異性，所以也不知道是「天生」還是「後天」不甘寂寞，跟你搶他們的人大有人在，如果你真心愛他們、如果你志願要成為他們的伴侶，那就多觀察什麼事物使他們的生命最能感到踏實諧美，朝著這個方向努力準沒錯。

另外，天秤座人喜歡的對象通常外表要舒服清爽，他們甚至有點「俊男美女」情結傾向，因為他們相當自信於外表，所以希望另一半也能與他們匹配；不過，品味、氣質也是重要的一環，他們不能忍受俗不可耐的對象，如果他們覺得你很沒品流，要跟你相看一輩子厭，那簡直是酷刑、要他們的命勒！又如果月下老人栓錯線、命運把你們湊成對，sorry，風象星座是最容易「精神出軌」的星座，保不定哪天他們給你三人行、或者乾脆離家出走啦。所以既然跟定他們，就多自我充實、學習自我成長吧！

關於友情，天秤人無論是在工作、生活、休閒、甚至愛情，都很需要與朋友分享。他們長袖善舞、交遊廣闊，朋友是他們溝通、創造的資源，天秤人經常從人際協調中得到快感與成就感，並且這過程也是他們走上另一高階層社會大舞臺的學習、試驗場。其實不論有沒有自信，天秤人有時會顯得太過依賴、需要朋友給予意見，也許是他們太想得到人際關係的圓滿、為了避免造成

雙方的衝突、齟齬、破壞他們情緒的天秤定位點，所以會變地沒主見、什麼都好、什麼都配合，更有一顆不願傷害人的心，成為所謂「濫好人」，這一點倒不妨向對宮白羊座人的「自我主張、有原則、決策力」學習。

天秤座代表人物——熙鳳

王熙鳳是紅樓女兒中最具魔性的人物。千變萬化、千手千面，其不世的魅力在千萬人之上，不只賈府上下對其魔性或著迷、或恨之入骨，就連讀者的情緒也被操縱在又愛又恨的情結中。

王熙鳳（農曆九月二日）是紅樓女兒中最具魔性的人物。魔是失足的天使，那麼魔的本質究竟是魔鬼亦是天使?誰能下評論?或許這就是「神」祕，也是絕對的吊詭!魔性化身的王熙鳳，千變萬化、千手千面，其不世的魅力在千萬人之上，不只賈府上下對其魔性或著迷、或恨之入骨，就連讀者的情緒也被操縱在又愛又恨又憂的情結中。

這樣一個精采的女子，託生在天秤座，竟是那麼奇妙地具有象徵性!天秤的兩端是天使與魔鬼，熙鳳將天秤星座善惡兩端的能量發揮至極限，比如說她的口才藝術是至善的表現，然而這份口才將眾人推向不可知的命運又是至惡的表彰。

天秤日座的熙鳳是金星的女兒，她幾乎是愛神維納斯的翻版，在伊里亞德的故事中，維納斯為了與希拉、雅典娜爭取代表「最美麗女人」封號的金蘋果，在號稱最公正的特洛伊王子巴里斯面前使出渾身解數，她透悉巴里斯心中的慾望，鼓動如簧之舌，要將人間最美麗的女人送給他，原先就為維納斯無與倫比的外貌心旌動搖的巴里斯，陷落在維納斯燦爍星眸的汪洋裏，蜜汁一般的話語、金色的腰帶璀著奇豔的光彩，巴里斯著了魔、被催眠似地將手中的金蘋果獻給了維納斯。王熙鳳聰明、與生俱來好似「測心術」的本領，她美麗、喜著華服，她能言善道，輕易就能投人所好，而她不就是為了心中想得到的東西，使出維納斯的種種招術嗎？

王熙鳳的好強、善妒、愛恨交錯分明，亦如維納斯，很巧合地維納斯所愛的男子是「戰神」馬斯，熙鳳往往也用毀滅來澆息仇恨、不平，她不斷投入一場又一場的戰爭中，滿足她的私慾、摧毀她的敵人。

熙鳳的火星與水星一百二十度和諧相，水星與太陽六十度和諧相，因此她雖然恃才、擅才，但她也愛才、能用才（如探春、小紅等）；她能善用天蠍月座的細心體貼，不獨只為效敬賈母、

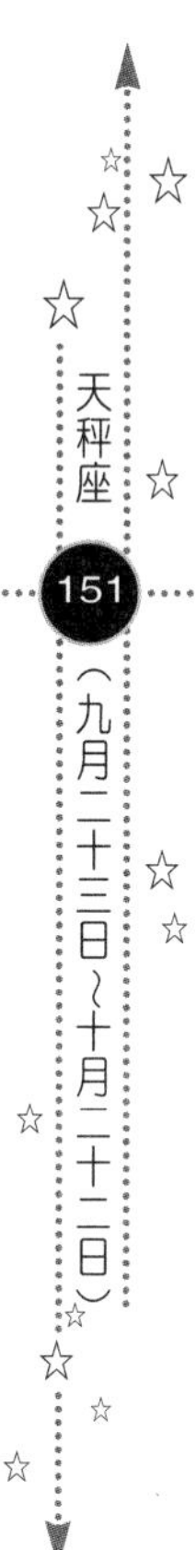

為老祖宗暮年的生活做解悶工夫，她也真心關懷大觀園裏的兒女們：「就便多費些事，小姑娘們受了冷氣，別人還可，第一，林妹妹如何禁得住？就連寶兄弟也禁不住。況兼眾姑娘都不是結實身子。」賈府暫時的和諧、大觀園的無慮，這場面總是大半得力於她撐起。怪不得賈母疼她，當著眾人說：「今日你們都在這裏，都是經過妯娌姑嫂的，還有他這麼想得到的沒有？」也許有人會挑說鳳姐疼小姑子、小叔子目的是要討好賈母，是機會主義者，那麼舉一個沒有利害相干的例子：當岫煙第一次來賈府做客，她想大觀園中姐妹性情不一，於是將她安排與氣性溫柔、最好相處的迎春一起住，並照迎春的分例給她零用錢，又「憐他家貧命苦，比別的姊妹多疼他些」，這不偽善吧！

鳳姐常編派些笑話調劑賈府的生活，有時候她的笑話甚至打破了傳統尊卑與禮法的束縛，例如說有一回賈母提到她小時候曾掉進池中：「幾乎沒淹死，好容易救上來了，到底叫那木釘把頭碰破了。如今這鬢角上那指頭頂兒大的坑兒，就是那碰破的。」鳳姐卻笑說：「那時要活不得，如今這麼大福可叫誰享呢？可知老祖宗從小兒的福壽就不小。神差鬼使，碰出那個坑兒來，好盛福壽啊！壽星老兒頭上原是個坑兒；因為萬福壽盛滿了，所以倒凸出些來了！」這種戲謔的話也只有搭配水星獅子的人才想得到！賈母笑罵她「這猴兒慣的了不得了」，鳳姐又說：「回來吃螃蟹，怕存住冷在心，慪老祖宗笑笑兒，就是高興吃兩個也無妨了。」原來這裏頭竟包含著天蠍座動人的細膩與貼心！

白羊、獅子星座經常說起話來百無禁忌，有一回當賈母對眾人說：「我雖疼他，我又怕他太伶俐了，也不是好事！」鳳姐卻笑說：「世人都說太伶俐聰明，怕活不長。世人都說，世人都信，獨老祖宗不當說，不當信。老祖宗只有伶俐聰明過我十倍的，怎麼如今這麼福壽雙全的？只怕我明兒還勝老祖宗一倍呢！我活一千歲後，等老祖宗歸了西，我才死呢！」，賈母被她逗地也自稱起「老妖精」呢！

天秤座號稱是十二星座裏最多俊男美女的宮位，此外，他們是感官經驗論者，非常注重外表，這種愛美的心推到極致往往過度包裝。像黛玉第一次見到王熙鳳時：「只見一群媳婦丫嬛擁著一個麗人從房進來。這個人打扮與姑娘們不同：彩繡輝煌，恍若神妃仙子：上戴著金絲八寶攢珠髻，綰著朝陽五鳳掛珠釵；項上戴著赤金盤螭纓絡圈；身上穿著縷金百蝶花大紅雲緞窄褃襖，外罩五彩刻絲石青銀鼠；下著翡翠撒花洋縐裙。一雙丹鳳三角眼，兩彎柳葉掉梢眉；身量曲條，體格風騷；粉面含春風威不露，丹唇未啟笑先聞。」這一身打造得金碧輝煌好似張狂地向世人宣告其非凡的聲勢，這正是天秤座的負面能量：尚虛榮、物慾過重。

天秤星座強調和諧、舒適、美感、公平、理想，因此常態下他們喜歡保持平衡諧美。然而問題就在天秤受外力的擺盪在還未歸零時，那擺幅所震盪出的亂象，卻是天秤星座人不能掌控的，一般的天秤人會自動避開禍源，採取退守姿態，找回心中的平衡點；相位不佳的人，會出現迴異平常的外在暴烈、破壞，或者是外表風平浪靜而內在煽動著恐怖的諸如戰鬥、復仇等火焰。

熙鳳的上昇星座在白羊兼白羊主位第一宮，火星也在白羊又正好與天秤太陽形成對衝相，因此她的生命從出生的那刻起似乎就註定要拔尖、要戰爭，從小她就被假充男兒教養，從小她就頑笑時有殺伐決斷的性格，她是脂粉隊裏的英雄，嫁到賈府後，她總理財政與庶務，更得全副精神投注在錢、權的最高衝突點上。熙鳳的生命力太強悍，除了金星，她的主星都落在陽性星座，難怪她那麼具有企圖心、侵略性。

我們且看她生命中爭鬥的大事紀。還是從她的第一次出場印象揭開序幕吧：

只聽後院中有笑語聲，說：「我來遲了，沒得迎接遠客！」黛玉思忖道：「這些人個個皆斂聲屏氣如此，這來者是誰，這樣放誕無禮？……」

這就是典型白羊能量過強給人的第一印象：自信、狂傲、先聲奪人，一副誰敢惹我、能奈我何的模樣。接著賈母向黛玉介紹鳳姐：「他是我們這裏有名的一個『潑辣貨』，南京所謂『辣子』；你只叫他鳳辣子就是了。」奇怪的是賈母明知她是個潑辣貨，何以如此託以重任、百般抬愛？這就是天秤座迷人的地方，他們善於溝通協調，甚至非常懂得說漂亮話、懂得如何哄人，且看她如何運用語言的魅力：

> 這熙鳳攜著黛玉的手，上下細細打量一回，便仍送至賈母身邊坐下，因笑道：「天下真有這樣標緻人兒！我今日纔算看見了！況且這通身的氣派竟不像老祖宗的外孫女兒，竟是個嫡親的孫女兒是的。怨不得老祖宗天天嘴裏心裏放不下。——只可憐我這妹妹這麼命苦：怎麼姑媽偏就去世了呢！」說著，便用手帕拭淚。賈母笑道：「我纔好了，你又來招我。你妹妹遠路纔來，身子又弱，也纔勸住了。快別再提了。」
>
> 熙鳳聽了，忙轉悲為喜道：「正是呢；我一見了妹妹，一心都在他身上，又是歡喜，又是傷心，竟忘了老祖宗了。該打該打。」

千穿萬穿馬屁不穿，被誇讚的黛玉當然聽之受用，熙鳳自然是輕易搏得好感，然而黛玉是她稱頌的主角嗎？馬屁拍對眼並不是什麼難事，如果只是受之對象獲益，也算不上什麼高招，如果

暗藏正點子，那才是真正的馬屁藝術。其實鳳姐醉翁之意不在酒，重點在後頭的「通身氣派」＋「嫡親孫女」＝活脫脫的老祖宗，老祖宗才是她稱讚的標緻人兒，好個兩面光的漂亮話呀！話語一轉，鳳姐發揮水星獅子的做戲天分，演出一場人倫劇，以悲傷拭淚的舉動，一方面表示她情同賈母、全心向著賈母，二方面讓賈母反過來相勸，以收到暫時止住賈母哀傷之功效，然後她再貼心地想起自己不應該「忘了老祖宗」。

這樣的甜言蜜語，在書中是一把抓。像「鴛鴦女誓絕鴛鴦偶」這一章節，對盛怒下的賈母，探春只能憑著白羊座的膽識曉之以理（故事原委請參考白羊座／探春及摩羯座／鴛鴦），暫時壓住賈母之怒火，而能真正讓老祖宗釋懷開心的還是鳳姐：「誰叫老太太會調理人？調理的水蔥兒是的，怎麼怨得人要？我幸虧是孫子媳婦，我若是孫子，我早要了，還等到這會子呢！」說來說去還是讚美老祖宗，誰要是跟了老祖宗，就能得一些真傳、沾一些味道，一人得道雞犬升天；附帶地，她也替公公賈赦稍微開脫，日後自己在公婆面前也有個交待。

因為金星的關係，天秤人通常天生藝術感強，熙鳳不僅把這能量都發揮在言語的藝術上，並且配合她無堅不摧的「心術」，揮霍撒出言語的網，把愛她恨她怕她懼她抗她的眾人都羅致在網中，幾乎予取予求。

天秤日座重視感官的愉悅與心靈的舒適，並且天秤與天蠍都挑剔示愛者的品味與格調，賈瑞之調戲鳳姐正好觸犯到她這兩項人格特質；而上昇白羊與火星白羊對他人主動的追求時常很感冒，加上鳳姐覺得賈瑞是癩蛤蟆，更是認為他狗膽捋虎鬚、太歲頭上動土，真是大不諱的冒犯，於是鳳姐「毒設相思局」。先是騙賈瑞晚上到西邊穿堂等她，結果是放他鴿子，又把出路鎖上，害得他在臘月天裏受了一夜的風，幾乎凍死；也因為一夜未歸，又讓嚴厲的祖父狠狠打了三、四十板，還罰他不許吃飯跪在院子裡念文章。

沒想到賈瑞邪心未改，過兩日又來尋鳳姐。鳳姐再次設下圈套，派賈蓉和賈薔演仙人跳：黑魆魆中，賈瑞以為賈蓉是鳳姐，當場被賈薔抓到，在兩人威脅下各簽五十兩銀的欠契。兩回凍惱奔波、揹負債務、祖父逼功課，三五夾攻，賈瑞病倒了。最終的命運是一命嗚呼。在他病重的時候，祖父曾到賈府問些好人蔘，王夫人命鳳姐秤二兩給他，鳳姐背地裏卻只拿些渣末湊出幾錢，根本是存心不讓賈瑞好活，展現她天秤天蠍負面性格裏的陽毒陰狠。

四重天蠍（月亮、金星都落在天蠍本位第八宮）的熙鳳，嫉妒心奇重，丈夫賈璉稱她是「醋罐」，賈璉的心腹小廝興兒非常傳神地描述她：「他看見奶奶（尤二姐）比他標緻，又比他得人心兒，他就肯善罷干休了？人家是醋罐子，他是醋缸、醋甕！凡丫頭們跟前，二爺多看一眼，他

有本事當著爺打個爛羊頭是的！雖然平姑娘在屋裏，大約一年裏頭，兩個有一次在一處，他還要嘴裏掂十來個過兒呢！」

興兒還告訴尤二姐：「他心裏歹毒，口裏尖快。」、「如今合家大小，除了老太太、太太兩個，沒有不恨他的，只不過面子情兒怕他。皆因他一時看得人都不及他，只一味哄著老太太、太太兩個人喜歡。他說一是一，說二是二，沒人敢攔他。」、「或有好事，他就不等別人去說，他先抓尖兒。或有不好的事，或他自己錯了，他就一縮頭，推到別人身上去，他還在旁邊撥火兒。如今連他正經婆婆都嫌他，說他『雀兒揀著旺處飛，黑母雞一窩兒』，自家的事不管，倒替人家去瞎張羅！」這裏面包含了兩種星座的負面能量。第一句是白羊：言語尖銳；第二句是天秤加白羊：見人說人話見鬼說鬼話、雙面人和驕矜自是、獨斷獨行；第三句是天秤：長袖善舞、八面玲瓏、見風轉舵、識時務。

當王熙鳳從平兒口中得知她輾轉聽來的消息：「新二奶奶比咱們舊二奶奶還俊呢，脾氣兒也好。」上昇、火星雙白羊的她立馬叫來興兒，一吼之下，興兒「早唬軟了，不覺跪下，只是磕頭」、「左右開弓，打了自己十幾個嘴巴」、「在磚地上咕咚咕咚碰的頭山響」，然後一五一十、巨細靡遺，全招了。

這時自尊心大受傷害的鳳姐，潛沈至天蠍月座的情緒偽裝，她發揮了天蠍座隱忍、祕密、不動聲色的最高能量，開始佈局、實行她的報復計畫。她趁著賈璉到平安州辦事的兩個月裏，重新裝潢東廂房三間，然後帶著一班人到賈璉在花枝巷置的小公館。尤二姐果然是清麗婉約（請參考巨蟹座／尤二姐）。

尤二姐從各處得來的資訊都告誡著她千萬避開這個母夜叉，乍見鳳姐，自然是戰兢相迎見面即拜。鳳姐擺出天秤日座的「公關臉」還禮不迭、遞出「交際腕」趕著拉二姐的手：

「皆因我也年輕，向來總是婦人的見識，一味的只勸二爺保重，別在外邊眠花宿柳，恐怕叫老爺太太耽心：這都是你我的癡心，誰知二爺倒錯會了我的意。若是外頭包占人家姐妹，瞞著家裏也罷了；如今娶了妹妹作二房，這樣正經大事，也是人家大禮，卻不曾合我說。我也勸過二爺：早辦這件事，果然生個一男半女，連我後來都有靠。不想二爺反以我為那妒忌不堪的人，私自辦了，真真叫我有冤沒處訴。我的這個心，惟有天地可表。」

「還求妹妹體諒我的苦心，起動大駕，挪到家中，你我姐妹同居同處，彼此合心合意的諫勸二爺謹慎世務，保養身子：這才是大禮呢。要是妹妹在外頭，我在裏頭，妹妹自想想，我心裏怎麼過的去呢？再者：叫外人聽著，不但我的名聲不好聽，就連妹妹的名兒也不雅。況且二爺的名聲，更是要緊的。」

「那起下人小人之言，未免見我素昔持家太嚴，背地裏加減些話，也是常情。妹妹想，自古說的，『當家人，惡水缸。』我要真有不容人的地方兒，上頭三層公婆。當中有好幾位姐姐妹妹妯娌們，怎麼容的我到今？」「我如今來求妹妹進去，和我一塊兒，——住的，使的，穿的，帶的，總是一樣兒的。妹妹這樣伶透人，要肯真心幫我，我也得個膀臂。不但那起小人堵了他們的嘴，就是二爺回來一見，他也從今後悔。我並不是那種吃醋調歪的人，你我三人，更加和氣，所以妹妹還是我的大恩人呢。要是妹妹不合我去，我也願意搬出來陪著妹妹住；只求妹妹在二爺跟前替我好言方便方便，留我個站腳的地方兒。就叫我伏侍妹妹梳頭洗臉，我也是願意的！」

說完，又是水星獅子演戲那套：嗚嗚咽咽，哭將起來。二姐見了這般，早把眾人的話丟到爪哇國去，也跟著滴下淚來。

熙鳳是怎麼消除二姐的戒心、征服二姐的？

謊話要想具有說服力，最重要的是必須要有幾分「真」。鳳姐承認自己不許賈璉在外面亂搞男女關係，但她把理由解釋地合情入理，激發二姐的同理心，撇清了妒的成份；她開門見山指出自己平素嚴峻，再提出三人成虎的可懷疑性，繼以公婆之名粉碎小人的謠言。

再者，鳳姐切入小老婆的心態：哪個在外頭被包養的女人不自卑於身分、不想得到眾人的認同？進一步，鳳姐為二姐打開希望之門，把二姐抬至平等地位，邀她成為親密戰友，管理榮府、扶持賈璉。最後她再力捧二姐是賈璉的心肝兒肉，「將來」還可能要仰仗二姐垂憐，滿足二姐的妄想和虛榮，什麼比得上做為施捨者的快感呢？最後利用二姐的好心腸搏取同情心，搞定！巨蟹座一向怕人來軟招；他們一向也不是天秤座的對手（請參考巨蟹座／齡官的巨蟹金星和天蠍座／尤三姐的巨蟹月座部分）。

鳳姐為何要費盡苦心委屈身段將尤二姐騙進大觀園？原來她是想來個上屋抽梯、釜底抽薪：憑你尤二姐，栽到我的勢力範圍裏，看你哪裏討援應！

尤二姐進了大觀園後，鳳姐先將她安置在李紈處，派了丫頭善姐給她使喚，這刁奴行動給二姐吃派頭；猶豫不決的巨蟹座尤二姐本想找鳳姐訴說，可是考慮鳳姐待她這麼「知己」，心下不覺替善姐找個理由：「下人不知好歹是常情。我要告了他們，受了委屈，反叫人說我不賢良。」於是又按下心不表。鳳姐這邊呢，她派旺兒打聽到二姐原來是有婆家的，卻因賈珍等仗財依勢，不得不退婚。她馬上叫旺兒拿二十兩教唆二姐的前未婚夫張華告賈璉「國孝家孝期間，背旨瞞親，強逼退婚」，然後自己殺到寧府算帳。

賈珍腳底抹油把這燙手山芋丟給兒子賈蓉與老婆尤氏，鳳姐一見尤氏問她情由，媽媽咪呀也不管人家是寧府現任女主人，就照臉一口唾沫，啐道：「你尤家的丫頭沒人要了。偷著只往賈家送！難道賈家的人都是好的，普天下死絕了男人了？」「你痰迷了心，脂油蒙了竅！國孝，家孝，兩層在身，就把個人送了來！這會子叫人告我們。」她又打罵賈蓉：「天打雷劈，五鬼分屍的沒良心的東西！不知天有多高，地有多厚，成日家調三窩四，幹出這些沒臉面，沒王法，敗家破業的營生！」又是嚎天慟地，哭起祖宗爺娘，又是鬧撞頭尋死的，不過，卻是撞在尤氏懷裏啦！）——對照之前慶元宵放煙火，陣天響的炮仗聲中，她還撒嬌裝怕，蜜糖兒似地往尤氏懷裏鑽呢。那一百八十度翻臉不認人的模樣，真令人咋舌。

尤氏沒法只得罵兒子：「和你老子做的好事！我當初就說使不得！」鳳姐一聽又發飆：「你發昏了？你的嘴裏難道有茄子塞著？不！就是他們給你嚼子啣上了？」、「自古說：『妻賢夫禍少，表壯不如裏壯。』你但凡是個好的，他們怎敢鬧出這些事來？你又沒才幹，又沒口齒，鋸了嘴子的葫蘆，就只會一味瞎小心，應賢良的名兒！」

嚴重失去平衡的天秤座人，罵起人時哪還顧及什麼藝術，猶如潑婦罵大街，他們唯一剩的理智，大概就是還不至於涉及無辜，偏偏熙鳳命盤裏有發起瘋來驚天動地地狂飆的白羊座，誰要是敢留在現場，都會被颱風尾掃到，一個也跑不掉（請參考白羊座／探春和獅子座／晴雯的白羊火星部分）！

眾姬妾、丫頭、媳婦黑壓壓跪了一地，尤氏賈蓉娘兒倆打點五百兩銀子求饒：「老太太、太太們跟前，嬸娘還要周全方便，別提這些話才好！」淨賺四百八十兩的鳳姐，還以受害人姿態嘲諷：「你們饒壓著我的頭幹了事，這會子反哄著我，替你們周全！」賈蓉只好應承，張華那頭銀子封嘴的事由他收尾，翹首盼望鳳姐能發好心就此罷手。胸中早有成竹的鳳姐故意挑難說：「你也和我過去回明了老太太、太太才是。」慌地尤氏向她討情出主意，鳳姐冷笑：「既沒這本事，誰叫你幹這樣事？這會子這個腔兒，我又看不上！待要不出個主意，我又是個心慈面軟的人，憑人撮弄我，我還是一片傻心腸兒，說不得等我應起來。如今你們只別露面，我只領了你妹妹去給老太太、太太們磕頭。」尤氏母子趕緊歌功頌德：「到底是嬸娘寬洪大量，足智多謀！」詈罵尤

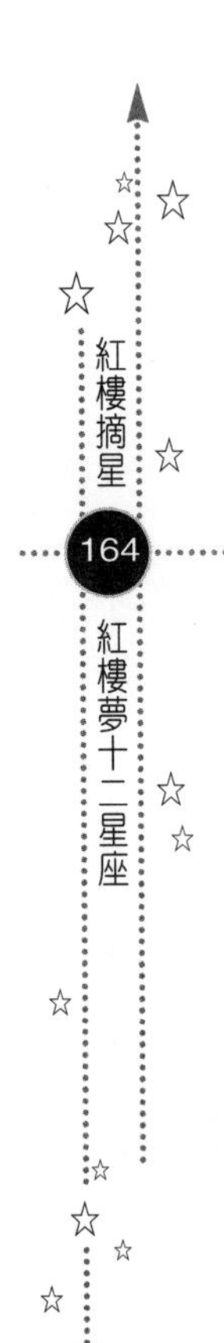

氏之言猶在耳，這會子鳳姐卻真要「應賢良的名兒」去了呢。

不良相位的天蠍座人的復仇方式很奇怪，他們會把自己的靈魂分成兩半，把自己的一半連同他們所要報復的人一起踩在腳下，抽離的另一半則居高臨下，欣賞那如同凌遲的哀號，彷彿透過自己的煎熬，才能更加堅定自己；他們嘴角掛著越是鮮花著錦的笑容，心裏越是爆發著烈火烹油的猙獰。當賈母看見鳳姐身邊嬌怯怯的尤二姐時，覷著眼瞧：「這是誰家的孩子？好可憐見兒的！」心兒早已撕碎的鳳姐笑著說：「老祖宗倒細細的看看，好不好？」、「比我俊不俊？」賈母抓著尤二姐的手：「很齊全，我看比你還俊呢！」鳳姐趁勢：「少不得老祖宗發慈心，先許他進來住，一年後再圓房兒！」果然贏得賈母稱讚她賢良。鳳姐就將尤二姐接回去住，待她更是和美非常，比親姊妹還勝幾倍。

賈璉辦完事回來，頭一個便蹓躂到小公館去，發現包二奶之事發，真是焦雷轟頂，無可奈何，只得先回家拜見爹娘稟明所完之事；賈赦見他辦事中用，賞個丫嬛秋桐給他作妾，他喜不自勝；再蹭至賈母處，方心虛地回到自個屋裏；誰知那個夜叉星居然拉著尤二姐，神色和悅，噓寒問暖的，他還以為自己這一去是山中方一日世上已千年，錯認鳳姐改了性，漸漸放下心防，連秋桐之事也告訴了，臉上還露出得意驕矜之色。

心中一刺未除，又平空添了一刺！怎樣方能一舉剷除這兩個禍害呢？雖然雙白羊的鳳姐自我意識感強，通常只信任自己，不會拉攏什麼「盟友」，然而能力再強也是有限，審時度勢，還是運用天秤座合夥關係的能量，先來個「聯齊攻魏」吧。但是，總不能明著眼落人口實，不如綜合天蠍，藏在幕後，來個「挑撥離間」、「借刀殺人」，讓水星獅子看好戲，「隔岸觀火」，方才得趣。

於是鳳姐先找尤二姐：「妹妹的名聲很不好聽，連老太太、太太們都知道了，說妹妹家做女孩兒就不乾淨，又和姐夫來往太密，『沒人要的，你揀了來，還不休了，再尋好的！』我聽見這話氣的什麼兒是的。後來打聽是誰說的，又查不出來。日久天長，這些奴才們跟前怎麼說嘴呢？我反弄了魚頭來折！」一方面挖苦了軟弱的二姐，一方面還裝氣「病」了，自此便不在一塊兒吃飯，任著丫頭們欺負蹧蹋二姐，冷言譏刺指桑罵槐不夠，奉上的茶飯亦係不堪之物，既讓二姐飽受精神與肉體的虐待，鳳姐自己又能置身是非之外。

然後利用秋桐的愚蠻，假意勸說：「你年輕不知事。他現在是二房奶奶，你爺心坎兒上的人，我還讓他三分，你去硬碰他，豈不是自尋其死？」秋桐因此卯上了二姐，成日裏破口亂罵，尤二姐除了在屋裏偷哭還能怎樣？一日賈母見二姐眼睛紅腫，問她她也不敢說；秋桐卻俏俏地向賈母王夫人說小話：「他專會作死，好好的成天喪聲嚎氣。背地裏咒二奶奶和我早死了，好和二爺一心一計的過。」賈母聽了很不高興：「人太生嬌俏了，可知心就嫉妒了。鳳丫頭倒好意待他，他倒這樣爭風吃醋，可知是個賤骨頭！」因此漸次不喜歡二姐；眾人看見賈母不喜，更是對二姐百般踐踏。

花為肚腸雪作肌膚的尤二姐如何經得起暗氣、折磨，弄得一病懨懨，偏又教庸醫誤開藥方，硬是打下腹中男胎。鳳姐裝模作樣地燒香禮拜，通誠禱告：「我情願有病，只求尤氏妹妹身體大癒，再得懷胎，生一男子，我願吃長齋念佛！」又請人出去算命，打出一卦：「係屬兔的陰人沖犯」，大家一算，只有秋桐一人屬兔，鳳姐勸她暫且別處躲幾日再來，秋桐撒野道：「好個『愛八哥兒』！在外頭什麼人不見，偏來了就沖了！我還要問問他呢！倒底是那裏來的孩子？他不過哄我們那個棉花耳朵的爺罷了！縱有孩子，也不知張姓王姓的！奶奶希罕那雜種羔子，我不喜歡！誰不會養？一年半載養一個，倒還是一點攙雜沒有的呢！」仗著自己是賈赦所賜誰能撵她，越發對著二姐的窗大罵。

晚間，尤二姐吞金自盡了。至於秋桐呢，賈璉因二姐之事，自此不大愛惜她，最終打發她娘家的人來領回去。鳳姐幾乎不露一點壞形地料理掉她的敵人們，比之前一回賈璉與鮑二家的（她的命運是羞憤上吊自殺）風流事件，撕破大家臉的鳳姐鬧地賈璉借著三分酒意要拿劍斬她，這樣的「進步」，實在令人驚異。其實這要歸功於天秤座的能量。

那一回的潑醋，因為是猝不及防當場「撞」（不是「捉」喔！）姦，所以熙鳳天蠍月座的妒恨全然受到上昇白羊及白羊火星的戰火控制。而尤二姐事件，有很充裕的時間讓她掌握「天秤人從經驗與教訓中抓回的新平衡點」：疼她的賈母，看待賈璉的風流事也不過是稀鬆平常「什麼要緊的事?小孩子們年輕，饞嘴貓兒是的，那裏保的住呢?從小兒人人都打這麼過。」老祖宗都這麼說了，這回她再用鬧的，遮莫是不管大用，自己也少不得吃虧。於是，她只把雙白羊帶到寧府，宣洩滿腔怒火；榮府裏，就留給天秤、天蠍與獅子去發揮。

鳳姐的金星愛情究竟出了什麼問題?這之中包含著錢、權、愛和人格等因素之複雜糾葛夾纏。我們還是先把其它元素的事件攤開來，容後再做一氣分析吧。

鳳姐愛權、好展隻手遮天身手的性格，主要是第十宮在摩羯和上昇白羊、火星白羊的作用力。因為事業心重的第十宮，她能以一個女兒身竟能衝破「女子無才便是德」的封建障礙，竄至榮府總管的頂頭上司；而白羊座原本就是自我感超強的，她更加有吾划在眾人頭上一葦航之的氣焰。

「凡鳥偏從末世來，都知愛慕此生才」，這隻鳳雖然是「凡鳥」（鳳字拆開來是凡＋鳥）但絕不是徒具虛表，她是「帶才而來」的，才有本事「以假亂真」！只要不妨礙到她的利益，她是治世之能臣，一旦心中的天秤被撥亂，她就或笑裏藏刀或張牙舞爪，成了亂世之奸雄與梟雄。

我們先舉鳳姐治世之本領為例：寧府中人只風聞鳳姐是「有名的烈貨，臉酸心硬，一時惱了，不認人的」，榮府王熙鳳之幹才在「協理寧國府」時，才真正讓寧府人見到真章。當掌理寧府的媳婦秦可卿病歿，尤氏又生病，賈珍就向王夫人借調鳳姐來寧府料理一個月，鳳姐素日最喜攬事，好賣弄能幹，豈能放棄這展現她不同凡響能耐的機會，王夫人只得權且答應。

鳳姐運用雙天蠍觀察力的能量，馬上找出寧府五大弊病；在就職演說中，她就先來個白羊加獅子加摩羯式的下馬威：「我可比不得你們奶奶好性兒，諸事由得你們。再別說你們這府裏原是這麼樣的話，如今可要依著我行。錯我一點兒，管不得誰是有臉的，誰是沒臉的，一例清白處治。」說罷依著花名冊明定各人職責，並言明每日卯正二刻會來點卯。果然寧府上下一改散慢，不比先前紊亂無頭緒，鳳姐見自己威重令行，心中十分得意。

白羊、獅子和摩羯座人都是屬於令出如山之性格，偏偏一日按名查點，有一位迎送親友上的人竟然未到，分明是藐視她的權威嘛！於是即令傳來，鳳姐冷笑：「你比他們有體面，所以不聽我的話！」那人害怕地說天天都早來就今天遲一步，過度要求公正的天秤鳳姐可聽不下任何辯解：「明兒他也來遲了，後兒我也來遲了，將來都沒有人了！本來要饒你，只是我頭一次寬了，下次就難管別人了，不如開發了好！」臉一沉：「帶出去打他二十板子！」又擲下寧府對牌，革了那人一個月的錢糧，好個殺雞儆猴！寧府中人纔知鳳姐厲害，自此，各人兢兢業業不敢偷安。

且看她這幾日的風光：「到了寧府裏，這邊榮府的人跟著；回到榮府裏，那邊寧府的人又跟著。鳳姐雖然如此之忙，只因素性好勝，惟恐落人褒貶，故費盡精神，籌畫的十分整齊。於是，全族中上下無不稱歎。」、「一切張羅款待都是鳳姐一人周全承應。合族中雖有許多妯娌，也有言語鈍拙的，也有舉止輕浮的，也有羞口、羞腳不慣見人的，也有懼貴怯官的，越顯得鳳姐灑爽風流，典則俊雅，真是『萬綠叢中一點紅』了；哪裏還把眾人放在眼裏？揮霍指示，任其所為。」

鳳姐自己曾說：「咱們家所有的這些管家奶奶，那一個是好纏的？錯一點兒，他們就笑話打趣；偏一點兒，他們就『指桑罵槐』的抱怨。『坐山看虎鬥』、『借刀殺人』、『引風吹火』、『站乾岸兒』、『推倒了油瓶兒不扶』；都是全掛子的本事！」；鴛鴦同情理解鳳姐：「他也可憐見兒的。雖然這幾年沒有在老太太、太太跟前有個錯縫兒，暗裏也不知得罪了多少人。總而言之，為人是難作的：若太老實了沒有個機變，公婆又嫌太老實了，家裏人也不怕；若有些機變，未免又治一經損一經。」其實鳳姐所說的全掛子本事，她自己不但樣樣精通，更勝一籌「利用諸多矛盾，並扣住最扼要的環結」；就其體裏，如果鳳姐不祭出白羊摩羯的鐵腕硬臉，哪裏能收到立竿見影之效？如果鳳姐不運用天秤、天蠍的機栝詭譎，哪裏能安然在人際關係錯綜複雜的大家庭中協調維持？肯定會被壓得粉碎！只是她有些事上做地太過，寧我負人，人毋負我。

其實鳳姐光是榮府的事就夠她日理萬機的，何必又要招攬寧府之事？那是因為白羊座與獅子座都有「龍頭癖」、「頭銜癖」，而獅子座和天秤座又都喜歡「擁抱群眾」，再加上她主要星體的位置（白羊、獅子、天蠍、摩羯等）幾乎都是屬於「好強型」的，因此她那麼熱烈地燃燒著自己的能量。而鳳姐個人星盤中種種和諧與困難相位的相乘，她的能量不僅是燃燒、更是爆發著劍拔弩張一般的奇格，因此她奇才擅才、自信好強，她貪戀權勢、善謀鬥狠，她貪財斂財、剋扣放利……，面孔不僅多變，亦且面面佼佼。

可惜鳳姐將她卓越的口才、心術經常用在個人的私利上，她缺乏與賈家共榮共存之心，反倒是共衰共亡。難道以她的聰慧體會不出夢中秦可卿的預警？賈家的千瘡百孔左支右絀，連冷子興都知道「外面的架子雖沒甚倒，內囊卻也盡上來了」，鳳姐是府中經濟的總舵豈有不知之理！就是因為看地分明，賈府這已死的百足之虫，她以為憑一己的能力仍可掙扎支撐；就是因為看地真切，所以她明白自己無力挽狂瀾的力量；她把自己夾在這極端的矛盾中，將所有的不順遂大都不由自主地逃避在二宮的瀆財中，找尋生命中的平衡。

鳳姐的土星落在金牛座（財帛第二宮），土星在金牛尤其又在二宮之人，彷彿腦袋裏都裝有精密算盤，凡事以金錢衡量，愛情以金錢計價，金錢卻不歸愛情管轄，這樣的宮位經常生出嗜錢如命、甚至守財奴型之人。所以尤二姐事件，鳳姐不忘從中巧取五百兩的代價；賈璉一時手頭青黃不接，請鳳姐向鴛鴦偷借賈母體己二、三千兩銀子，鳳姐就順便敲詐一、二百銀子，虧她還自傲地向賈璉示威：「把我王家的縫子掃一掃，就彀你們一輩子過的」呢！

再舉例像「弄權鐵檻寺」，饅頭庵的姑子靜虛來求鳳姐利用賈家與長安節度使雲光的關係，逆轉張金哥與長安守備公子之婚事，好讓長安府太爺的小舅子李少爺娶得張金哥，鳳姐原本心中似乎不怎麼活動，因著靜虛老尼一句「倒像府裏連這點子手段也沒有是的！」，鳳姐星盤的火象立刻被激發出來：「你是素日知道我的，從來不信什麼陰司地獄報應的。憑是什麼事，我說要行就行。」既然攬下這事，也得滿足土星之慾：「你叫他拿三千兩銀子來，我就替他出這口氣。」雖然事後知義多情的張金哥自縊、天生情種的守備之子投河，鳳姐依然安享這三千兩，自此還

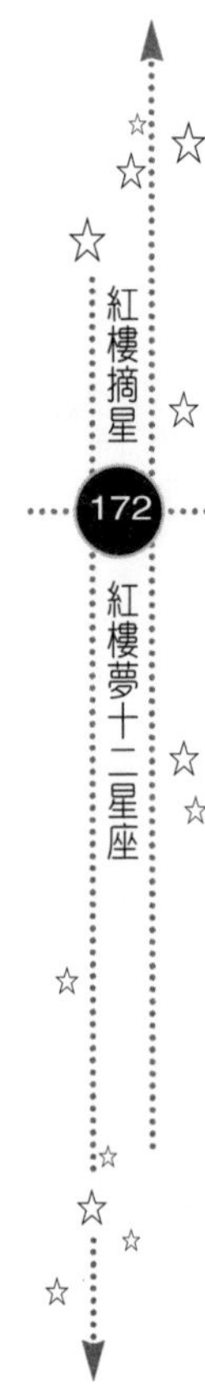

「膽識愈壯，以後所作所為，諸如此類，不可勝數」。

其它像先挪用各房的月錢拿去外頭放高利貸，利用自己的權力鬻職、「賣」（有金錢交易的喔）人情、抽取過路錢、收受賄賂等等，亦是罄竹難書。

關於鳳姐之愛錢，我們再舉幾樁：有一回賈府去清虛觀燒香，當張道士拿出托著巧姐寄名符的茶盤時，鳳姐嚇了一跳：「我不說你是為送符，倒像和我們化佈施來了！」可見其對金錢之敏感，胸中邱壑經緯全是錢的脈絡；另一回探春邀鳳姐做詩社的監社御史，她馬上意識到「分明叫了我去做個進錢的銅商罷咧」，李紈笑她「真真你是個水晶心肝玻璃人兒」，她卻說了兩車子李紈經濟狀況的話，真是思想裏、話裏全是清清楚楚的賬本；還有一回鳳姐陪賈母鬥牌，故意輸錢又故意賴賬，薛姨媽笑她：「鳳姐兒小器，不過玩兒罷了。」鳳姐指著賈母素日放錢的木箱子：「那個裏頭不知玩了我多少去了！這一吊錢，玩不了半個時辰，那裏頭的錢就招手兒叫他了。」雖然是為了討老祖宗的歡心，也說明了那孔方兄在她眼中可是有生命的活物呢！

綜觀王熙鳳的一生，都在錢、權份上糾纏不清，她太陽、火星、金星、土星受剋，因此容易變成以金錢、權勢為自我形象的功利主義者：她出生在「東海缺少白玉床，龍王來請金陵王」辦洋貨的大財閥王家，唯物主義的成長背景，讓她著迷於財勢的魅力；鳳姐的金星在天蠍又在八宮，對人與人之間的微妙關係有絕佳的透析力，帶給善於人際關係的太陽天秤很大的助益，但也容易產生性、金錢與權力曖昧不清的糾葛。金星天蠍小器、嫉妒心重，火星白羊霸道、侵略性強、唯我獨尊（危害了對宮第七婚姻宮——根據紅學家研究，金陵十二釵判詞中熙鳳冊子的一從二令「三人木」，是「休」字，代表她最後的命運是被休），白羊越是好勝天蠍越是善妒，因此帶給賈璉極大的踐踏、難堪與壓抑，他們的婚姻缺乏溫暖，賈璉說她「防我像防賊的，只許他同男人說話，不許我和女人說話；我和女人略近些，她就疑惑，她不論小叔子侄兒，大的小的，說說笑笑，就不怕我吃醋了。」男人越防越偷，愛與失落、妒情與報復的天秤要如何平衡？鳳姐只有向著與金星之愛對衡的土星之愛尋得安慰。

土星太意志、太權威，是精明專制的君王，鳳姐的土星落在金牛座，金牛座與巨蟹座同樣是最重安全感的星座，不過形象上有些差異：巨蟹是內外都缺乏安全感，而金牛座卻是擁有安全感而害怕被剝奪。拿尤二姐之事來說明，鳳姐為何一定要置二姐於死地？那是因為鳳姐一向操勞太過，連小產的當兒，依然自恃強壯在事上猶自籌畫算計，因而又添下紅之症，很擔心自己再也生不出兒子，更害怕別人母以子貴而動搖自己的地位，以這個角度來看，鳳姐也是世間共業的受害者，亦是可痛可憐。

當代表情愛與性愛的金星與火星得不到滿足（鳳姐的這兩顆星都是對衝相）時，經常會變形、投射到對金錢與權力等異常的追求與投入。鳳姐的金星之愛失落，為了保有金牛的安全感，她只有以白羊的激烈、天蠍的陰狠手段拔除對她的威脅，以成就她天秤太陽平衡感的假象，殊不知卻是囚禁在錢、權的桎梏中，而白羊的衝動，時常造成破壞力，卻又拖累了天秤的平衡，真是糾糾纏纏！錢、情、權、糾紛、毀滅性：賈府被抄家，她在外頭放帳的借卷成了違禁重利的罪證，真是「枉費了意懸懸半世心」，一生盤剝積斂之財散盡，最終在陰司報應的擔驚受怕中死去。

鳳姐的小產是她魔性高峰的分水嶺，之前星盤中的能量是多稜鼎立，當她須要仰賴探春等人相助，說明了偏向天秤能量時，星體均衡的態勢已被打破；她對平兒說：「這正碰了我的機會！我正愁沒個膀臂！」、「若按私心藏奸上論，我也太毒行了，也該抽回退步，回頭看看。再要窮追苦剋，人恨極了，他們笑裏藏刀，咱們兩個才四個眼睛，兩個心，一時不防，倒弄壞了。」借用脂硯齋於此回的批語說：「恰似黃鐘大呂後，轉出羽調商聲」，她也有些覺悟：「我這幾年生了多少省的法子，一家子大約也沒個背地裏不恨我的。我如今也是騎上老虎了，雖然看破些，無奈一時也難寬放。二則家裏出去的多，進來的少，凡有大小事兒，仍是照著老祖宗手裏的規矩，

卻一年進的產業，又不及先時。多省儉了，外人又笑話，老太太、太太也受委屈，家下也抱怨刻薄。若不趁早料理省儉之計，再幾年就都賠盡了！」無奈還是看不透財帛與權力的火宅之境，浴火不成鳳凰。

熙鳳不是最具魔性的女兒嗎？怎麼後來那麼「脫形」？那是因為她一生太自負好強、太聰明外露，人說太伶俐乖覺非福壽者相，雖然未必盡然，但是鳳姐一意使機虛耗神，一味恃強羞說病，月滿則虧水滿則溢，透支的心力將她命裏的魔性能量漸次燃燒完，脫盡了魔的外衣、鳳凰的羽衣，她已智殫力竭、油盡燈枯，時不我予，最終荒腔走板、魅力不再，徒留一股反差的驚惶與哀淒。

♏ 天蠍座

（十月二十三日～十一月二十二日）

霜降至小雪之間出生的人。

水象星座加固定星座

具洞察力、有眼光、感情執著、熱情深刻、精明幹練、直覺性強、細心體貼、柔情似水，多疑善妒、報復心強、心機深重、不安全感、占有慾強、悲觀憂鬱；執著、有決心、獨立性、意志力堅強、耐力持久、全力以赴、情深義重，堅持己見、頑固偏執、支配慾強、寧為玉碎、追求物慾、挫折感強（其它特性請參考巨蟹水象星座、金牛固定星座）。

天蠍日座

天蠍座的守護星是冥王星。冥王星是一顆相當神祕、複雜的兩極化作用力的星子，一般來說，冥王星的破壞力相當強，是一顆負面作用極強的行星，它代表人性潛意識的強烈偏執、是一股被深層壓抑卻爆發力強勁的情緒，會帶來具大的摧毀力與死亡（可能是肉體也可能是精神）；然而，它也能藉由推動潛意識中巨大的靈力，帶來生命轉換、重生的機會，使得人性在靈魂層面

得到深一層的進化，也就是所謂的浴火鳳凰的象徵。

好像太玄了，說地具體些：冥王星的力量經常化身為慾火、暴力、權力欲等（可能是出自於個人，也可能是來自於外界的「業力karma」對個體造成的迫害），對於這股胎內帶來的「熱毒」或外界的引誘、壓迫，等而下之的人會任由欲望驅遣他們的意志、任由陰影遮蔽他們的性靈；如果能夠正視這些衝突，設法使這些破壞力提升及導向正面、建設性的方向，例如說把那份潛在深刻的力量，小至化為個人藝術的創作力（像畢卡索）或大至為人類服務的精神，這就是靈魂的淨化。至於怎樣去導正？實在是困難重重的課題，要想駕馭人性的欲望，並不是三言兩語可以交待得清，成功的人也是少之又少，更難準確預測怎樣的人、怎樣的生命力才有夠強悍的力量與決心去突破，不過至少說明誰都可能有這股力量，千萬別小看自己。

這樣一顆耐人尋味的行星守護著天蠍座，加上天蠍座的符號♏，象徵尾巴帶著毒刺的蠍子或盤曲的蛇，因此天蠍座人經常被視為帶著深重業力投胎的個體，也因此天蠍座人經常被「異樣」看待，很多人都誤以為既然蠍子巨毒，所以天蠍人之天性應該就是那種無毒不丈夫、最毒婦人心的蛇蠍心腸的狠角色或陰毒人物。這樣的邏輯挺可笑的，實在是把星座學看地太膚淺、簡化、符號化。其實凡人誰不是帶著業力投胎？何況這個業力不一定就狹義指涉個體本身的性格帶著妖孽似的魔性、邪惡，極大部分也包括個體存在於現世所遭遇的困境，如心生理疾病、貧窮、虐待、戰爭、天災人禍等。

我們先來談談動物界的蠍子：牠們大都生於熱帶地區，大部分的蠍種對人的毒害並不大，也很少螫人，除非牠們受到「干擾」，它們的毒鉤子只是一種生存的本能。所以，天蠍座的象徵符號所代表的重點意義，並不在於蠍毒（何況真地能致人於死地的蠍子種類並不多，就跟蛇一樣），而是蠍子象徵性的「熱情」、「隱祕性」與「保護色彩」，他們並不會主動攻擊，只有在危急、壓迫時，才會施予懲罰、自衛。

那麼冥王星帶給天蠍人性格上的業力是什麼?由於冥王星的作用力，天蠍人在天性上的陰暗面是：比較容易剛烈、自私、自大、頑固、欲望強烈、器量狹小、獨占性強、記恨。然而它也為天蠍人帶來良好的作用力，像是：對事物具有神祕、細膩的洞悉力與觀察力，愛恨分明之後（經過選擇）的果斷堅強、堅持到底，情感純摯（因為專注、單一）熱情，足智多謀、運籌帷幄等。

其實越是強烈的情感，其弔詭性愈大，反作用力愈強（其中，也有反反得正哦）、質變性越高，所以天蠍人的許多缺點，也大有轉換為正面能量的空間與契機，如：欲望強烈，因此為了理想，他們會努力將欲望化為實踐的力量；頑固，可以是擇善固執；剛烈，可以是為正義公理；記

恨，可以是為了雪恥而努力奮發的動機。只要「目標」訂的正直、正確，結果自然會有建設性。

天蠍座是個極富魅力的星座，天蠍人大都表面上看起來態度平靜冷淡，可是他們卻又好像經常有意、無意釋放熱情的能量。那股隱藏在心中的熱力，不時散發出來，形成一股特別的誘惑性、吸引力的氛圍，尤其當你發現、證實他們並不如你想像中那麼簡單（你所感覺到的「不簡單」不一定是「精明厲害」的感覺。雖然他們的確是）時，你會忍不住有想一探究竟、發掘他們祕密的好奇與衝動。如果天蠍太陽再配上其它如白羊、獅子等火象星座的重要行星，他們獨特、自信的風韻、味道，更是時時呼之欲出、讓人不消抵抗呢！

再且天蠍座人善於觀察，他們很注意周遭人際的動向與結構關係，對人性頗有透析力，他們經常「適時地」讓你以為「不經意地發現」：他們挺關心注意你的，相對地，也會讓你對他們產生莫大的興趣，你會覺得：他們很善解人意、很細心體貼。別忘了天蠍座是水象星座人，不乏有溫柔感性的因子，他們比巨蟹、雙魚人更厲害的一點是：很懂得利用溫柔體貼這項「百練鋼化為繞指柔」的武器，攻占你的心房。

天蠍座的固定宮位在第八宮，第八宮稱為疾厄宮或生死宮，其宮位是掌管人與人之間的深度關係如：性愛、配偶財產、遺產、保險等，再加上原欲、原罪、死亡（不一定是肉體消滅的死亡，精神心靈象徵性的死亡也算）、個體潛意識伏流、深層心理、神祕主義等。看看這些名目，就可以想見八宮之難題，是多麼地「人性」、多麼地具有「衝擊性」！

許多占星學家都稱八宮是「欲望城國」、「煉獄之宮」，星盤中有重要行星落在天蠍座、且形成重要相位的人，在今世比較容易遇上大起大落的人生、或者是容易遇到原欲的誘惑與阻礙。的確，八宮幾乎存在著所有「個體對俗世人生最執著、最割捨不下的欲望」，如性、愛、錢、權等。據說，通過八宮考驗的人們，不僅在今世得到靈魂上的進化、再生，在下一世生之輪迴，也將會得到更高層次的靈魂。

位於八宮的天蠍人，經常會經驗到比一般人強烈的七情六欲：嫉妒、仇恨、激情、憤怒、獨占、貪婪、操控、懷疑、背叛、毀滅等，而他們也對於背後所代表的愛、慾、錢、權的主題相當敏感，所以天蠍人經常會經歷靈魂抗爭的撕裂感，是壓抑還是發洩？是放任還是阻止？是疏導還是圍堵？to be or not to be的抉擇，是他們最常面臨的情境。然而一旦目標確立，天蠍人會抱著破釜沈舟的心態，勇往直前、一副風蕭蕭兮易水寒般的壯士斷腕、至死無悔。真地哦！天蠍人常常會自覺很「悲壯」，很有希臘悲劇那種質地，看看他們個性中的冥王星特質，也挺有希臘「悲劇性格」人物（像米蒂雅Medea、阿卡曼儂Agamemnon等）的性格構成要素勒。

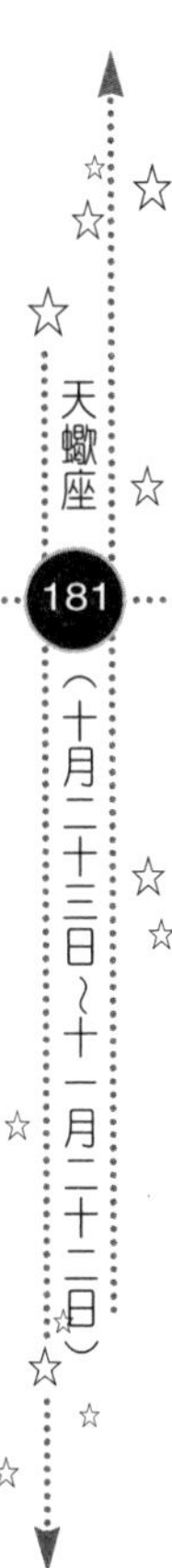

人生本來就擺脫不了原罪，而不公平、無正義亦經常是不可避免的現象。當人們對生命的晦暗、無解與混亂，發出不平則鳴的第一聲時，他們就必須有相對的認知：當「個體之心靈與肉體」抗爭「外界之無明與壓迫」時，破壞、毀滅是隨時可能伴隨而來的。是繼續「偏激」的掙扎還是「理想」的搏鬥？是認命還是不信命運轉不回？是墮落還是昇華？……怎樣令「煎熬、痛苦」蛻變成「解脫、超越、提升的力量」，就是八宮的課題了！所以天蠍人中出現不少極端暴力、仇恨、不平心強的人，但也同樣出現許多悲天憫人、具有宗教情懷、抱負大愛的大成就、得道或宗師級之人物；只要能夠開發內在的「強力本能、能源」（再提醒一次：即使是破壞性最大的負面性格，也可以轉換為巨大的提升能量），誰說這不是上天賜予天蠍人特別的因緣、機會與看重？

愛情，是天蠍人又愛又恨的課題。天蠍人看重愛情比之友誼遠甚，因為他們喜歡擁有（他們經常把伴侶視為「財產」，這是不容否認的）、以及親密關係。對於愛情，他們不僅完全付出，更要求對方同樣回報；他們像是要把所有的自己都掏空（雖然他們有時並不讓你「目睹」他們的「掏心掏肺」，因為他們好隱藏；但是他們卻「飢渴」地希望你能「用心體會」，因為他們在乎你用「心」去愛他們）、或者像是要把充滿愛的自己，「掛」在對方身上（好重的負擔）；對方必須信賴他們，但是他們卻容易多疑善妒；他們愛之深責之切。然而，當你帶給他們極大的安全感時，他們那種帶有壓迫性的愛，就會導正回猶如「春風」加「暖流」般的舒爽、滿實感。

所以，跟情緒不穩的天蠍人談戀愛，甜蜜又刺激，恨之如水深火熱、愛之像天堂祕境、黏度像附骨之蛆、深情如刻骨銘心，他們讓你「high」到最高點，也「駭」到最高點。如果你愛他們卻又不想「坐雲霄飛車」，那麼你就得注意：他們要的不是「安撫型」、「奶嘴型」的愛，而是需要你能讓他們感到真心地體貼與可信賴；當然天蠍人這邊也要努力嘗試改善性格中的陰影，光靠他人的力量，就是把自己逼入挨打、被動的地位，越不能掌握主動，你們性格中的黑暗勢力就會越強勁。多學學對宮金牛座的「身心安頓」吧！不能自我控制、不能避免無法預測的破壞，是很悲哀的。

雖說天蠍座人通常比較重視愛情，卻不表示他們對友情就不認真。因為能讓他們遇到的真心友誼並不多見。其實有時候天蠍人甚至比一般星座人更容易產生精粹的「生死之交」呢，如果你的友誼讓天蠍人感動、折服，他們會是最講義氣的友人之一。

情緒不受嚴重干擾的天蠍人蠻好相處的，那時的他們最常發揮水象星座的優質能量，他們的體貼、細膩、熱心，時常令人得到實質與情緒上的益處與幫助，偶爾還會讓人受寵若驚呢！

由於觀察敏銳，天蠍人說起話來時常一針見血、一語中的（說話技巧中的象形、雙關語式，還是以雙子座與處女座為尊）：在社交場合的談話藝術中，蕭伯納式的「精典」句之出場，是最特別、最令人期待、矚目、也是最可遇不可求的，誰不希望擁有這項說話的藝術？而這點我們在具有天蠍能量的人身上經常可以發現（要注意稍加節制，說話太毒、太尖酸、太犀利，有時會造成「反效果」，「謔而不虐」是說話的界線、及最爐火純青的境界），怎不令人「欲結納、而學習之、而後快」！此外，天蠍人做事的方法與策略之精心，也是值得人們效法的好對象喔！

天蠍座代表人物——尤三姐

尤三姐是極有魅態的天蠍日座人，她「模樣兒風流標緻，她又偏愛打扮得出色，另式另樣，做出許多萬人不及的風情體態」，她的太陽落在第八宮，這是愛慾、金錢糾葛的宮位。

尤三姐是紅樓女兒中最異樣的一位，她亦正亦邪，既粗陋又難得地表現她那一階層人物的高潔，是個很難定位的女子，不過她活出了真我風采，是不容爭議的事實。

同是打一個娘胎生出的，尤氏姐妹在形象上卻是南轅北轍，尤二姐柔順懦弱（請參考巨蟹座

／尤二姐），尤三姐卻是潑辣剛烈，唯一相同的地方大概是二尤均有巨蟹座回歸傳統、容易看不開，及水象星座過重於情的面向；雖然二尤的結局是殊命同歸，然而其態度和方式是截然不同的，星座的配置及其交互運作帶來的個人難題，是那麼地千奇百怪，悟與不悟的那一線之隔，是個人對抗命運最重要的自控點，誰說人們一定是宿命的奴隸？尤三姐就曾衝破命運的限制，勇敢爭奪出愛情自主的開創性局面，這是紅樓女兒的一大勝利！雖然在冥王星課題裏（天蠍在第八宮），她曾敗在情慾的自縛裏（可見人們最大的敵人還是自己），卻不能抹滅她在八宮的創舉與對抗命運的強悍生命力，是她一生中最難能可貴的一筆燦爛。

尤三姐是極有魅態的天蠍日座人，她「模樣兒風流標緻，她又偏愛打扮得出色，另式另樣，做出許多萬人不及的風情體態」，她的太陽落在第八宮，而這是愛慾；金錢糾葛的宮位；她出身貧寒，跟著尤老娘和姐姐投靠寧府，這東府是除了門口那「兩個石頭獅子乾淨」的爛泥塘，一個個的饞嘴貓有油就揩，在錢勢的誘惑下，尤三姐也頗能與之調情、戲言（在庚辰本裏她是淫奔女，和尤二姐跟賈珍父子曾有不明不白的關係）。然而她的月亮在巨蟹，所以她渴望安定充實與寄寓崇高、理想美的愛情，因此她比較早覺悟，（也或許是柳湘蓮的影子已刻在心版上）想跳脫這野瀆爛塘。

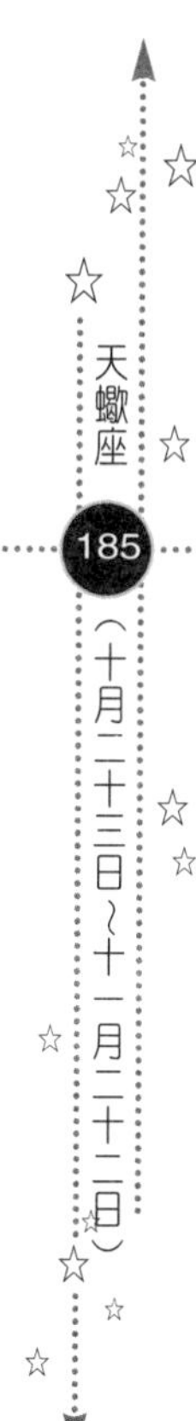

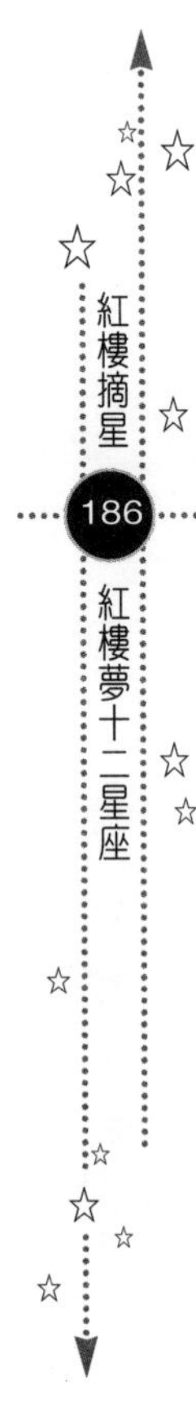

賈珍、賈蓉之所以撮合尤二姐與賈璉，其實是不安好心，都想吃個「雜燴湯」，尤三姐看透了他們迷魂幡後的鬼魊計倆，她開始不假辭色了。然而，天生「尤物」的她，就是不主動招惹人，還是有招惹人、引人垂涎的本錢，雖然上昇白羊的尤三姊脾氣不好，是「燙的慌的肥羊肉、刺多札手的玫瑰花」，那些現世寶還是捨不得撂開手。所幸尤三姐有白羊火星的戰鬥力與開創革命性的因子，既然避不開，豈有她不玩、別人玩她的理！她不願做玩偶，她要衝破命運的藩籬，她不願屈服在淫威之下，這位上昇白羊衝勁、爆發力極強的女子終於祭出她最出人意表、最創新的絕招：喝！男人想淫她？好呀！她反倒要嫖了這群豬頭三！

當賈璉對她調笑：「三妹妹為什麼不合大哥吃個雙鐘兒？我也敬一杯，給大哥合三妹妹道喜。」尤三姐立馬跳起來站在炕上，指著賈璉冷笑：

「你不用和我『花馬掉嘴』的！咱們清水下雜麵，你吃我看！提著影戲人子上場兒，好歹別戳破這層紙兒！你別糊塗油蒙了心！打諒我們不知道你府上的事呢！這會子花了幾個臭錢，你們哥兒兩個，拿著我們姊妹兩個權當粉頭來取樂兒，你們就打錯了算盤了！我也知道你那老婆太難纏！如今把我姐姐拐了來做了二房，『偷來的鑼鼓兒打不得』！我也要會會這鳳奶奶去，看他是幾個腦袋，幾隻手！若大家好取和便罷；倘若有一點叫人過不去，我有本事先把你兩個的牛黃狗寶掏出來，再和那潑婦拚了這條命！喝酒怕什麼！咱們就喝！」

又拿起壺來自己就先喝半盞，揪過賈璉就灌：「今兒倒要和你喝一喝，咱們也親近親近！」嚇得賈璉酒都醒了，這兩個風流場中耍慣的兄弟，被尤三姐極盡粗魯不文、令人不敢招惹的狂態給噤地不能搭言。

尤三姐將的這一軍既然奏效，越發瘋魔：「將姐姐請來！要樂，咱們四個大家一處樂！俗語說的：『便宜不過當家！』你們是哥哥兄弟，我們是姐姐妹妹，又不是外人，只管上來！」

賈珍趁便想夾著屁股抹腳溜，尤三姐哪肯放人，索性「卸了妝飾，脫了大衣服，鬆鬆的挽個髻兒；身上穿著大紅小襖，半掩半開的，故意露出蔥綠抹胸，一痕雪脯；底下綠褲紅鞋，鮮豔奪目；忽起忽坐，忽喜忽嗔，沒半刻斯文，兩個墜子就和打鞦韆一般，燈光之下越顯得柳眉籠翠，檀口含丹。本是一雙秋水眼，再吃了幾杯酒，越發橫波入鬢，轉盼流光。真把那珍、璉二人弄的欲近不敢，欲遠不捨；迷離恍惚，落魄垂涎。再加方才一席話，直將二人禁住。弟兄兩個竟全然

無一點兒能為；別說調情鬥口齒，竟連一句響亮話都沒了。三姐自己高談闊論，任意揮霍，村俗流言，灑落一陣，由著性兒，拿他弟兄二人嘲笑取樂。一時，他的酒足興盡，更不容他弟兄多坐，竟攆出去了，自己關門睡去了。自此後，或略有丫嬛婆子不到之處，便將賈珍、賈璉、賈蓉三個厲言痛罵，說他爺兒三個誆騙他寡婦孤女。賈珍回去之後，也不敢輕易再來。那三姐兒有時高興，又和小廝來找。及至到了這裏，也只好隨他的便，乾瞅著罷了。」

尤三姐在這場荒謬劇的角力裏，漸漸地反客為主，她「天天挑揀穿吃，打了銀的，又要金的；有了珠子，又要寶石；吃著肥鵝，又宰肥鴨；或不趁心，連桌一推；衣裳不如意，不論綾緞新整，便用剪子鉸碎，撕一條，罵一句：究竟賈珍等何曾隨意了一日？反花了許多昧心錢。」

這一切作戲鬧劇雖然粗鄙不文，卻是尤三姐最光輝的血肉。她是紅樓女兒中的一顆慧星，出場最晚卻早早殞落，那一瞥之驚鴻，讓人難以忘懷，真真是一位奇女子：粗俗與高尚、輕狂與志潔、醜陋與美麗、卑微與自尊、報復與抗爭，諸種乖違的情調居然交織融合出一種奇異的統一性與協調美，實在是一朵奇葩、一朵地獄之花！

尤三姐上昇星座的自主性和月亮星座的理想性，使得她不甘心遭人白白玩弄，為了她的淨土，她必須捍衛；然而尤三姐的理想性在哪兒？為了什麼目標？尤三姐曾對尤二姐說：「姐姐糊塗！咱們金玉一般的人，白叫這兩現世寶沾污了去，也算無能！而且他家現放著個極厲害的女人，如今瞞著，自然是好的；倘或一日他知道了，豈肯干休？勢必有一場大鬧。你二人不知誰生誰死，這如何便當作安身樂業的去處！」所以尤三姐不只是要在這爛泥塘裏闢一塊清淨地，她的自主＋理想 ＝掙出去！

而尤三姐也果然如願，不僅賈璉投降要替她找個好婆家，更進一步爭取婚姻自主權：「從前的事，我已盡知了，說也無益！既如今姐姐也得了好處安身，媽媽也有了安身之處，我也要自尋歸結去，才是正理。但終身大事，一生至一死，非同兒戲！向來人家看咱們娘兒們微息，不知都安著什麼心，我所以破著沒臉，人家才不敢欺負。這如今要辦正事，不是我女孩兒家沒羞恥，必得我揀個素日可心如意的人才跟他。要憑你們揀擇，雖是有錢有勢的，我心裏進不去，白過了這一世了！」

尤三姐究竟心上擺了什麼人？我們先從她的「好眼力」說起：當二尤從興兒口中評說寶玉「外頭人人看著好清俊模樣，心裏自然是聰明的，誰知裏頭更糊塗」「沒個剛氣兒」，尤二姐的想法是「可惜了一個好胎子」，尤三姐卻能憑她巨蟹座優良的記憶力，提出「前日裏寶玉曾因為怕和尚的骯髒氣薰了她們，刻意在頭裏擋著」、「又怕婆子給她們喝茶的碗不乾淨，另洗了再斟過」

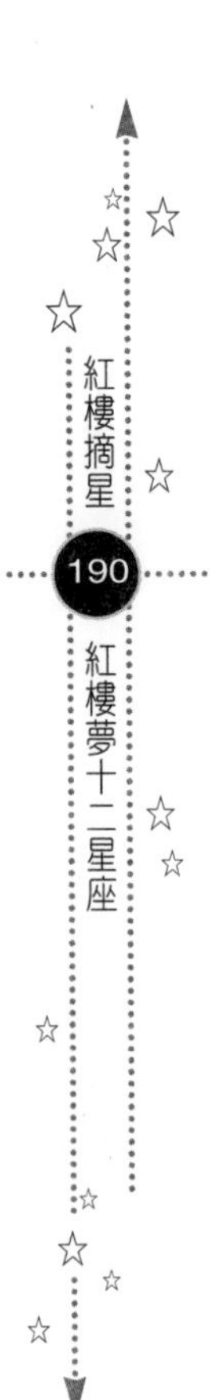

這兩件事，搭配天蠍日座對事物的洞察能力，她下了結論是「他在女孩跟前，不管什麼都過的去，只不大合外人的式」。因此她看中的人，自然不同一般，原來竟是素性爽俠不拘細事、最喜串戲、好耍槍舞劍、任俠天地的柳湘蓮。

這份情緣又是從哪繫上的？原來是五年前尤老娘生日時，尤三姐在宴上看到這位扮小生的柳郎。僅憑一眼就愛上別人，在白羊座是常有的情事；眷戀、難以忘懷是巨蟹座常犯的心事；然而說到執著，這又是天蠍座的本事了。這三項愛情的致命吸引力，尤三姐的星盤性格全占了，因此她發誓：「這人一年不來，他等一年；十年不來，等十年。若這人死了，再不來了，他情願剃了頭當姑子去，吃常齋，念佛，再不嫁人。」

賈璉想這個柳湘蓮萍蹤浪跡，也不知這情緣有影沒影，怕耽誤了尤三姐的青春，尤三姐信誓旦旦地說：「你也不知道我們是什麼人，今日和你說罷，你只管放心。我們不是那心口兩樣的人，說什麼是什麼。若有了姓柳的來，我便嫁他。從今兒起，我吃常齋念佛，服侍母親，等來了嫁了他去，若一百年不來，我自己修行去了。」說完把頭上的玉簪拔下來，磕作兩段：「一句不真，就合這簪子一樣！」從此真個是「非禮不動，非禮不言」起來。尤三姐真是別樣女子，她竟然完成了今世五宮與八宮的試煉，脫胎換骨了！

她的真心贏得了原本對她覬覦的賈璉之尊重與敬佩，誠心戮力為她說媒，為她帶回了信物，一把龍吞夔護珠寶晶瑩的鴛鴦劍，尤三姐每日癡癡望著劍，自喜終身有靠。然而，尤三姐與柳湘蓮相會於一宮七宮，及日月星座的交互作用力，卻讓一切成了鏡中花水中月。

柳湘蓮是天秤日座人，他的性格有著天秤人慣有的猶豫不決。金星愛美的能量使他本願要娶個絕色女子，他一回京，就找寶玉合證是否尤三姐真是絕色；果然如願，他又開始懷疑，如果尤三姐真是個難得標緻人：「他那少了人物？如何只想到我？況且我又素日不甚和他相厚，也關切不至於此。路上忙忙的就那樣再三要求定下，難道女家反趕著男家不成？我自己疑惑起來，後悔不該留下這劍作定。」再聽寶玉說尤三姐是東府裏頭的人，他馬上焦雷轟頂，跌腳道：「這事不好！斷乎做不得！你們東府裏，除了那兩個石頭獅子乾淨罷了！」

於是柳湘蓮找上賈璉，假託他的姑母已為他訂了門婚事，想要拿回那柄鴛鴦劍。賈璉素知尤三姐性烈，爭辯說豈可反悔，柳湘蓮卻是寧「領責備罰、斷不從命」，在房裏的尤三姐聽得肝腸寸斷。

尤三姐將怎樣面對退婚給她的衝擊與摧折？讓我們來看看尤三姐的星盤：尤三姐的白羊落在一宮，白羊在命宮的人們，比之一般人來地激情與狂熱，這樣的狂熱，也許會帶來無可估量的原動力與創造力，讓他們完成不可能的任務，我們會經常在這類人身上看到奇蹟：一個星期戒煙、二個星期減二十磅肥肉、三個星期不沾滴水示威抗議、三年拿到雙博士……，所以尤三姐宣稱柳郎一年不來她等一年，十年不來等十年，若是死了她當姑子，一百年不來她就自己修行去，這些話可不是混說的，白羊在一宮之人，對於立定的志向，是矢志要完成的。對於愛情，他們沒有所謂中庸態度，愛時固然全心全力毫無保留的愛，不愛時所有恩情煙消雲散，或者愛不成時寧為玉碎不為瓦全！所以這種超強的意志力，如果得不到正面的渲洩，白羊負面最大的破壞力，將會帶來自毀、毀人、不是你死就是我亡的激烈。

尤三姐雖然通過八宮原慾的考驗浴火重生，然而在面對一宮所帶來的自我與柳郎之間的感情、緣份、評價、自尊、潛意識等糾葛交纏的複雜心靈網路時，她還是逃不過這種種毀壞的力量：白羊座自信，他們很相信自己的眼光，很容易做第一眼印象的自我催眠，也就是容易演出一見鐘情的戲碼；另外，柳湘蓮的天秤太陽剛好落在尤三姐的第七宮，也就是她的下降星座（下降星座代表今生「個人的陰影」、「個人所欠缺的氣質」、「我們對未來伴侶所刻劃的形象」、「什麼樣的人會吸引我們」），因此尤三姐愈發僅憑一面之緣，就不可理喻滿廂情願地認為柳郎就是燈火闌珊處的那人；假設他們兩人真地結為夫妻，在感情的親密度和情緒的平衡度上，天秤日座的柳湘蓮可能無法給予尤三姐巨蟹月座所需要的安全感，而恐怕巨蟹月座的黏度也會帶給愛好交遊的天秤日座一股壓迫感，天蠍日座尤三姐的占有慾和情感熱度，遇上柳湘蓮水瓶月座的冷面、冷心，這又是一個極端冷熱的對決。

尤三姐不同於傳統，柳湘蓮的月亮水瓶也不乏有革命性的因子，但不代表二人在觀念、意識上的突破性會站在相同的立足點。白羊坐命一宮的尤三姐自尊心超強，不能忍受自我遭到踐踏，尤其是自己所看重的人。柳湘蓮冷峻的拒絕，對她實在是一大打擊，引發尤三姐巨蟹月座遭受打擊容易人格退縮的弱點，而上昇白羊的火星卻又是激進衝動兼不容退縮的，諸種心靈上快速的幾番張弛輪轉，再堅強的性格也會面臨崩潰，天蠍座滿心怨恨、白羊座的攻擊力等著發洩、巨蟹座不忍傷害愛人，是了，自毀吧，大家乾淨！

於是尤三姐毅然將她珍藏在繡房床上那把冷颼颼、明亮亮如兩痕秋水般的合體鴛鴦劍摘下，一股雌鋒隱在肘後：「還你的定禮！」臉上亦是兩痕秋水，左手將劍並鞘遞與柳郎，右手回肘往項上一橫，揉碎桃花紅滿地，玉山傾倒再難扶。

柳湘蓮不可置信地：「我並不知是這等剛烈人……」是的，凡人難得慧眼識清情之本象，更何況牽涉潛藏在心靈地圖的伏流？而柳湘蓮為此削去萬根煩惱絲，也難說是看破還是看不破。脂

硯齋評語：「三姐項上一横是絕情，乃是正情；湘蓮萬根皆削是無情，乃是至情。」就中竟是惑情亦是真情？當由讀者們自為評說。

天蠍座代表人物——芳官

太陽天蠍、月亮獅子的芳官，是既有狐狸精的本錢，又有做狐狸精的向量。這可不是貶抑天蠍座人都是狐媚子，不過是取其「有一股特殊媚力」之意，而實則他們裏子愛恨分明、熱情大膽。

比較起來，另一位太陽天蠍、月亮獅子的星主芳官，是既有做狐狸精的本錢，又有做狐狸精的向量。這可不是貶抑天蠍座人都是狐媚子，不過是取其「有一股特殊媚力」之意。

芳官是賈府為賈元妃省親從姑蘇採買來的十二女伶之一，她是唱正旦的；在戲班子解散後（欲知事由，請看巨蟹座／齡官最後一段），不願走的芳官就撥給寶玉。

怡紅院是一干丫頭必爭之地，多少人夢想著擠身進去，倘或幸運之神眷顧也許掙個姨娘的頭臉，然而縱使掙進去了也未必就爬上了高枝兒，裏頭等級分明三差九等的，伶俐乖覺如小紅都受到排擠不能如意，每個人都虎視眈眈，個個視賈寶玉為真寶玉，就防被偷了似的，形成一道道奇異的防線。奇怪的是，芳官竟然能突破這固若金湯的防線，究竟她有什麼本事？倒是值得研究研究。

原來年紀最小的芳官一點都不簡單，晴雯曾在玩笑時說「芳官竟是個『狐狸精』變的」，王夫人說她：「唱戲的女孩子，自然更是狐狸精了！」，這些雖是影子兒風的話，沒憑沒證的，但是蒼蠅不抱沒縫兒的雞蛋，不無「參考」的價值。

援舉一個較明顯的例子：有一回寶玉等四人生日，大夥兒玩興稍歇時，寶玉突然發現芳官不見了，尋到怡紅院，最善撒嬌的天蠍芳官說：「你們吃酒，不理我，叫我悶了半天，可不來睡覺罷了。」寶玉原本要拉她出去一塊吃飯，芳官已叫柳家的送來，她挑剔著：「油膩膩的，誰吃這些東西。」卻惹得寶玉聞著倒覺比往常香，竟忘了待會紅香圃的飯局就吃將起來，還囑咐春燕：「以後芳官全要你照看他，他或有不到處，你提他。」然後帶著芳官往紅香圃尋眾姐妹。晴雯知道寶玉吃過了，戳著芳官的額說：「你就是狐媚子！什麼空兒，跑了去吃飯！兩個怎麼約下了？」又吃酸地說：「明兒我們都走了，讓芳官一個人，就彀使了！」呵呵，有「譜」了吧！容後再敘述更明顯的事例，我們先來分析芳官的星圖。

芳官是太陽天蠍、月亮獅子座人，因此芳官的個性頗類晴雯：任性好強、好頑兒愛撒嬌，而且也是個好惹事、不太安分的小女孩。相位好的天蠍座人很能「討疼」，他們裏子愛憎分明、熱情大膽（天蠍守護星主要是冥王星，另有一派占星學加上火星），但因為冥王星的神祕性，一般這些特性都會內化為隱性，不會帶給同性「壓力」造成相斥，形成一股特別的吸引力，這樣的魅力不論男女都是擋不住的；因此她一進怡紅院，不僅寶玉特別要襲人「以後不如你收過來照管他」，就連平日裏大丫嬛最紅眼睛的「服侍寶玉」的工作，也莫名其妙地容她分一杯羹。

而月亮獅子的芳官，愛玩、有點男兒氣，喜歡扮小子，庚辰本裏曾描寫寶玉將她扮作外國獻俘，起名「耶律雄奴」，群芳轉個音取笑她是「野驢子」，頗符合她的野氣。月亮獅子座極好面子，芳官翅膀沒硬，就想把好友柳五兒引入怡紅院，不無炫耀的心態；然而獅子座行事不夠細膩周密，因為「玫瑰露」和「茯苓霜」事件，差點讓五兒挨四十板子發放出去。

獅子座還有個明顯的特徵：心高氣傲、受不得氣，物不平則鳴。獅爪子可利地很，若是惹到她，她必瘋鬧。像有一回趙姨娘以為芳官故意拿茉莉粉混充薔薇硝（擦臉用的粉），是看不起她的兒子賈環，因此罵她：「你是我們家銀子錢買了來學戲的，不過娼婦粉頭之流！」芳官氣地回嘴：「我一個女孩兒家，知道什麼粉頭麵頭的，姨奶奶犯不著罵我。我又不是姨奶奶買的梅香

（婢女的代稱）。拜把子都是奴才！」無所顧忌、狠狠地刺了趙姨娘身分的痛處。寶玉在她被趕出去時曾感慨：「芳官尚小，過於伶俐些些，未免倚強壓倒了人，惹人厭。」也因為她話語鋒利不饒人，即使有天蠍座善於隱藏偽裝的因子，終久獅子的鋒芒還是掩蓋不住，我們從王夫人趕她出去前的話：「你還強嘴！你連你乾娘都壓倒了，豈只別人！」大約能猜出她被攆出去的原因之一，肯定也是被有心人「暗算」了。

回過頭再來看芳官日月星座交互的魅力。一回芳官的乾娘把自己女兒剩的洗頭水讓她洗頭，心性高傲的芳官說什麼也不肯，於是二人拌起嘴，襲人為了安撫她，又拿花露油、又另要了水給芳官，乾娘不高興打了她幾下，惹地芳官哭鬧起來，眾丫嬛都搶過來幫她數落乾娘的不是。麝月心疼地說：「把個鶯鶯小姐弄成纔拷打的紅娘了。」（芳官時常扮西廂記裏的崔鶯鶯）；晴雯替她洗淨了髮，仔仔細細的用手巾擰乾，給她挽了個慵妝髻；一會兒擺食具，麝月才說芳官淘氣：「也該打兩下兒，昨日是他攏弄了那墜子，半日就壞了。」替寶玉吹湯時，平日驕矜死把著寶玉的襲、晴、麝等一干人，卻像對她獻寶似地要她學著吹湯，熱心地教她：「嘴兒輕著些，別吹上唾沫星兒。」寶玉還要她先嘗一口呢！

描述天蠍芳官最精彩、最迷人情態的章節在「壽怡紅群芳開夜宴」。

怡紅公子和丫頭們陽奉陰違，送走了查上夜的婆子後，關起院門偷偷開起生日派對。寶玉提議：「天熱，咱們都脫了大衣裳才好。」才脫了衣裳，就和芳官猜起拳來。只見芳官滿口嚷熱：

穿著一件玉色紅青駝絨三色緞子拼的水田小夾襖，束著一條柳綠汗巾；底下是水紅灑花夾褲，也散著褲腿；頭上齊額編著一圈小辮，總歸至頂心，結一根粗辮，拖在腦後；右耳根內只塞著米粒大小的一個小玉塞子，左耳上單一個白果大小的硬紅鑲金大墜子，越顯得面如滿月猶白，眼似秋水還清。

呵呵，迷人吧！咱們的曹公似乎也被迷暈了，才會花這麼多心神筆墨來形容芳官。這只不過是暖場喔！

接著他們把群芳都邀來一同玩占花名兒。第一個抓籤的是寶釵，上頭畫著一枝牡丹，鐫的小字是「任是無情也動人」，又註「隨意命人，不拘詩詞雅謔，或新曲一支為賀」，因此寶釵要芳官唱曲。芳官細細的唱了一隻「賞花時」。曲牌出自湯顯祖〈邯鄲記〉，描述呂洞賓下凡度盧生上天，代替何仙姑天門掃花之役。這首「賞花時」大意是何仙姑囑咐呂洞賓莫貪杯誤事，要他及時把代替她掃花的人帶來，莫耽誤她參加蟠桃宴的時間。曹雪芹主要是用人生不過一「黃粱夢」來寄寓「賞群花」的寶玉；然而以唱曲人芳官的角度來看，她是在感嘆自己如同何仙姑雖名列仙班卻在目前仍司掃花微賤之役，什麼時候自己也能像「主角」一樣，地位快快拔高。想芳官在唱至「錯教人留恨碧桃花」時，定是怨極媚極、我見猶憐的，不然明明是寶釵的籤，何以寶玉口內顛來倒去唸著「任是無情也動人」，而那雙眼卻是瞅著芳官不語呢！

當寶玉受令得飲一杯酒時，他先喝了半杯，趁人不注意，又遞給了芳官。可見這時芳官是越過群芳，不知不覺坐到寶玉身旁了！芳官也機伶，端起酒一仰脖喝了。這樣的聰明、善於察言觀色，天蠍座的芳官一向老道，像之前寶玉想找芳官問藕官之事，趁著襲、晴等人去吃飯的便，才遞個眼色給她，初來乍到的她馬上會意裝肚子疼，被留下來陪寶玉。難怪寶玉對她青睞有加。

天蠍座是善於等待時機的。襲人的籤令是「坐中同庚者陪一盞，同姓者陪一盞」，大家算算沒人與襲人同姓，芳官立刻表明：「我也姓花，我也陪他一鍾」。看著不禁懷疑她是有意要多喝幾鐘的咧！眾人散會後，怡紅院人猶自玩到酒缸空罄方罷，這時的芳官「吃得兩腮胭脂一般，眉稍眼角，添了許多豐韻」，身子也軟了，睡在襲人身上說：「姐姐，我心跳的很。」襲人笑她：「誰叫你盡力灌呢！」，就任著芳官在寶玉之側由她睡了，大家黑甜一覺，不知所之。

第二天早上，被推醒的芳官揉著眼睛發著怔，襲人笑道：「不害羞！你喝醉了，怎麼也不揀

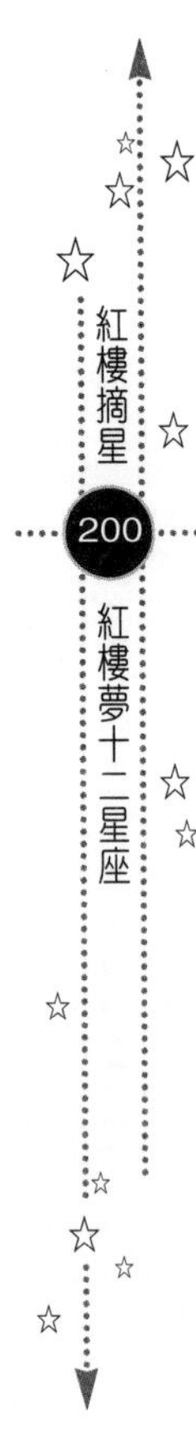

地方兒，亂挺下了。」芳官瞧了瞧，方知是和寶玉同榻，忙羞的笑著下地：「我怎麼……。」卻說不出下半句來。這麼一路寫下來，雖然抓不到她狐狸精的「事實」，但那似有若無的意態真是撩人！誰說不是呢！

這以後芳官和寶玉之間更親密，像是她和晴雯打鬧，正好寶玉來了，她不僅藏在寶玉身後，還「摟」著寶玉不放，真是不可小覷！只可惜不久就發生繡春囊事件，王夫人受奸人挑撥大施鐵腕，將所有美麗或聰明外露的通通趕了出去，芳官不甘被命運作賤，然而她有什麼籌碼去爭取一個自主的未來？她只能想出一條路：「斬情歸水月」，鉸髮出家當尼姑去了。

♐ 射手座

（十一月二十三日～十二月二十一日）

小雪至冬至之間出生的人。

火象星座加變動星座

慷慨大方、自然天真、積極樂觀、心胸開闊、誠實坦率、熱情明朗、淑世懷抱，過度自信、盲目樂觀、愛玩不節制、欠考慮；愛好自由、自在瀟灑、追求真理知識、實用哲學思考、睿智判斷、聰明領悟力佳、理想性高、適應力佳，過度好奇、輕浮不穩定、逃避責任、紙上談兵、太愛冒險、放縱不安分、耐性差（其它特性請參考白羊火象星座、雙子變動星座）。

射手日座

射手座的守護星是木星。木星是太陽系中體積最大的行星，不論在東西方術數界都被視為一顆「吉星」、「福報之星」，木星通常會為個體帶來「好運道」。木星在占星學上的定義是擴展、延伸、膨脹、放大、誇張。

射手座人因為木星的守護，通常運氣都蠻不錯，命中也常碰到「逢凶化吉」、「貴人相助」

的幸運；也許是射手座人在生活的經驗中，會發現自己的確比一般人容易遇到轉機、交到好運，所以可能會變得樂觀、自信地有些盲目，他們認為自己天生好命，又或者反正「命好不怕運來磨」。

這種近乎「船到橋頭自然直」的想法，雖然不失為一種還算不錯的樂觀心態，但是要知道這句話只不過是物理現象，並不能全然精準地印證、運用在看待人性及遭際的問題上。如果只是單純一如阿Q般蹉蹉運氣的心態，那麼寧願稍微悲觀點好，至少會有適度的危機意識。射手座人最理想、最良好的作用力應是：想法樂觀、行為積極、不要依賴那些如或然率般不可靠的幸運，並且凡事不要「過度」，那麼射手人的一生就算不定然會一帆風順，也會從生活中得到圓融的智慧之果。

此外，木星雖然是顆幸運星，但是凡事都有「物極必反、樂極生悲」之「例外、意外的戲碼」在上演，如果星盤相位不良，木星擴展、膨脹的力量不正好是凶上加凶嗎？就拿射手人本身個體性格來說，凡事「過度」，自信變自負、慷慨變浪費、享樂變放縱、相信變迷信、幸運變賭博性等等，那麼在這位星主的人生旅途上，豈不憑空生出許多意外的風浪枝節？

木星的守護神是天神朱彼特Jupiter（希臘名字叫宙斯Zeus），他也是正義、信誓的守護神。射

手座人通常對世間的律法、倫理、教育等問題有濃厚的研究與探討的興趣，他們常自認為是維持社會穩定、開放、改革、進步的中堅分子，也常認為自己是正義的化身，他們痛恨虛偽、狡滑不實的行為和言論、並經常義正言辭地「揪」出「壞分子」。

但是奇怪的是他們卻很會鑽法律漏洞！不過，還好木星也是個「本質良善」的行星，所以基本上他們倒不是為了「利益」、或者為了滿足大奸大惡的欲望，而破壞法律，而是為了「智識」上的樂趣，就好像某些電腦hacker駭客或黑客，他們自認為這是無傷大雅的鑽漏洞。何況既然可以「鑽」，那就表示這些律法不完備嘛！他們也是挺愛詭辯的喔。

射手座的符號是一把射出去的弓箭♐。象徵射手座人愛好自由、不願受羈絆的心靈：射手人討厭認命、不信有衝不出的困厄、不肯束手就縛；他們的哲學是「水窮雲起」、「柳暗花明」，世界和心界是沒有盡頭的。

也象徵射手座人熱愛旅行：可以是真實、行萬里路的旅行，也可以是心智之旅；因為他們愛冒險、好奇心重、求知慾強，所以他們對任何形態的旅行都抱持著一顆嚮往、雀躍、想要認識學習的心，尤其是對於文明的演進、異國的文化與情調，對他們來說都特別地有魅力；如果真有「星」際旅行、異「星」通婚的話，恐怕射手人會搶第一名哩。亦象徵射手座人的意識形態及行為模式：他們喜歡率直坦誠的語言、喜歡快人快語；當創意、靈感catch他們時，他們會希望馬上付諸行動。

射手座人好像有用不完的精力，每天的生活像趕場。他們經常嘴巴上同時喊著「好累」、「好無聊哦」！其實他們才不會也不想等你的建議勒，接著你就會看到他們像花蝴蝶般穿花度柳而去。他們實在太好玩，如果你不想揹上謀殺的罪名、又想要報復射手人，那麼把他們關在幽蔽的空間裏，他們鐵定發瘋、痛不欲生，搞不好還真一頭撞死，這肯定是對他們最殘酷的懲罰了。

射手座的固定宮位在第九宮，九宮稱為遷移宮或旅遊宮，其主題有：遷移、旅行、世界觀、國際關係、宗教、教育、法律、哲學、高等智慧、心智探索等。無怪乎射手座人會對於未知的領域和高層學問，充滿無窮開發與探究的精力，實在像透了一把瞄準目標、蓄勢待發的矢箭，他們的生命充滿無限的理想與憧憬。相位良好的射手座人有旺盛的鬥志、企圖和挑戰心，隨時準備躍馬奔騰逐鹿中原，因為他們有變動星座的創造力與求新求變的理想性，又有火象星座的膽氣、果斷與行動力；如果相位不佳，通常則是小才而已見識不足、小不忍亂大謀、志大量小書空咄咄。

射手座人非常喜歡享受戀愛。他們談感情經常像是搜集資料似的（別忘了他們愛研究呀），什麼樣的感情他們都想嘗試體驗看看，所以他們：身高不是距離、體重不算壓力、年齡不成問

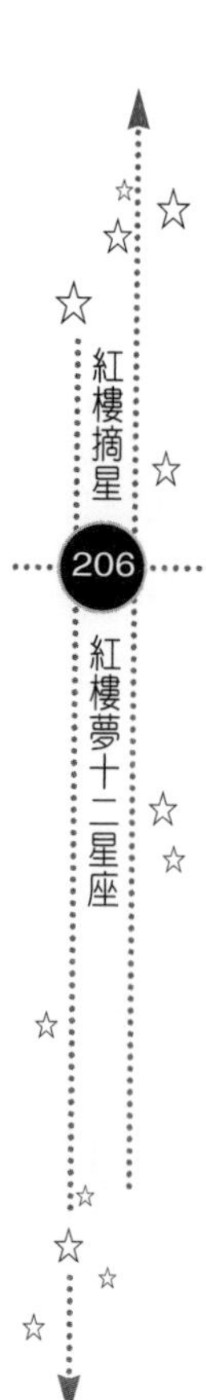

題、對象不分種族、性別可以錯亂……嘻，好像有點太扯了，不過也說不定唷；他們也經常將愛情視為大大小小冒險的旅程，也就是說他們喜歡追逐不同的愛情、不同的愛侶，也許他們正停在某一驛站，但是他們的心卻經常在期待、計畫著下一段航程。

咦？那麼跟射手座人談感情豈不是太危險了！其實不盡然，他們是誠實的愛人，搜索你的記憶，可能他們曾經跟你說過類似「跟你不能長久」的話哦；他們不會存心跟人玩玩，也不想浪費雙方的時間，所以從這個角度來看，倒是個「進步」的思想。另外，你是以什麼樣的心態與他們交往，也能一虧究竟射手人的愛情性格：愛好自由、不受羈絆、海闊天空。

如果是以結婚為前題——那麼奉勸你：就算是你心裏有這個念頭，也得按捺下來。先觀察他們是不是很接近那種「打死不願受束縛的純木星愛人」，如果他們的自由意識太強、無時無刻無處不在的話，除非你想「破釜沈舟、不答應就走人」，那麼絕對不要提出類似「安定」下來的暗示，因為他們「抗」責任、婚姻、承諾「壓力」弱，你越想要牽住、綁住他們，他們越會高唱「讓我不由自主地想逃」；夠愛他們，就等待時機吧！或者去查查他們的星盤什麼時候走到「土星」（影響世間緣分最重要的行星）運，屆時比較容易一擊而中。如果他們的意向並不明顯，或可主動暗示，自己心裏也好有個底。如果他們自己提出要定下來，呵！那就什麼都不必問啦。

如果你也只是想談談戀愛——那麼千萬以射手人為第一優先，當射手座的愛人是挺愉快的一件事，因為他們個性有點像小子（女的也像），而且很少鬧情緒，大方開通、少牽絆，無話不能談、任你想吃葷的、素的他們都拿手，罵起人來都挺戲謔、有時還挺富哲理的勒。

射手座人對愛情觀都那麼傾向「豐富」了，何況對友情?他們對友人跟對愛人好像沒什麼兩樣，一樣坦白可愛、爽直開朗，跟同是火象星座的獅子座人的性格有點類似，就是為人海派、不記恨、三教九流、四海之內皆朋友，人緣奇佳。

射手座代表人物——湘雲

問君何能爾？心遠地自偏……

上天賜予射手座人最美好的禮物不是身世、背景、財富、外貌、才智，而是一顆樂觀、隨遇而安的心。

紅樓女兒原都是太虛幻境的仙花寶卉，她們生命的馨露與芳髓，是千紅一窟、萬艷同盅的香

茗醇酒，隨著神瑛侍者來到大觀園造歷凡間之幻緣。寶玉是絳洞花主，不消說就是百花的保護神；怡紅院蕉棠雙植，黛玉是芭蕉、湘雲是海棠（玩占花名時，湘雲所掣的籤是海棠，紅樓夢中又曾擬海棠之別名是「女兒棠」，出自女兒國，以湘雲的英豪，也許竟是女兒的女性守護神呢），芭蕉聽雨，芭蕉是女兒的淚，海棠春睡，海棠是女兒的夢，竟似歷演著女兒的悲喜。

我們以黛、釵、湘三姝演花之場景，略銘其生命不同的情調。

黛玉自憐，沁芳閘橋邊畸角上她掘了個花塚，掃花、吟花、泣花、葬花，以花喻己悲鳴身世慳慳；寶釵入世，秋爽齋裏，她和探春、李紈討論著花的經濟價值；湘雲樂觀，芍藥欄邊酩酊沈酣，香夢裏且留住片刻人生得意須盡歡。

再把「憨湘雲醉眠芍藥裀」的鏡頭拉近，這一場景活靈活現史大妹的憨美。為了慶祝寶玉、平兒、寶琴、岫煙的生日，探春提議大家湊分子，在芍藥欄紅香圃置酒席，壽星怡紅公子認為雅坐無趣，最好行令祝興，於是拈鬮掣出射覆（猜謎）令，卻因過難倒有一半人不會，又另拈個拇戰（划拳），湘雲方才高興地說：「這個簡斷爽利！合了我的脾氣！」令官探春指定先由寶琴擲骰子，依次每人輪流擲點，對了數的方能射覆，湘雲等不及，一邊就先和寶玉三五亂叫賭起拳來，引得未輪到射覆者都捉對猜起拳，一時滿廳紅飛翠舞玉動珠搖，好不熱鬧。湘雲像開了鎖的猴似的，逕出些怪點子鬧人，眾人亦捉狹她老抓她的錯，趁機多罰她幾杯。不想湘雲嬌娜不勝酒力，撿人不注意，偷偷躲在山子後一塊青石板磴，想圖個避靜納涼，卻迷迷糊糊地睡著了。小丫頭發現，要姑娘們去瞧：

　　果見湘雲臥於山石僻處一個石磴子上，業經香夢沈酣，四面芍藥花飛了一身，滿頭臉衣襟上皆是紅香散亂；手中的扇子掉在地下，也半被落花埋了；一群蜜蜂蝴蝶，鬧嚷嚷的圍著；又用鮫帕包了一包芍藥花瓣枕著。眾人看了，又是愛，又是笑，忙上來推喚攙扶。湘雲口內猶作睡語說酒令，嘟嘟嚷嚷說：「泉香酒洌，……醉扶歸，……宜會親友。」

歷來描寫睡姿不外是風光綺旎的純女人姿態，幾曾有如此的野豔爛漫！且看湘雲被眾人推醒後，她慢啟秋波，瞬間的風流嫵媚，是這一系列鏡頭的最後驚艷特寫！射手座女人的特有明媚，就在女人與孩童之間。這一憨美是紅樓女兒所有美態中最不具壓迫性、最中性、最接近孩提的純真美。海棠春睡引人無限遐想，湘雲的芍藥夏眠卻恣意奔放，再無情的人也會為這種「憨」而「酣」，真是讓人忘了機心的美。

問君何能爾？心遠地自偏。射手日座的湘雲就如自己白海棠和韻詩中的一句：「也宜牆角也宜盆」，人生的波濤、命理的詭譎，都無礙於豁達與生機。上天賜予射手座人最美好的禮物不是身世、背景、財富、外貌、才智，而是一顆樂觀、隨遇而安的心，即使蓬牖茅椽繩床瓦灶，不妨襟懷不餒其志，方能得出人生真味了無遺憾。

湘雲之眠真是令人愛煞，還有另一場睡美人的舖敘不可不提。那是寶玉等人搬入大觀園後湘雲第一次來，當晚寶玉二更天才把她和黛玉送回瀟湘館，次晨天方明寶玉就迫不急待地來找，她們兩個尚未醒來，只見：

> 那黛玉嚴嚴密密裹著一幅杏子紅綾被，安穩合目而睡。湘雲卻一把青絲，拖於枕畔；一幅桃紅紬被，只齊胸蓋著；襯著那一彎雪白的膀子，擱在被外，上面著兩個金鐲子。寶玉見了，歎道：「睡覺還是不老實！」

睡姿是一種隱喻個性（月亮星座）的語言，湘雲的睡姿是那麼地獅子，酣暢飽滿不沾滯，黛玉是那麼地巨蟹，含蓄防衛自矜自覺。

湘雲是三重射手座人，太陽、水星、金星都落在射手，月亮又在獅子座，因此最有淘氣童真的天賦，不會自苦於一時的挫折；兩種星座都是火象，這樣的星主活動力強，又最能自娛娛人，善於把歡樂氣氛感染周遭的人們，他們最具逍遙觀，熱愛自由，能沈浸能超拔，最能享受玩的真趣。

射手、獅子、雙子都是十二星座裏愛玩的，竟讓湘雲占全了，難怪她凡事皆以「得趣」為依為先，就連作詩、飲食、衣飾等，她都能找有趣好玩之處。此三者皆愛遊戲，其中，射手座是戲中帶巧，所以出燈謎時，她編的謎兒最刁鑽古怪：「溪壑分離，紅塵遊戲，真何趣？名利猶虛，後事終難繼。」（謎底是被剁了尾巴的「耍的猴兒」），行酒令時，她又弄出稀奇古怪的名目：「酒面要一句古文，一句舊詩，一句骨牌名，一句曲牌名，還要一句時憲書上的話，共總湊成一句話。酒底要關人事的果菜名。」獅子座是戲中取直，像玩占花名抽籤，她「揎拳擄袖的伸手掣了一根出來」、蘆雪庵吃鹿肉她和寶玉算計著要吃生肉；雙子座是戲中求敏，所以蘆雪庵爭聯即景詩，她「也不是作詩，竟是搶命呢」，敏捷聰慧至極（難怪湘雲出的怪謎也只有雙子座的寶玉猜得出），凹晶館聯詩亦是同出一轍。

不論是出於蓄意、還是天生有些憨糊的個性，射手日座人經常是笑聲的發源點，而獅子月座人又是出名的有表演慾的舞臺狂，因此湘雲淘氣好玩，善於活絡氣氛，像「蘆雪亭爭聯即景詩」，每個人都安安分分地做聯句之雅事，湘雲偏要搞出點趣味，只看她揚眉挺身地搶聯，到最後竟成了黛玉、寶釵、寶琴三人共戰湘雲，所有人都索性撂開手不作詩了，只顧著笑觀四人對搶，差些沒個收尾。

射手日座人不但愛說話，更厲害的是他們善於「即景」搞笑，像紅香圃酒宴，湘雲猜拳輸了須請酒面酒底，她故意惹人發笑說了句：「奔騰澎湃，江間波浪兼天湧，須要鐵索纜孤舟，既遇著一江風，不宜出行。」眾人都笑說：「好個謅斷了腸子的！」催她快說酒底，她卻慢條斯理地又吃酒又夾塊鴨肉，再呷一口酒，好個吊人味口的姿態！她故意不理人，猶自撥撥碗內半個鴨頭，見獵心喜地夾出腦子吃，然後才淡淡悠悠一句：「這鴨頭不是那丫頭，頭上那有桂花油？」原來竟是借著口中的「鴨頭」趁勢捉弄，拿晴雯等一干「丫頭」尋開心。

射手日座人喜歡發表高見，即使是才聽來的觀點、才看過的理論，他們都有本事演繹，自成一套邏輯，說地頭頭是道；再加上射手座人似乎有用不完的精力，有時聽他們說話，會有喋喋不休之嘆喲。而湘雲的上昇星座正好又在雙子座，那口嘴更是伶俐慧黠、舌燦蓮花、異常健談。另外，射手座人也極愛與人分享經驗，例如說他們覺得某項產品不錯，馬上就會熱情地推薦，傾籮傾筐毫不藏掖。所以當香菱向她請教學詩，她就沒晝沒夜的高談闊論，吵地寶釵笑她：「我實在聒噪的受不得了！」、「一個香菱沒鬧清，又添上你這個『話口袋子』，滿口裏說的是什麼怎麼是『杜工部之沈鬱』，『韋蘇州之淡雅』；又怎麼是『溫八叉之綺靡』，『李義山之隱僻』。癡癡顛顛，那裏還像兩女兒家呢！』」。

射手座人是有名的善辯家，口才一流，頗能自圓其說，有時不得不佩服他們說出來的話竟別有一番意趣、哲理，像「脂粉香娃割腥啖羶」，大家都在蘆雪亭等著李紈出題限韻，湘雲和寶玉卻不見了，黛玉就說：「他兩個人再到不得一處；要到了一處，生出多少事來。」果然不一時李嬸娘走來問李紈：「怎麼那一個帶玉的哥兒和那一個掛金麒麟的姐兒，那樣乾淨清秀，又不少吃的，他兩個在那裏商議著要吃生肉呢？」最後他們決定要燒烤著吃，平兒、探春、寶釵等人都聞香而來，湘雲瀟灑地說：「我吃這個方愛吃酒；吃了酒才有詩。若不是這鹿肉，今兒斷不能做詩。」原本嫌骯髒的寶琴也加入吃的行列，唯有黛玉矜持說：「那裏找這一群花子去！罷了，罷了；今日蘆雪亭遭劫，生生被雲丫頭作賤了！我為蘆雪亭一大哭！」湘雲理直氣壯地說：「你知道什麼？『是真名士自風流』！你們都是假清高，最可厭的！我們這會子腥的、膻的大吃大嚼，回來卻是錦心繡口！」

這句話說地真有味道，真名士隨緣隨喜、自在不拘泥，外界相對的骯髒清潔、俗賤高貴，不

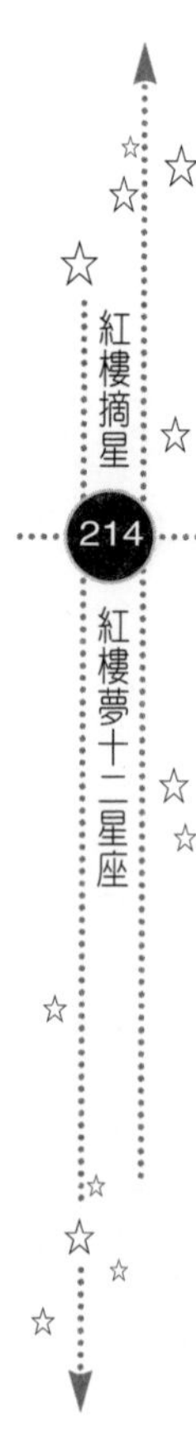

過是表象，心界無掛搭處、無執著處，才是真正的不染塵。果然即景聯詩時，湘雲獨占鰲頭聯得最多句。

射手座人喜歡哲學性的思考、愛辯證，從實際體驗中認同、落實成一套體系，然而他們對生命、生活的態度是開放的，隨時能接受新觀念，任何一種領域他們都想涉足，如同他們的愛交際，貴賤尊卑不是大問題，三教九流的朋友都可能向他們展開生命不同風景的啟示。

像有一回賈雨村來訪，賈政著人喚寶玉做陪，寶玉嘟嘟囔囔地抱怨，湘雲聽了很自然地開他玩笑：「自然你能迎賓接客，老爺才叫你出去呢。」寶玉老大不高興地說：「那裏是老爺，都是他自己要請我見的！」湘雲明白其實寶玉最主要是怕見他的緊箍咒老子，再加上他討厭應酬，更覺好笑，一邊打趣一邊安慰寶玉：「『主雅客來勤』；自然你有些警動他的好處，他才要會你。」寶玉卻說：「罷！罷！我也不過俗中又俗的一個俗人罷了，並不願和這些人來往！」基於好爭辯的心理、與她從生活中理解「人生無可奈何與無可避免的俗世應對」的識覺，想起寶玉畢竟太不關心世事，覺得有義務要規勸他：「還是這個性兒，改不了。如今大了，你就不願意去考舉人進士的，也該常會會這些為官作宦的，談講談講那些仕途經濟，也好將來應酬事務，日後也有正經朋友。讓你成年家只在我們隊裏，攪的出些什麼來？」

其實湘雲只是很單純地提出另一個觀點，未必就代表她鼓勵寶玉也應該學著巴結奉迎的嘴臉，而且她真心認為寶玉不該老是混在脂粉隊中醉生夢死，總有一天他要長大，應該學著面對現實，培養責任感，多交朋友或許能夠擴展視野，誰知道寶玉只一聽到「經濟」這兩個字眼就大不順耳便譏諷：「姑娘請別的屋裏坐坐罷！我這裏仔細腌臢了你這樣知經濟的人！」襲人連忙解說道：「姑娘快別說他；上回也是寶姑娘說過一回，他也不管人臉上過不去，咳了一聲，拿起腳來就走了。寶姑娘的話也沒說完，見他走了，登時羞的臉通紅；說不是，不說又不是。——幸而是寶姑娘，那要是林姑娘，不知鬧的怎麼樣哭的怎麼樣呢。」寶玉不以為然地說：「林姑娘從來說過這些混帳話嗎？要是他也說過這些混帳話，我早和他生分了！」襲人和湘雲都點頭笑道：「這原是『混帳話』麼？」湘雲並不因為寶玉不高興，就覺得自己說的是混帳話，她自有她一番道理。

射手座人不排斥所謂清高人眼裏的俗務，大士居俗，焉知俗世裏的人生百態不能成就靈慧的煉成？而大智大覺登渡彼岸又真是參透、天啟嗎？虛無飄渺！我們不能自我欺騙，眼下個體生命對自己與對他人的責任才是平凡的你我必須先承受、先經歷的；所以寶玉相對於湘雲是太不知人生的真相，當時的寶玉是溫室的花朵，從來沒有真正經歷生活的疾苦、不堪，所以他能自以為是

地批判，他只憑自己的好惡、自扭於官場及濁臭男人的框礙與偏見，一竿子打翻一船人，而他那一干狐群狗黨、淫爛低俗的朋友如薛蟠等，難道不比經濟思想可惡？

更何況他不入眼的賈雨村還曾就他說了一段「聰俊靈秀乖僻邪謬」精闢的見解，就這點來說，他還是寶玉的知音呢！就算是再鄙瑣的生命，也可能有值得我們學習、借鏡的，一花一世界，我們永遠不知道智慧、覺醒會藏在什麼地方、什麼事物裏給我們昭示。射手座人雖愛辯卻不武斷，他們對生命有很大的好奇心與興味，他們願意嘗試不同的滋味、挑戰巔峰，對生命絕不設限，錯失生命的不同的風景與況味才是他們的遺憾，這就是他們的哲學。

射手日座人好結交朋友，對待朋友亦不具勢利眼，都能一識同仁，有一回湘雲送絳紋戒指給黛玉等姐妹，幾日後又親自送同色禮物給素昔相好的丫嬛，她不因為小姐、丫嬛身分不同而差別待遇，一樣是真誠相對。

射手座人和獅子座一樣喜做不尋常的打扮，不過獅子座偏愛誇張驚人，是「風格式」的發揮，射手座卻是「主題式」的發揮，而湘雲具有這兩種星座的能量，因此穿著更是異數。一回李紈有意邀集賞雪社，眾人踏雪而至稻香村，只見湘雲穿著一件：「貂鼠腦袋面子，大毛黑灰鼠裏子，裏外發燒大褂子，頭上戴著一頂挖雲鵝黃片金裏子大紅猩猩氈昭君套；又圍著大貂鼠風領。」

黛玉一見忍俊不住笑道：「你們瞧瞧，孫行者來了。他一般的拿著雪褂子，故意裝出個小騷達子樣兒來。」湘雲不僅不在意，愈發耍寶脫了褂子，自得地要大夥瞧她裏頭打扮的：「一件半新的靠色三鑲領袖秋香色盤金五色繡龍窄褙小袖掩襟銀鼠襖；裏面短短的一件水紅妝緞狐肷褶子；腰裏緊束著一條蝴蝶結子，腳下也穿著鹿皮小靴：越顯得蜂腰猿背，鶴勢螂形。」天呀！光是這兩段衣飾外表的形容，就用了十三樣動物呢！而其中更帶有天王星坐命之人的別樣喜好：猿背常用來喻為「善射者之臂」，鶴勢螂形又分別套自「拳譜」，都算是「武士」之狀，可見湘雲之好做英武之姿。

另外，在庚辰本亦曾描述湘雲「素習憨戲異常，他也最喜武扮的，每每自己束鑾帶，穿折袖。近見寶玉將芳官扮成男子，他便將葵官也扮個小子。」前面提過火象星座人很有感染力，連被形容為「槁木死灰」的李紈和有時刻意嚴謹的探春都起了童心，把派給寶琴的荳官也拿來打扮成小童樣；而湘雲也學寶玉，替葵官改名叫「大英」：「方合自己的意思，暗有『惟大英雄能本色』之語」，並且在她射手的哲學思維裏，更進一步體認：「何必塗朱抹粉，才是男子。」

湘雲的天王星合相上昇星座於命宮，因此她的創意更如加添了翅膀，她聰明、寬仁尚義氣、

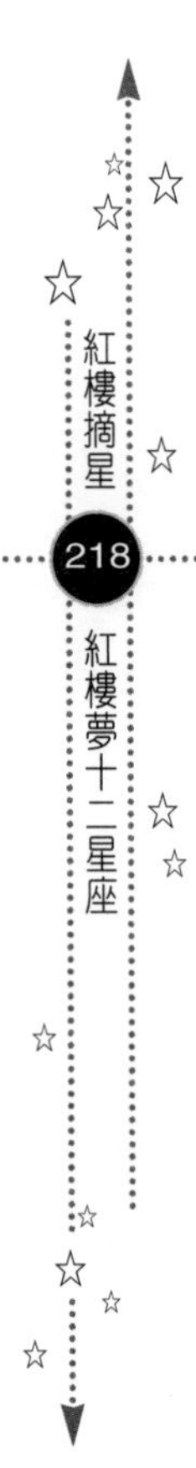

風神俊朗、瀟灑不羈、好發奇論（例如和翠縷談陰陽）、好作驚人之舉（例如烤生鹿肉）；而天王星在一宮之人，即使天生外貌無異於常人之處，也必有不同於一般人的喜好與獨特的個性，例如她和一般閨閣小姐不同，喜歡扮小子樣，連賈母都錯看她是寶玉。湘雲天王星的特異風格為她打造一身不凡的俊逸：好一似光風霽月耀玉堂。

湘雲的上昇星座在雙子，而雙子的守護星是代表機智、思考的水星，因此湘雲點子多、有創意，應變能力佳，很難有人在口舌上能與她比拼、或占她便宜，所以能與言語尖利、思考敏銳的黛玉旗鼓相當，甚至有時還淩駕黛玉。像黛玉諷笑湘雲大舌頭，老叫寶玉「愛（二）哥哥」：「偏是咬舌子愛說話，連個『二哥哥』也叫不上來，只是『愛哥哥』、『愛哥哥』的。回來趕圍棋兒，又該你鬧『么愛三』了！」湘雲就故意羞她：「這一輩子，我自然比不上你；我只保佑著明兒得一個咬舌兒林姐夫，時時刻刻，你可聽『愛呀厄』的去！阿彌陀佛！那時纔現在我眼裏呢！」

另外像前頭提的絳紋戒指一事，黛玉取笑她為何不作一次送，巴巴的自己又親自送來，被湘雲一番道理說地語塞，寶玉稱讚她：「還是這麼會說話，不讓人。」黛玉也只得發醋勁地說：「他不會說話就配帶『金麒麟』！」。

湘雲的水星落在射手，水星射手人言語率直，藏不住話，說話快如風，常常無心得罪人，一回賈母為寶釵做生日，少不得搭戲臺湊興，觀完戲後，賈母把小旦齡官叫來，鳳姐突然說：「這個孩子，扮上活像一個人，你們再瞧不出來。」寶玉、寶釵心裏都知道鳳姐指的是黛玉，卻素知黛玉心眼多，所以都只點頭不敢說，湘雲脫口便說：「我知道，是像林姐姐的模樣兒。」她壓根也沒有想到黛玉會敏感到以為大家在取笑她拿她比做戲子。寶玉忙瞅了湘雲一眼，湘雲才知道自己太莽撞。

然而水星射手座人最看不慣小心眼，他們心胸開闊，著眼於大處，雖然自己有欠考慮，然而她不認為這有什麼值得氣惱的。所以事後寶玉向她解釋：「林妹妹是個多心的人，別人分明知道，不肯說出來，也皆因怕他惱。誰知你不防頭，就說出來，他豈不惱呢？我怕你得罪了人，所以才使眼色。」等話，湘雲最後還是摔了一句：「你要說，你說給那些小性兒行動愛惱人會轄治你的人聽去！」

湘雲的金星也落在射手，金星射手人對待愛情的態度同樣是不喜歡言不由衷，情感的表達比較率真直接，不作興遮遮掩掩、扭捏作態，因此她不顧忌別人知道她喜歡穿寶玉的衣服，最愛和她的寶哥哥玩，她抱怨愛哥哥和林姐姐天天一處玩見她來也不理她一理，她喜歡為寶玉梳頭，她

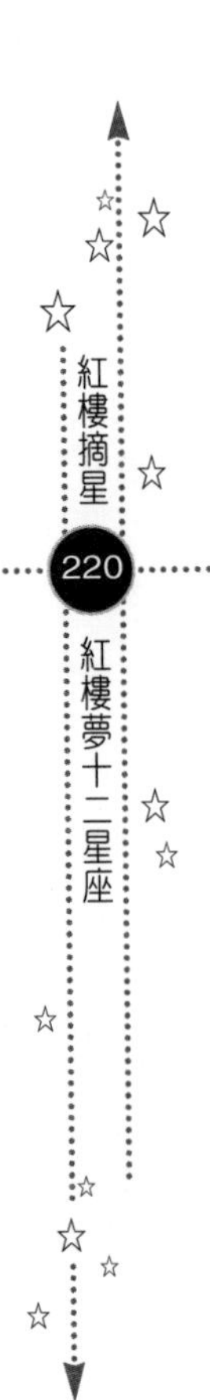

再累也肯為寶玉做鞋等。射手金星人的情事還有一個很大的特色：他們的愛情和友情常常真真假假、界線不明，非常像小孩扮家家酒，熱情燃的快猛、也消失的奇捷，大約他們喜歡嘗鮮、太容易失去新鮮感，又或者是太提地起放地下吧！情緣盡了不強求，然而若是還有續緣，他們也不會心存芥蒂。

十二星座中有五大「佻」星（這裏的「佻」，是現代辭意「活潑、俏皮」之意），白羊佻拔（如探春）、獅子佻皮（如晴雯）、射手佻達（是豁達而非放縱之意），火象星座全包了！另外二個是天蠍情佻（如芳官）、雙子意佻（如寶玉），湘雲占了三佻，乃佻中之佻！

湘雲的月亮在獅子座，所以她直截、熱情、講義氣、劍及履及、好打抱不平。當她從寶釵口中得知岫煙典當衣服，原來是因為迎春（岫煙跟著迎春住在紫菱洲）「他那些丫頭媽媽，那一個省事？那一個是嘴裏不尖的？我雖在那屋裏，卻不敢很使喚他們；過三天五天，我倒得拿些錢兒給他們打酒買點心吃才好：因此，一月二兩銀子還不彀使。如今又去了一兩，前日我悄悄的把綿衣服叫人當了幾吊錢盤纏。」聽得她萬分動氣：「等我問著二姐去！我罵那起老婆子丫頭一頓，給你們出氣，何如？」並且馬上就要去理論，一把被寶釵攔著，黛玉也說：「你要是個男人，出去打一個抱不平兒，你又充什麼荊軻聶政？真真好笑！」湘雲猶自不平地說：「既不叫問他去，明日索性把他接到咱們院裏一處住去，豈不是好？」

月亮獅子座為人海派、行動派、性子急、豪爽大方、好面子、愛作東道（這一點頗類探春，請參考白羊座／探春上昇星座部分），有時甚至忘了自己幾斤幾兩。湘雲一聽到寶玉他們開詩社忘了邀她，急的了不得，見了面時豔羨地說：「容我入社，掃地焚香，我也情願。」眾人告訴她詩韻，她也等不得推敲刪改，一面和人說話，一面就寫出兩首「白海棠和韻」，又央求：「明日先罰我個東道兒，就讓我先邀一社，可使得？」這一晚，寶釵邀她到蘅蕪院住，她興致勃勃地計議著要如何設東、要擬何題，寶釵提醒她：「你家裏你又做不得主，一個月統共那幾吊錢，你還不夠使；這會子又幹這沒要緊的事，你嬸娘聽見了，越發抱怨你了。況且你就都拿出來做這個東也不夠，難道為這家去要不成？還是和這裏要呢？」湘雲赫然想起自己沒這「本錢」，還好是寶釵想法向哥哥薛蟠要幾簍螃蟹才解決這窘境。

關於好面子要特別提一下，獅子月座人最怕流露軟弱的一面，即使獅子座的能量讓他們英豪闊大寬宏量，然而一碰觸到他們認為是關乎面子的地方，獅子座人就會變得小心翼翼，深怕別人看到他們的脆弱。像湘雲因為冥王星在第四宮，家庭不順遂，從小雙親就亡故，由叔嬸照顧，他們卻沒有善待她。然而湘雲從來不在姐妹跟前透露委屈，還是因為寶釵善於察言觀色，捕風捉影

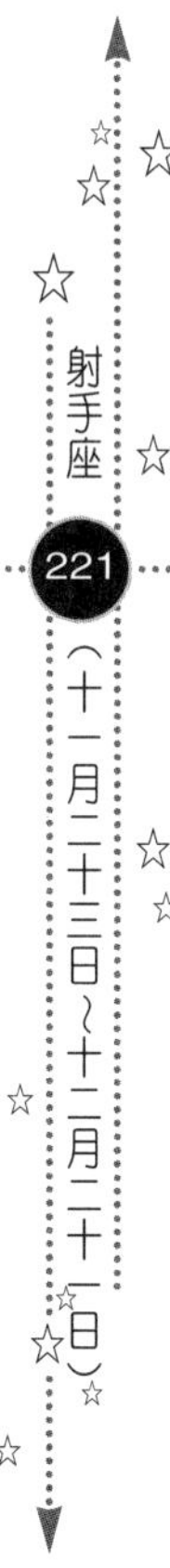

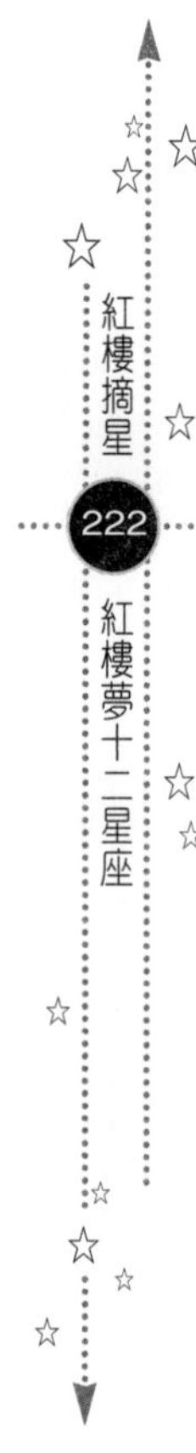

的猜出她生活上的不如意，才漸漸地有幾個知心的姐妹知道她的困難處境。

像有一回襲人跟寶釵聊天時提到想託湘雲做鞋給寶玉，寶釵就說：「我近來看雲姑娘的神情兒，風裏言，風裏語的，聽起來，在家一點兒做不得主。他們家嫌費用大，竟不用那些針線上的人，差不多兒的東西都是他們娘兒們動手。為什麼這幾次他來了，他和我說話兒，見沒人在跟前，他就說家裏累的慌？我再問他兩句家常過日子的話，他就連眼圈兒都紅了，嘴裏含含糊糊，待說不說的。看他的形景兒，自然從小兒沒了父母是苦的。」湘雲連她信任的寶釵姐也不肯多吐露一些苦處。

湘雲雖貴為公侯小姐卻要做丫頭的事，甚至有時比大觀園裏的大丫嬛們還操勞、不自由，有賈母和寶玉疼、又有眾人相讓的黛玉，恐怕風刀霜劍嚴相逼用來形容湘雲還較恰當呢，可是湘雲卻能顯出豁達的一面，像凹晶館聯詩時，她還安慰勸解黛玉：「你是個明白人，還不自己保養。」何以她有如此心腸？這是因為她個人命盤的主要星座落在樂觀的射手和獅子，雖然她的天王星和冥王星呈衝突相，她還是能將生命的苦難、陰霾轉化為積極、正面的能量，所以她比好不比壞，還是認為自己「忝在富貴之鄉」較之一般人算是幸運的。

湘雲的日月星座呈三分相，生命情調和人生態度是紅樓女兒中最一致、最統一的，人緣好、善溝通，人際關係和諧，和她相處起來如沐春風；尤其是射手日座和獅子月座的搭配，前者追求知性，後者滿懷實踐追求的力量，相輔相成，可惜她活在封建時代，身不由己，如果湘雲有幸生在現代，必定有番成就。關於湘雲和寶玉的情緣，一個是射手座、一個是雙子座，都是彼得潘型，所以寶玉和湘雲之間的相處最沒有壓力，在溝通上面無障礙，做為朋友會相當契合；至於發展為感情，畢竟湘雲的主要星座都在火象與風象，有時在感覺上比較不夠細緻，不能照顧到寶玉水象的細微情緒，單純以知己論，恐怕在這點上面，情緣還是及不上黛玉（請參考雙魚座／黛玉和寶玉的前世今生緣）。雖然湘雲的獅子月座比較不能滿足寶玉巨蟹月座善變的情緒與照顧慾，但是湘雲卻能給予寶玉很大的支持力與安全感，所以若能結為夫妻，在一般生活上還是蠻相配、受祝福的一對。

關於湘雲的結局，一般市面上流行的程高本是說她嫁給才貌雙全的衛若蘭，偏偏她的夫婿得了冤孽症候，早年喪夫守寡以終；但是根據一些紅學家的研究，湘雲應該是在賈家沒落時，嫁給寶玉，婚後拾煤渣、棲於街卒木棚中，成為一對患難夫妻。不論是怎樣的結局，在湘雲的個人星圖上，她都必須經歷婚姻的磨難，因為湘雲的冥王星衝突太陽、天王星對衝太陽，她的太陽又落在第七宮婚姻宮，而冥王星是毀滅、破壞之星，天王星是革命、顛覆之星，這是她在這一世無法

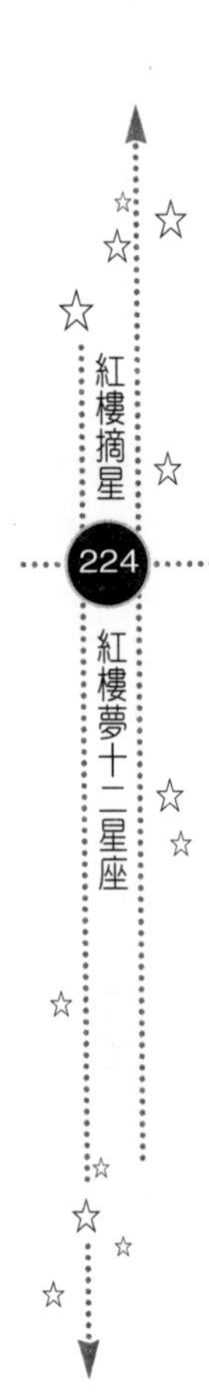

避免面對的課題。如果單以她的星圖來判斷究竟哪一個才是她真正的結局，最可能的還是後者。

湘雲的天王星在命宮，天王星的正面力量是不屈服的堅毅、與為理想抗爭搏鬥的力量，所以她能夠打破一切情感外在的條件障礙：脂胭齋評曾評論湘雲「為自愛所誤」，所以她極有可能放棄其它選擇，在寶玉最落魄的時候甘願相守陪伴，這樣更符合她的英氣與義氣的性格。而湘雲的天王星與冥王星相位不佳（冥王星所代表的意義不一定是實質肉體的死亡，也可能是以精神上或肉體上經歷類似死亡、摧毀經驗的樣貌出現），所以湘雲必須經受苦疾滅敗的業力，但是人有自由意志選擇面對生命的態度，拒絕做宿命的傀儡，湘雲憑著日月星座的良好相位，必能走出自憐、認命、怨命的心靈幽谷，與寶玉相互扶持、相濡以沫。誰說物質的豐富才是生命的豐盈？兩顆互相慰藉、互相成長、擺脫物慾、魂靈契合的心，才是真正完成生命某項重要的歷練，是真名士自風流嘛！

♑ 魔羯座

（十二月二十二日～一月十九日）

相當於冬至到大寒出生的人。

土象星座加基本星座

嚴謹不乏衝勁、內斂不失進取、穩定中求開創、多未雨綢繆（其它特質請參考金牛土象星座、白羊基本星座）。

摩羯日座

摩羯座的守護星是土星——宿命之神。

土星是所有行星中最不浪漫、最實際、最穩重、也最專制的。然而它卻也是個人星圖中掌管世間緣分最具影響力的星星，是每個個體在今世都必須面對的課題；譬如我們經常會說「緣分未到」，而土星就是那個「到」字最微妙的關鍵點，它讓我們會想、或不得不、或莫名其妙地安定下來，而土星安頓下來的本質，並非「愛情」（那是日、月、金星的事），它是「緣」與「分」（尤其是後者）。

良好的土星作用力，讓我們學習到「責任」；良好相位的土星愛人，會讓我們感受到「安定的力量」。然而對當事人來說，這些「良好」條件未必就代表今生的土星之愛修習完成，我們的星圖上總是有其它毀壞的力量在考驗我們，就連看來正面的土星之愛，因地因時也可能悄悄地變質了，例如說，土星愛人總是扮演導師、照顧者的角色，若有一天對方厭煩了這種「師生、父母子女」關係時呢？這是經常發生的！因為土星有時太權威、太有能力、太自信，會造成對方覺得喪失自我的能力、顯得渺小、覺得受窒息被壓迫！

土星和木星正好是相反作用力的星星（木星的部分請參考射手座），它代表壓抑、紀律、責任、束縛；土星帶來的問題是非常現世、切身的，它經常帶來困難和挑戰的環境，它的美學強調「節制」，使得土星人經常以非人性化的自律管理自己和他人。

然而過度沉重的壓抑、期許，經常會與實際能力有所差距、衝突，造成土星最大的壓力點。成就動機原本是正面的驅動力，但對於實力不足的人而言，太高的期許反而會形成一種壓力情境，讓人不想面對或逃避。土星一般被視為凶星，因為它所在的宮位，總是形成個體生命沉重的負荷：壓力、障礙與挑戰，然而這也是我們自我成長、人格提昇與進化的契機，但看我們能不能破繭而出。

摩羯座的符號是山羊頭魚尾身♑，山羊代表摩羯座人追求權勢地位，魚尾代表摩羯座人內心深處壓抑著靈性的需求。所以摩羯人通常在外表上看起來老成持重、嚴肅令人不易親近、若有所思的樣子、且經常有點冷漠高傲。

其實摩羯人真的是蠻容易覺得寂寞。或許他們經常超越同年齡人的思想、又經常終至爬上高位，因此會覺得身邊總是少個人陪著他們分享喜悅、或足以分擔憂愁，再來更有高處不勝寒的落寞。他們也想追求性靈生活，然而，他們太常被生活擔子或責任的憂思所占據，總是想：還是先把生活安定、還是先追求社會成就、還是先完成使命……等等。也的確，摩羯人通常很難抗拒從艱難、困境中一路披荊斬棘的壯美感，以及完成目標時的成就感。

摩羯座的固定宮位在第十宮——事業宮，代表自我在社會所發揮的能力是否能實現與肯定，這個宮位所彰顯的是個人對社會的責任與使命感，因此它的意義在展現個人的野心、個人的社會形象，以及延伸出來的權威感、權力地位的追求、以及成就取向。

摩羯日座人所承受的自我期許和責任感，可以說是十二星座裏最嚴肅最沉重的，因此他們會時常被這種業力摧動，容易早熟、務實、自律、勤勉、克勤克儉、無法放鬆自己，既然要面對這麼多挑戰與成就期許，天賦給他們的資源是「超強的抗壓力」、「堅忍不拔的耐力與韌性」。然而過度的摩羯能量，會讓他們沉悶無趣、冷酷嚴肅、難以取悅、權力慾重、專制獨裁。

摩羯日座人重承諾，並有決心和毅力完成他們的目標，因此摩羯座信心十足也令人信賴。這樣的人通常能走到金字塔的巔峰，因為他們一向知道自己要什麼，也知道能給別人什麼。但是摩羯人不喜歡流露真情，不喜歡表達自己的感受，因為他們不喜歡暴露弱點，和處女座人一樣，他們都是屬於情緒便祕型；而摩羯座人對挑戰經常是表現直衝直幹的，就是對內在的情緒很保留，說穿了都是因為他們的強人特質，他們怕有損權威，因此根本不容易與人建立情緒的親密，讓他們倍顯孤獨。

然而人畢竟不是工作機器、不是鋼的筋、鐵的骨，彈簧用久了也會鬆吧！當摩羯座在承受不了壓力或自我反省時，會發現面具下的自己原來是悲觀憂鬱、也會沮喪、寂寞失落的。其實他們在冰山一角下的真我，是渴求著另一份熱情的心能融化他們，只是這個時機通常在他們的星座生命週期中出現的很晚，少年老成的他們早已錯過了世俗中的青春華美，這時候恐怕只有超感性的雙魚座最能撫慰他們對海王星式的感情的「祕密」嚮往吧！

摩羯座人是最能運用世間智慧來完成志業的高手，然而內心的空虛感，總有一天會讓你知道，名利是填不滿的。偶爾也該放下身段去體驗對宮巨蟹座的「母性溫柔」，就算是「敏感任性」

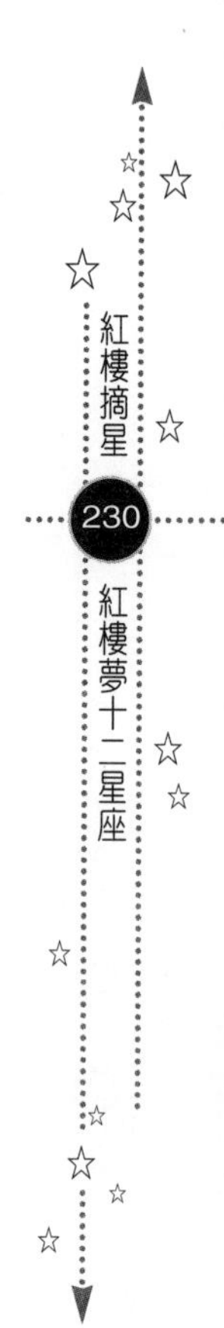

也好喔！總之就是多釋放情緒。

摩羯人雖然表面堅強（別忘了摩羯座符號的意義），其實他們只是把感性壓抑在內心深處而已，他們不習慣、也不喜歡以軟弱示人；他們其實大有悲觀的一面，大有所謂堅強者的「尷尬」孤獨感；他們最大的成功驅策力、也是最大的悲哀，就是太早熟、太容易將責任一肩扛（摩羯座人之「拼」，好像只有處女座人可以匹敵）。

那麼在他們身邊「受益」的人們，應該都會感動地痛哭流涕吧？事實上通常未必：因為凡人大都只喜歡享受，很少有人能知遇、知恩，所以摩羯人經常暗自悲傷「吃力不討好」。其實，這一點摩羯人自己也要檢討：第一、你們讓對方太習慣於被照顧的模式，這等於是「養壞」、「寵壞」人；第二、你們剝奪了對方養成責任心、與照顧自我與他人之能力的學習機會。摩羯人呀！放easy些吧！偶爾也享受享受被人服務、照顧的滋味，這樣子反而會減少雙方的抱怨與衝突喔！

「哇！這樣一路看下來，摩羯人好像生活地很不快樂、很沒味道似的，好可憐喔！」會做如是想的第一人，一定是最愛作「救贖」夢的、超極富同情心的雙魚座人！事實上，失意、灰心的摩羯人，也只有雙魚人溫暖的雙手可以撫平他們心中的疲累、挫折與痛苦，也唯有雙魚人的溫柔與包容力可以滿足摩羯人深藏在內心的祕密：想被愛、被照顧，想停泊、想靠岸、想要有個肩膀、忘卻那個「何時忘卻」的營營……

呵！不過江山易改，本性真地難移！當摩羯人「休息」夠時，他們會覺得雙魚人實在太不切實際、太沒有上進心，而雙魚人會覺得他們太冷酷、太專制。兩邊都幻滅。如果說這世界上有其它哪個星座在思想、生活形態上最能配合摩羯人的，那大概就是處女座啦。

對於愛情，一般來說摩羯人是傾向選擇保守踏實的對象，因為雙方觀點比較類似、容易溝通。然而，關於愛情課題，其實摩羯人性格中的雙重性會特別的強烈（不過通常還是在自我的心理層面掙扎），也就是說外表冷漠內心炙熱（土象星座人通常都是這種型）的他們，相當渴望愛情、尤其是所謂燃燒浪漫的愛，但是理智告訴他們，應該遠離這種誘惑。因此，認為追求事業成就感比較重要的那類摩羯人，趨向於「不猶豫地放棄」這段他們認為「可能無法掌控」的愛情；然而，那股吸引力、那份形象，會深植在他們腦中，也許有一天會突然從潛意識中，排山倒海地向他們襲捲過來，……他們瘋狂地想、或真的戀愛了。

摩羯人對於友情的態度是審慎選擇的，他們會暗中深入地觀察他人，然後在心中訂定以後相處的親疏遠近。他們還是比較喜歡接近價值觀相近的朋友。要想判斷摩羯人是否把你當做親近的朋友，其實很簡單，只要他們能夠坦然向你訴說比較內心的話時，那麼，答案就是yes了。

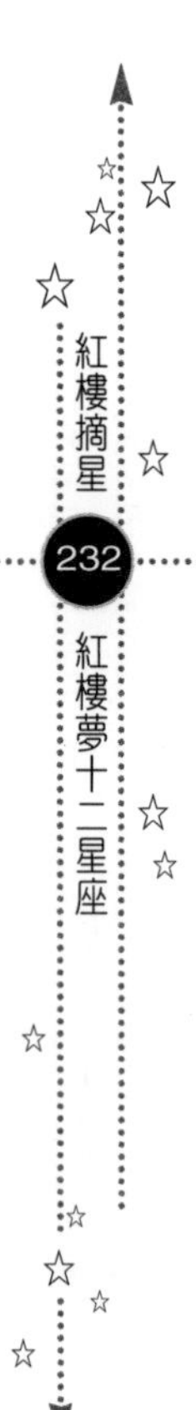

摩羯座代表人物——鴛鴦

魔節日座的傲骨與遇強我則更強的稟性，在鴛鴦身上體現無遺，她素日心高志大，以為：「世人都把那淫慾之事當作『情』字，所以做出傷風敗化的事來，還自謂『風月多情』，不知『情』之一字，喜怒哀樂未發之時便是個性；喜怒哀樂已發，便是情了。」

摩羯座是最有「長輩緣」的星座，因為他們行事可靠、悃誠負責。鴛鴦之所以成為最有地位的丫嬛，是因為她聰明能幹，辦事妥貼周全，身為賈府最高權力中心的賈母離了她飯都吃不下，事事倚仗她，連銀錢飾物都交給她保管。

因為鴛鴦的上昇星座在天秤（守護星是金星），因此她溫柔友善、外貌生地水蔥兒似的，是女孩子裏頭的尖兒，有一回寶玉就忍不住把臉湊在她脖子上聞香氣，掌不住用手摩挲，這樣的品貌、和被賈母看重的條件，怎不令賈赦見色垂涎、利令智昏，要算計著討來做小老婆呢？然而摩羯日座的鴛鴦腳踏實地，從來不作卑微的夢，她凡事看得明白，心裏自有主見：

「別說大老爺要我做小老婆，就是太太這會子死了，他三媒六證的娶我做大老婆，我也不能去！」

「你們自以為都有了結果了，將來都是做姨娘的！據我看來，天底下的事未必都那麼遂心如意的！你們且收著些兒罷，別忒樂過了頭兒！」

正好鴛鴦的月亮在金牛座，搭配摩羯日座，更是牛不喝水難按頭！當她的嫂子喜孜孜地來做說客，她惱火地說：

「怪道成日家羨慕人家的丫頭做了小老婆，一家子都仗著他橫行霸道的，一家子都成了小老婆了！看的眼熱了，也把我送在火坑裏去！我若得臉呢，你們外頭橫行霸道，自己就封了自己是舅爺；我若不得臉，敗了時，你們把忘八脖子一縮，生死由我去！」

土象星座是成就地位取向的沒錯，但是那要看「結果」是不是他們想要的成就，這是取決於整個星圖和重要行星的宮位：鴛鴦的水星在水瓶座，思考方向是以經驗為基礎，他們的看法會比

較具有獨特性，不會人云亦云，因此在別人眼中常會變得古怪、非主流派；金星在天蠍座，擇愛的標準會比較高，最好愛人處處都拔尖；火星在處女座，忠於自己的感情，理想高，對擇偶更挑剔，他們根本無法、也難以忍受跟不入眼的人生活在一起。

另外，她的命宮（也就是上昇星座）在天秤座，因此她會注重伴侶的品味、格調，她的太陽摩羯落在第四宮（家庭宮），因此她心目中的父性形象或是家庭支柱者的形象，是需要有權威感、穩重感的，第七宮（婚姻宮）在白羊座，代表她心目中的伴侶要是耀眼的、出眾的，那麼鄙薄不入流的賈赦當然不入她的眼，完全不合格；天頂第十宮（事業宮）在巨蟹，表示她的成就一定要建立在安全感的基礎上，賈府裏姨太太的地位大都很輕賤，處境可悲，有時連個資深的侍婢、僕人都比不上，這些鴛鴦心裏可是透亮，所以當賈府姨奶奶根本不可能會是她的志向，這就是她的「心胸氣性」，她寧願死在火坑前，也不會做跳這個動作，想都別想！

摩羯日座的鴛鴦剛強自尊，刑夫人說她「素日心高志大」、賈鏈說她「明白有膽量」，這樣的反抗惹惱了賈赦，放話說：「我要他不來，以後誰敢收他？」、「叫他細想：憑他嫁到誰家，他難出我的手心！除非他死了，或是終身不嫁男人，我就服了他！」對於這樣的威嚇，鴛鴦並沒有屈服、也不會被擊倒，摩羯日座的傲骨和遇強我則更強的稟性被激發出來，她主動出擊，面告賈母：

「大老爺越發說我戀著寶，不然，要等著往外聘，憑我到天上，這一輩子也跳不出他的手心去，終久要報仇！我是橫了心的！當著眾人在這裏，我這一輩子，別說寶玉，便是寶金、寶銀、寶天王、寶皇帝，——橫豎不嫁就完了！就是老太太逼著我，一刀子抹死了，也不能從命；服侍老太太歸了西，我也不跟著我老子娘哥哥去，或是尋死，或是剪了頭髮當姑子去！」一面回手打開頭髮就絞。

賈母暫時還能做她的避風港，然而還能餘得幾年？一朵含苞尚未開放的花朵，其命數竟已掐指可算！

賈母過世時，賈家經過抄家的敗落，葬禮是難以辦得像樣了，因此賈政主張不必靡費，鴛鴦力爭總要給老太太辦地體面些，表現出她對賈母知遇之恩的真摯感懷，體現了摩羯日座的誠與金牛月座的忠，鴛鴦算是在她短短的韶華裏，淋漓活出屬於她獨特命盤星曜中的自性光采。難怪警幻仙子派人接她回太虛幻境，命她掌管風情月債的「癡情司」，鴛鴦的魂懷疑：「我是個最無情的，怎麼算是個有情的人呢？」她得到的回答是：

「世人都把那淫慾之事當作『情』字，所以做出傷風敗化的事來，還自謂風月多情，無關緊要。不知『情』之一字，喜怒哀樂未發之時便是個性；喜怒哀樂已發，便是情了。」

鴛鴦死於投繯自縊，以「情識」名列情榜中。

摩羯座代表人物——小紅

魔羯人雖然積極追求目標、懂得善用機會，但是她們也有自己的堅持與格調。有時她們不是那麼放得下身段、臉皮也不夠厚，對於譏笑怒罵，他們很容易放在心上，但恢復也快，因爲他們注重理性，能將謾罵內化爲一股反動、積極、力爭上游的信念。

就如摩羯人經常遭到他人視為「心機深沉、好結交權勢」的印象，小紅也常被訛為「工於算計、善於奔競」等惡評。

一般讀者之所以不喜歡小紅，其實也包含兩個微妙的情緒：

1. 小紅離開怡紅院，就等於拋棄咱們的男主角怡紅公子。而不接受寶玉的愛，就容易被情感投射強烈的讀者們打入「冷宮」。

2. 「滴翠亭楊妃戲彩蝶」事件（情節原委請參考水瓶座／寶釵一文），小紅對黛玉的批評與防禦心，令讀者對寶釵的看法：「怪道從古至今那些姦淫狗盜的人，心機都不錯！」起了「暗示」作用，因而猜度：小紅後來必曾在熙鳳跟前饒舌。又因為讀者恨透了那個拆散寶、黛（在現存稿本中）的「掉包兒計」，因此便痛恨所有主事者，以及那些可能曾經或多、或少破壞木石姻緣的「小人」。

在此，先提出關於八十回後（現存紅樓夢之後四十回是否為、或忠於曹雪芹的原稿，一直是紅學最爭議性的問題之一）小紅的另一版本，希望能令一些「嫉惡如仇的讀者們」，稍微消釋心中對小紅的激烈、偏頗的非議，而能夠在態度上撇開「影響判斷」的情緒結，拉向客觀中立點。

脂批中有：「獄神廟紅玉（小紅本名）……一大回文字惜迷失無稿」，且庚辰本亦有一批：「獄神廟慰寶玉等五六稿被借閱者迷失，嘆嘆。」根據這兩段批語，很明顯地：小紅與「獄神廟」

的情節必有十分密切的關係。據紅學家研究，這「獄神廟」一文的情境應是指賈府抄家時，寶玉被暫拘其中。那麼，在「樹倒猢猻散」的破敗中，小紅還會想到去「獄神廟慰寶玉」，可見得她是一個念舊、心地頗為善良的女孩！

小紅其實老早就在怡紅院，不過因為她只是三四等以下的丫頭，等級分明的大院，小紅根本不能做直接侍奉寶玉的工作，所以寶玉從來不知道她的存在；當寶玉第一次注意到她時：「我怎麼不認得？」她並沒有因為終於遇上跟怡紅主子說話的機會，而馬上想到諂媚巴結，只是冷笑道：「爺不認得的也多呢，豈只我一個？從來我又不遞茶水，拿東西，眼面前兒的，一件也做不著，那裏認得呢？」

事後，秋紋不高興小紅接近寶玉，便啐她：「你可搶這個巧宗兒！一里一里的，這不上來了嗎？難道我們倒跟不上你麼？你也拿鏡子照照，配遞茶遞水不配！」小紅唯是個不諳事體的丫頭，因她原有幾分容貌，心內便想向上攀高，每要在寶玉面前現弄現弄；只是寶玉身邊一干人都是伶牙俐爪的，那裏插的下手去。不想今日才有些消息，又遭秋紋等一場惡話，心內早灰了一半。

事實上，人誰無向上之心？人誰不想在掌權者或上位者面前表現自己？如果小紅真地是玩弄心機的高手、兼又臉皮子夠厚的話，其實那些「伶牙俐爪」並非難對付，何況寶玉經常沒事就在大觀園內閒逛？機會不乏有的！說明小紅其實是個「心高氣傲」的女孩。

摩羯人雖然積極追求目標、懂得善用機會，但是他們也有自己的堅持與格調啊！有時候他們並不是那麼地放得下身段、或者臉皮也不夠厚，對於訕笑怒罵，他們其實是很容易放在心上、也很容易產生悲觀挫折的心理（小紅因為受了氣，著實憂鬱、生病了一陣子），只是他們情緒也恢復的快，因為：注重理性的他們，不喜歡耽溺在無謂的情緒低潮中，影響他們極欲奮發向上的活力。有時，那些謾罵也反而引發他們思辨出嚴肅、深刻、入世的人生觀，更且化為一股反動、積極、力爭上游的信念。

當怡紅院另一個丫嬛佳蕙向小紅抱怨做小丫頭的委屈辛酸、恨不能掙到上等丫頭去時，小紅語重心長地說：「也犯不著氣他們。俗語說的：『千里搭長棚，沒有個不散的筵席。』誰守一輩子呢？不過三年五載，各人幹各人的去了，那時誰還管誰呢？」

因為小紅的月亮在天蠍，因此她會很容易敏感到人生的散聚、無可掌握；然而小紅的太陽與月亮呈六十度六分和諧相，因此融合了摩羯的優質，她不會過度沉緬傷感、亦擺脫天蠍的狹窄心腸，成為一個滿有見地、並且蠻具有公正同理心的女孩。她雖然曾經自我悲憐、自尊心受到傷

害，然而她並不把個人的情緒帶入，反而勸解佳蕙跳脫負面消極的嗔怒，與其怨怪他人，不如多著眼於思考未來。

而摩羯與天蠍座人都不是那種光說不練的傢伙，他們都是執著於實踐理想、不甘平白埋沒、做投閒置散的人，所以當小紅機緣巧遇鳳姐需要用人的時刻，天蠍月座的直覺馬上告訴自己：這是個良機，摩羯日座的膽氣、衝勁告訴自己：你有能力，不要放棄。

天蠍人口齒伶俐、摩羯人邏輯清析，因此鳳姐交待的「四五門子的話」，小紅交待地乾淨爽利，鳳姐讚許她：「好孩子，難為你說的齊全，不像他們扭扭捏捏蚊子是的」、「口角兒剪斷」。精明幹練的鳳姐看中了小紅的聰慧，對她青眼有加，想收為乾女兒，並問小紅願不願意調到她身邊做事：「我一調理，你就出息了」。

（小紅想起剛才晴雯嘲諷她替鳳姐傳話的事：「怪道呢！原來爬上高枝兒去了，就不服我們說了！不知說了一句話、半句話，名兒姓兒知道了沒有，就把他興頭的這個樣兒！……有本事從今兒出了這個園子，長長遠遠的在高枝兒上才算好呢！」月亮天蠍的小紅在心中快速分析：怡紅院「難站」呀！何時掙得到上等丫頭去？待下去實在沒個意思，也不知還要受什麼閒氣。太陽摩羯的小紅衡量：至少鳳姐欣賞我的能力，又對我抬愛……）

小紅委婉、有技巧、不卑不亢地說：「願意不願意，我們也不敢說；只是跟著奶奶，我們學些眉眼高低出入上下大小的事兒，也得見識見識。」

自此，小紅待在鳳姐身邊，是否真地發揮才能？文後並沒有具體描述，不過，以她本身日月星座、以及與鳳姐之間的和諧相位，不難想見應該是適得其所、得盡其才。

小紅善於把握機遇，憑著自己的乖覺、機智、伶俐與見識，爭取到改善處境、命運的做法，實在值得我們肯定，她絕不是個卑劣、鑽營的機會主義者。

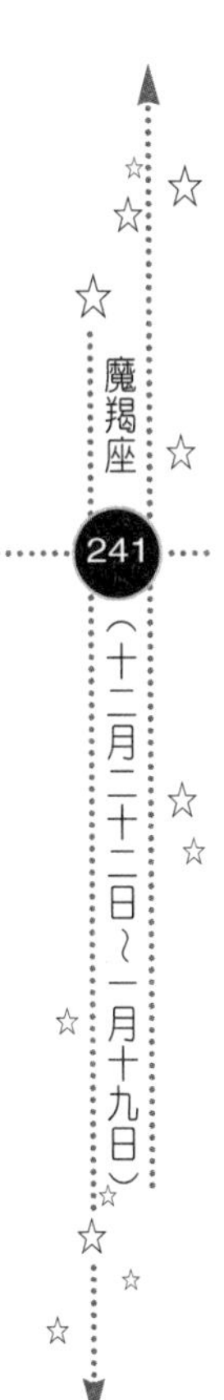

♒ 水瓶座

（一月二十日～二月十八日）

二十四節氣大寒至雨水出生之人。

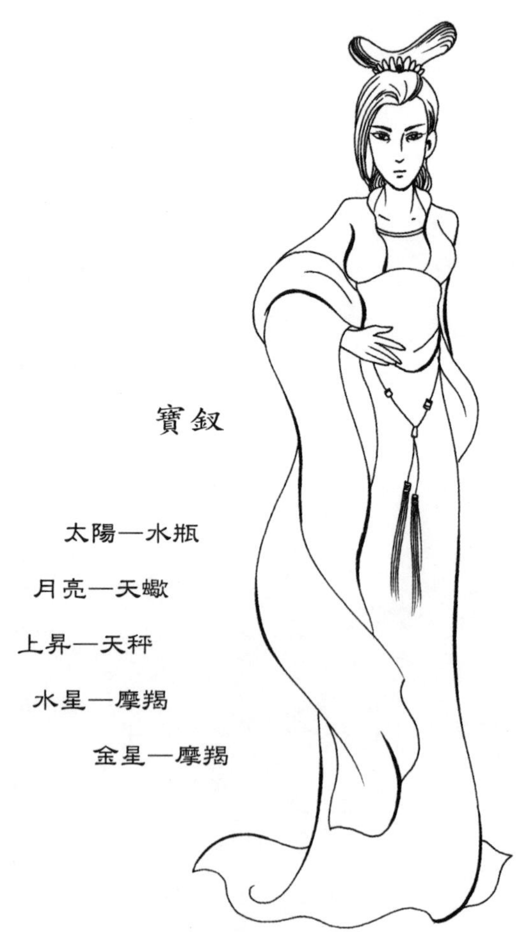

寶釵

太陽—水瓶

月亮—天蠍

上昇—天秤

水星—摩羯

金星—摩羯

風象星座加固定星座

見聞廣博、辯論高手、思路清析、自視甚高、紙上談兵、固執堅定、守成有恆、冷靜專注、固守原則、自我中心（其它特性請參考雙子風象星座、金牛固定星座）。

水瓶日座

水瓶座位於黃道第十一宮，是為福德宮，代表群體、合作、以及人性關懷與人道主義，如果既有的一切並不能為人類福址有所貢獻，水瓶即以改革換取進步；因此，水瓶座人一般是外表柔和、通情達理，卻也自負、倔強、爆發力極強。

水瓶座的符號♒象徵智慧之水，亦即知識；西方文化將知識賦予一個象徵故事：在《舊約》裏，伊甸園長著代表知識的智慧果——蘋果，上帝怕亞當和夏娃吃了智慧之果，學會虛偽、狡詐、黑暗、墮落，特別交待他們千萬不可偷吃，夏娃卻遭魔鬼化身的蛇引誘，吃了一顆禁果，從

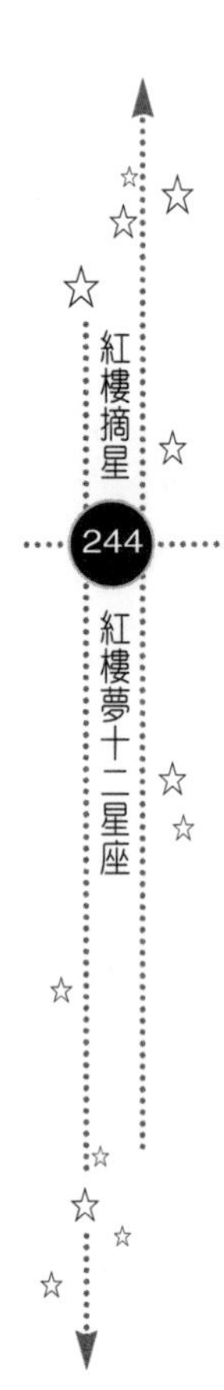

此嚐到知識帶來的苦果；而咱們中國《道德經》十九章說「絕聖棄智」，亦是極吊詭的提出知識如兩刃之刀。本來人生就是處處充滿諷刺，舉例說一九一五年愛因斯坦出版《相對論》開啟物理革命（當時正是天王星進入水瓶座的年代：一九一二～一九一九年），卻促成原子彈的發明，嗚呼哀哉，知識又豈是無智無慧之人所能駕馭？因此，水瓶座人有時太自以為是知識的代言人，他們自以為抱負著利他主義，有時反被知識奴役，不自覺地做出無可挽救的破壞。

然而水瓶座人努力追求新知的精神還是值得稱頌，不過虛懷若谷是必要的，人們在謙沖之中，才能與不同的意見產生接近智慧的激盪；知識即力量，因此更應該謹慎，以免聰明反被聰明誤。水瓶座人固然多出智慧超群、多才多藝、博古通今之人，但是如果能量過強，則容易恃才傲物、目中無人、自視甚高。

水瓶座的守護星主要是天王星，次為土星。天王星是天空之神，宇宙混沌誕生了地母蓋亞，才生出天王星尤若納斯 **Uranus**，他同時也掌控星辰、雷電、山海，他與蓋亞結合，生出許多怪物般的子女，他精通天文並有預知能力，他冷面、冷心曾將子女趕回蓋亞的胎內，最後被兒子克羅納斯 **Cronus**（羅馬神話裏稱為沙頓 **Saturn**——土星）殺死，他曾預言克羅納斯將為其子所弒，因此為了樹立權威，沙頓將每個出生的孩子都吞進肚子裏，最後果然被兒子宙斯（羅馬神話裏的

Jupiter —— 木星）篡位。

每個星座都有每個星座的矛盾處，水瓶座雖具有前瞻性、充滿冒險精神、富有領袖魅力、追求自主精神，可是又經常陷入保守、專制、規律、嚮往秩序、安定的矛盾中，大概就是因為受到天王星與土星這兩顆對立之星的作用力吧，他們既是改革者又是衛道主義者，所以水瓶座是相當善變的，有時甚至予人的總印象是虛偽的。

由於天王星的影響，水瓶日座人通常早覺早慧、很重視思考，在觀念上常常有創新突破之天分，他們很善於抓住感覺的重點、他們喜歡與眾不同、喜歡反潮流、喜歡站在世界的最前端，當別人還在茫然懵懂時，他們早就在鬧不妥協，當別人還在造反鬧事時，他們早已進入成熟穩重期了！所以他們總是成為雞群中之立鶴。

水瓶座人與雙子、射手座人一樣喜歡做人與人之間思想上的交流、甚至有好為人師的傾向，其中雙子座人是天外飛來似的才智、喜創新奇，射手座人基於喜樂分享、好將哲學思辨結合實用價值，而水瓶座人則是憑經驗的躍展與智識的領悟；因為喜歡溝通，水瓶座人自然喜好結黨交遊，他們給人的第一印象常是溫和友善、慷慨大方、可親可近；然而，其實他們是相當有主見、注重隱私權、需要自由與獨立的，深交以後，才會發現他們有一股獨特的冷淡、疏離、孤立的異

鄉人氣質。

由於土星的影響，水瓶日座人也有相當的倔強、權威感重、責任心強，他們勤勉、務實、胸懷大志、韌性堅忍、能有效尋求並掌控資源，他們沉穩內斂、多智善謀，卻也常讓人覺得他們是城府深、惦惦呷三碗公飯、老謀深算型之人；其實這樣的斷論是不甚公平的，人們一向嫉妒成功之人，卻獨獨看不見成功者背後的努力與堅持，不論之中是否真有機會主義或功利主義的成分，我們更應該研究的是：他們如何佈局、如何突破困境、如何闖出生機、如何實踐的過程。

水瓶日座人在感情上面也時常是稀奇古怪、出人意表、不按牌理出牌的，有時候博愛地很，有時又好像老僧入定，有時來個忘年之戀，有時來個黃昏之戀，一時驚世駭俗，一時無疾而終，你說他們為戀愛而戀愛也好，只愛自己也好，不論是何種面貌，「距離感」卻是永遠不變的。他們不喜歡被人掌握、不喜歡被人猜透，有時候只為了你稍微瞭解他們性格中的一點，他們就會改變方向，把你摔出你以為是的軌道。

水瓶日座人的確相當奇特，有時他們非常有抱負、有企圖心，他們愛重名譽聲望如第二生命；有時卻又好似太過有理想、太有使命感，不計較名利，不惜犧牲一切，不在意批判、毀譽，只為群眾得到一個公平合理的局面，捨我其誰；有時他們又好像局外人、世外高人，看透名利，只為心靈更高層次的自由；總而言之，他們自己本身就是經常處在「改革」中的。

或許水瓶座人就是因為對任何事彷彿都要根據理性分析、都有距離感，所以才能夠比較不受束縛的大張改革之纛、動輒叛逆、大刀闊斧、乃至無情冷心，有時不防學學對宮獅子座的「熱情」，或許放入多一分情感後，能平衡過於理性、冷靜的偏差，畢竟人類不是純理性的動物，嘗試感情對感情的直接交流，也是擴展另一分析的角度，或能真正入於肌理的關懷，成為真正的人道主義者。

水瓶座代表人物——寶釵

冷，是具有水瓶座能量的人們終會被發現的氣質。明明他們看起來跟誰都能打成一片、對誰都好，可是那種隨意之中的冷淡、抽離，一如寶釵柳絮詞中的一句：「任他隨聚隨分」，處處存在於生活的蛛絲馬跡裡。

怡紅夜宴，寶釵（農曆一月廿一日）抽到的花名兒簽是一朵人世間名為百花之王的牡丹，此

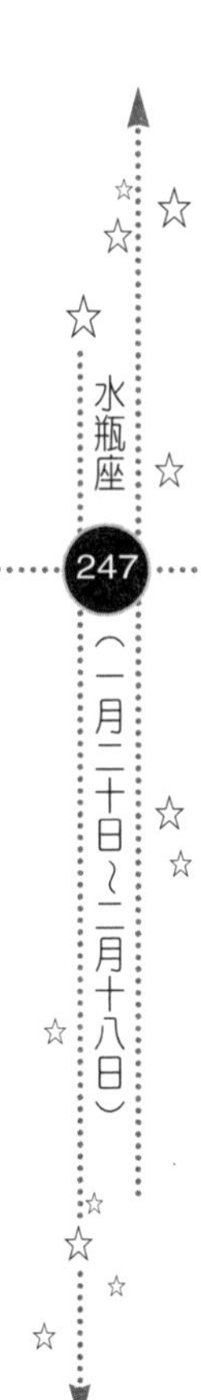

花通常被視為富貴的象徵，正好符合「豐年好大雪，珍珠如土金如鐵」的皇商薛家女兒的身分；簽上題著「艷冠群芳」，底下有一句唐人羅隱的詩：「任是無情也動人」，配合著原詩的上一句「若教解語應傾國」與下二句的「芙蓉何處避芳塵」，堪為她的外貌、性格、以及與寶、黛之間的三角關係做一個概述：在外貌上她比黛玉更美，在個性上她就像一般水瓶座人一樣，為人比較理性，不免有時讓人覺得她冷淡無情，如果她能夠「解」寶玉之「語」的話，或許代表「芙蓉」的黛玉倒真地棋逢敵手、何處避芳塵，這一場愛情的戰局或許更有看頭呢！

其實在寫寶釵這段時，實在很難下筆，因為我們慣於用程高本「寶釵甘願成為掉包計主角，取得寶二奶奶位置」的婚配結果，來批判寶釵以往的所做所為就是「籠絡」、「藏奸」、「橫刀奪愛」、「功利主義」等；但是，根據紅學家研究，金玉良緣的結局，曾經過多次改寫，有許多不同的版本。經過他們的研究，二寶的結局紛云，例如研究之一二寶並無結婚，「金簪雪裏埋」代表寶釵早夭、寶玉之言「寶釵等終歸無可尋覓之時，則自己又安在呢？」亦暗示二寶無緣或寶釵的死亡，之二是寶釵嫁寶玉之後早卒，寶玉淪為街頭乞丐再與湘雲結為患難夫妻，之三甚至有人以賈雨村聯詩中之「釵於奩內待時飛」（「時飛」是賈雨村的表字），認為寶釵最後嫁的是熱衷世途經濟的賈雨村，云云。萬一二寶真地並無良緣，又或者雖有良緣卻不是因為掉包計呢？那麼寶釵豈不是很冤枉嗎？

以寶釵水瓶座驕傲、自尊的個性，她應當不至於願意屈就、受人擺佈、默許掉包計的成行！何況她一向「避嫌」，豈有在事關自尊與名譽的關鍵點上，卻反而不避嫌了呢！況且曹雪芹在十二金釵的判詞裏，釵、黛不僅合寫，並且頭兩句是釵前黛後、後兩句是黛前釵後：「可嘆停機德，堪憐詠絮才。玉帶林中掛，金簪雪裏埋。」紅樓夢曲的「終身誤」與「枉凝眉」也是如此；並且，寶玉神遊太虛境時，警幻仙姑的妹子乳名「兼美」：「鮮艷嫵媚，大似寶釵，嫋娜風流，又如黛玉」。所以曹公著意力求釵黛對稱，是無庸置疑的。如果寶釵真是那麼不堪，她根本就不配與黛玉分庭抗禮了。

不過按照「可嘆停機德」、「縱然是齊眉舉案，到底意難平」之判詞來看，寶釵最後的確是嫁了寶玉——並且依前八十回文中寶釵的品德來看，斷然不是因掉包計（這掉包計實在是很俗傖的寫法！）而得到勝利（？）的婚配，後又因病而亡（可能是因為賈府抄家沒落，無錢再配置「冷香丸」，焦首煎心而死）。而黛玉必是死於金玉良緣之前（某些紅學家認為七十回放風箏情節隱含當事人嫁、亡的次序：晴雯前日就放過風箏，因此最先夭亡，此番瀟湘館放風箏，依箏線絞斷的次序是黛玉、探春、寶琴、寶釵，暗示著黛玉之死在探春遠嫁之前，而寶釵是最後結婚的。

另外，據研究金玉最後結成良緣是因為「元妃指婚」），那麼，寶釵也就不是背叛友誼之奸人了。

既然認定「讚譽」寶釵的「山中高士晶瑩雪」、「美玉無瑕」不是「反諷」手筆，因此，決定儘量不用後四十回影響重要情節的關節處（雖然我也是擁林派），僅以寶玉不意褻瀆寶姐姐之心來評斷這花之女兒。

由於金星的守護，上昇星座在天秤的星主，通常貌妍（就算容貌不是真地美麗，也能散發出美麗、精緻的氣質）、優雅，行事有紀律、公正公平，很能設身處地站在別人的立場來看待事物，寶釵的確外在形象有這些特質。

當寶釵第一次進入賈府時，給予人的第一印象是「品格端方，容貌美麗，人人都說黛玉不及。」、「行為豁達，隨分從時，不比黛玉孤高自許，目無下塵，故深得下人之心。」有一回寶黛又因為金玉良緣之事不愉快，寶玉發誓他心裏除了林妹妹再沒有其他人能占據他的心，黛玉回道：「我很知道你心裏有妹妹，但只是見了姐姐就把妹妹忘了。」果然，下一場景即是寶玉要求寶釵給他看元春送她的紅麝串：

寶釵原生的肌膚豐澤，一時褪不下來。寶玉在旁邊看著雪白的肐膊，不覺動了羨慕之心，暗暗想道：「這個膀子若長在林姑娘身上，或者還得摸一摸，偏長在他身上，正是恨我沒福！」忽然想起「金玉」一事來，再看看寶釵形容，只見臉若銀盆，眼同水杏，唇不點而含丹，眉不畫而橫翠；比黛玉另具一種嫵媚風流，不覺又呆了；寶釵褪下串子來給他，他也忘了接。寶釵見他呆呆的，自己倒不好意思起來；扔了串子，回身纔要走，只見黛玉蹬著門檻子，嘴裏咬絹子笑呢。

寶釵問怎地站在風口裏，黛玉笑道：「何曾不是在房裏來著？只因聽見天上一聲叫，出來瞧了瞧，原來是個獃雁。」寶釵問獃雁在哪，黛玉又笑：「我纔出來，他就忒兒的一聲飛了。」將手中的絹子甩向寶玉臉上，正好打在寶玉的眼上，寶玉這隻「獃雁」才噯喲一聲從驚艷中醒來。

上昇星座在天秤的寶釵，心胸寬大、不喜歡記仇，她同情黛玉失恃失怙、體貼黛玉善感多愁，因此處處讓著黛玉，很少與林妹妹計較；對於別人的冒犯，她通常也是採取隱忍的態度。像她勸寶玉應多留心經濟世途，寶玉老大不高興甩頭就走，她也沒生氣，襲人就這點稱讚她：「寶姑娘叫人敬重……只當他惱了，誰知過後還是照舊一樣。真真是有涵養，心地寬大的！」

天秤上昇星座人處事一向以和為貴，很懂得說話的藝術與行為的分寸，甚少與人有衝突，說

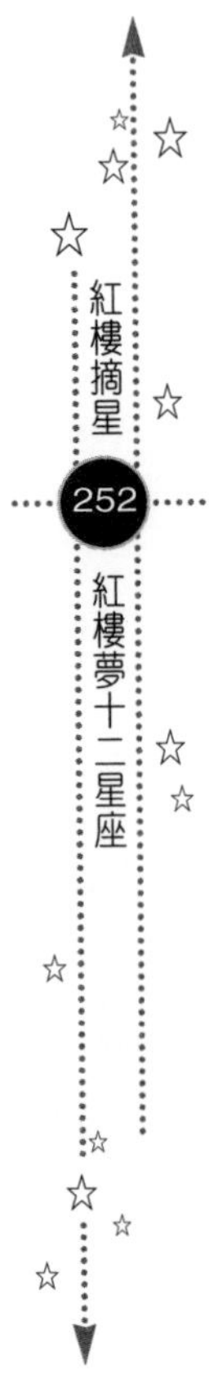

話態度溫婉，行事體貼、善解人意，很願意給予他人適時的讚美，只是有時他們的讚美是為了場面的和諧，並不全然出於真心、自然，他們嘴巴蠻甜的，很容易搏得長輩的喜愛與同儕之間的友愛。他們待人親切寬厚、器量頗大，只是有時候太在意得不得體或和不和諧，因而顯得比較沒有主見與自我。

寶釵如何體貼、嘴甜呢?像有一回賈母因寶釵素日穩重和平，特地為她慶生，晚宴聽戲時，賈母問她愛聽何戲、愛吃何物，寶釵深知年老之人，喜歡熱鬧戲文、愛吃甜爛之物，便依著賈母素喜者說了一遍；像元宵節賈妃著人送來燈謎，寶釵「近前一看，是一首七言絕句，並無新奇，口中少不得稱讚，只說難猜，故意尋思」；另一回「暖香塢雅製春燈謎」，寶釵因見李紈等人出的謎語過難恐怕不合賈母之意，因此建議：「不如做些淺近的物兒，大家雅俗共賞才好！」難怪老太太越來越看重她。她曾讚美賈母：「我來了這麼幾年，留神看起來，二嫂子（鳳姐）憑他怎麼巧，再巧不過老太太。」令得賈母歡喜地對眾人說：「不是我當著姨太太的面奉承；千真萬確，從我們家四個女孩兒算起，都不如寶丫頭。」至於沒有主見，善於分析人才特質的鳳姐就曾說寶釵：「拿定了主意，『不干己事不張口，一問搖頭三不知』。」；而寶釵平日也是「罕言寡語，人謂裝愚；安分隨時，自云守拙」。

寶釵除了具有上述上昇星座在天秤的特質外，兼以她有天蠍月座善於觀察揣測他人行為、思想的動機之本能，所以她頗有外交家的天賦與風範（這點倒頗像王熙鳳的，請參考天秤座／熙鳳）。憑這兩個星座的優點，她很能搏得眾人的推崇與信賴；不誇張地，就算是敵人，只要她願意，她也能夠做到思想的滲透，更何況水瓶座人亦常有宣揚思想與教化之志。

很奇怪的一點，越是懂得觀察他人行為動機者，如處女、天蠍、水瓶座，似乎越不容易自省、照見自身，尤其是自我人格的陰影處。

關於獲得一般人的推崇和友誼，湘雲就曾質問黛玉：「你敢挑寶姐姐的短處，就算你是個好的！」，可見湘雲眼裏的寶釵是近乎完美的，雖然黛玉口中說：「我可哪裏敢挑他」，恐怕一時也難挑出寶釵的外在行為有什麼可挑剔之處；湘雲自從和黛玉有心結後，來到大觀園也大都是到蘅蕪院與寶釵同住；對家貧的岫煙，寶釵也經常「暗中每相體貼接濟」；小丫頭們亦多和寶釵親近；人人看不順眼也看不順眼人人的趙姨娘，也曾因為寶釵將哥哥薛蟠帶回來的家鄉土產不忘送賈環一份，而歡喜稱頌寶釵：「怨不得別人都說那寶丫頭好，會做人，很大方！」、「難為寶姑娘這麼年輕的人，想的這麼周到，真是大戶人家的姑娘，又展樣，又大方。怎麼叫人不敬奉呢！」；一回鳳姐病倒，須用上等人參二兩，諾大的賈府居然找不出來，寶釵知情後即遣人請哥

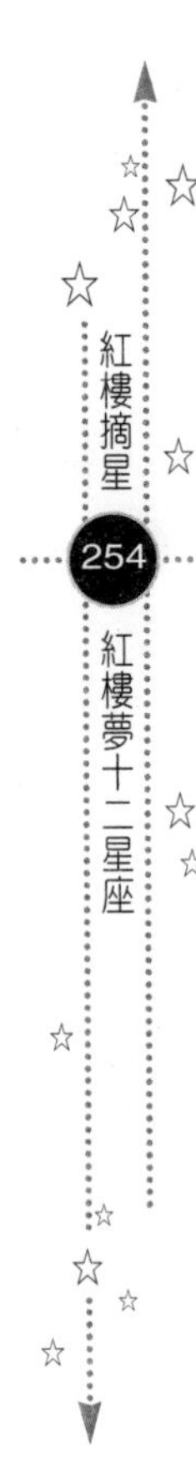

哥買去：「這東西雖然值錢，總不過是藥，原該濟眾散人才是。」；就連對寶釵敵意甚深的黛玉，最後也被她感動，接受她伸出的友誼之手，真心互稱姐妹，面對這樣的轉變，寶玉還曾納悶：「是幾時，孟光接了梁鴻案？」

至於公正、公平、生活有紀律，這也是水瓶座的特質之一。

當寶釵聽到金釧兒投井之事，她馬上想到王夫人心裏不好受，也許須要別人的安慰，於是來到王夫人處：

> 寶釵見說，道：「怎麼好好兒的投井！這也奇了！」王夫人道：「原是前日他把我一件東西弄壞了，我一時生氣，打了他兩下子，攆了下去；我只說氣他幾天，還叫他上來，誰知他這麼氣性大，就投井死了！豈不是我的罪過！」寶釵笑道：「姨娘是慈善人，固然是這麼想；據我看來：他並不是賭氣投井，多半他下去住著，或是在井旁邊兒頑，失了腳掉下去的。他在上頭拘束了，這一出去，自然要到各處去頑頑逛逛兒，豈有這麼大氣的理？縱然有這樣大氣，也不過是個糊塗人，也不為可惜。」王夫人點頭嘆道：「雖然如此，到底我心裏不安！」寶釵笑道：「姨娘也不勞關心；十分過不去，不

過多賞他幾兩銀子發送他，也就盡了主僕之情了。」

這是抑薛派最常拿來諷刺寶釵「對上隨時俯仰」的章節之一。當然，不能否認她這翻勸慰是極「不妥」的，但也並非全然可怪：因為天秤座與天蠍座的體貼之心，她體會王夫人一向好以菩薩心腸示人，卻不料成為間接黑手，其內心定有所煎熬，這份心意的出發點是善意的，但是她真地有絕對的義務扮演安慰者的角色嗎？王夫人是當權派之一，難道其他人不會想到她此時不尷不尬的處境嗎？

寶釵的話語中避開王夫人的歪曲事實（其實王夫人是認為金釧兒是故意勾引寶玉才把她打發出去，是不可能再把她叫回來的），相當偏頗地替王夫人撇清，她是達到了寬慰王夫人的目的，可是卻實在太委屈金釧兒、辜負丫嬛們對她的信賴厚愛了，所以不僅抹煞了她的好意，甚至予人一種媚上、且為人文過飾非的姿態。然而，她畢竟是晚輩，要她指責王夫人也是挺為難的（但是對於平輩的寶玉，她就能做到平心而論，見文後「規勸寶玉」一段），任憑是誰，在這種狀況下，恐怕也是說不出口的。千不該萬不該、最不該的就是寶釵主動去做這種昧著心說話的事！

不過，這裏頭卻有一句話是很中肯的，也就是「縱然有這樣大氣，也不過是個糊塗人，也不為可惜。」一般人都認為死者為大，事已過往就不太追究「死者應該對自己生命負責」的重要事實！生命畢竟是件嚴肅的事，不能因為遇到挫折就以逃避、自毀的態度來面對，因意氣用事而自殘，本來就是糊塗人，在某個角度上看的確是「不為可惜」——水瓶座人一向對人生的哲學是冷靜思考的，他們不是看不起失敗者，而是非常看不起懦弱者。或許有人認為水瓶座的寶釵這句話太嚴肅、太難為聽，其實真理的面目有時本來就是這麼冷厲，以她這樣的年紀，卻能說出發人深省的話，不愧是水瓶座的子民！只是當義正詞嚴vs.對長輩的情識（時），她也只能說這「半截」的話，因此百年來一向被誤認為她的語氣是指金釧兒「死不足惜」、「該死」。這也該怪她自己，誰要她自己的「正」、「嚴」不夠貫徹，才被人認作是討便宜。

至於有些人編派她建議王夫人用錢「打發」，實在太過於扒糞坑！第一，她只說「多賞」；第二，不能因為這句話來證明她贊成「倚財」來消弭王夫人的罪惡感，金錢的確是世俗上最「實際」的「補償」辦法之一。一件事常有不同的解釋面，我們也可以解釋為寶釵在為金釧兒爭取更多的補償，不是嗎？

由於水瓶座的能量，她舉止嫻雅，雖然有「文戈卻日玉無價，寶氣蟠胸金欲流」（文＋戈＋金＝釵）的家世氣派，但是她的氣象是內化的，外表上，寶釵跟一般愛好胭脂花粉的閨英闈秀不同。薛姨媽有一回拿出宮樣堆紗花十二枝託王夫人帶給園子裏的姑娘與鳳姐：「寶丫頭古怪著呢，他從來不愛這些花兒粉兒的。」甚至連室內的布置也冷肅森然，有一回，紅樓兒女們陪伴賈母帶著劉姥姥遊大觀園，來到蘅蕪院：

及進了房屋，雪洞一般，一色的玩器全無；案上止有一個土定瓶，瓶中供著數枝菊，並兩部書，茶奩、茶杯而已；床上只弔著青紗帳幔，衾褥也十分樸素。賈母歎道：「這孩子太老實了！」

賈母命鴛鴦去取些古董來，並嗔鳳姐不送些玩器給寶釵，王夫人和鳳姐說：「我們原送了來，都退回去了。」薛姨媽也說：「他在家裏也不大弄這些東西。」賈母則認為：「年輕的姑娘們，屋裏這麼素淨，也忌諱。」（這句話也咸被認為是寶釵早亡的暗示）。大觀園花團錦簇，竟然有這「雪洞」的一角，著實令人訝異！連被視為世外異境的櫳翠庵也種有照眼驚鴻的胭脂紅梅，偏偏蘅蕪院卻是一樹花木也無，全是藤蘿薜荔、杜若蘅蕪等奇草仙藤，愈冷愈蒼翠。曹公意欲以蘅蕪院的森冷來象徵寶釵性格中「冷」的特質。冷，是具有水瓶座能量的人們終會被發現的氣質。明明他們看起來跟誰都能打成一片、對誰都好，可是那種隨意之中的冷淡、抽離，一如寶釵柳絮詞中的一句：「任他隨聚隨分」，處處存在生活的蛛絲馬跡裡。

小廝興兒以一位旁觀者清的角度看寶釵，他對二尤說遇見寶姑娘連氣兒也不敢出，因為怕這氣兒暖了，會「吹化了薛姑娘」，意即寶釵對待不相干者的態度是極為冷肅的；當黛玉感激寶釵送燕窩，她硬要把這份情意沖淡，卻之不恭地說：「這有什麼放在嘴裏的？只愁我人人跟前，失於應候罷了。這會子只怕你煩了。」；當薛姨媽告訴她尤三姐自刎、柳湘蓮不知去向之事，她只是淡淡地說：「『天有不測風雲，人有旦夕禍福。』這也是他們前生命定。……如今已經死的死了，走的走了，依我說，也只好由他罷了。」；抄檢大觀園一事，寶釵為了避嫌（一、蘅蕪院並無被搜檢；二、院裏東南角門常開，保不定誰打那裏過，萬一日後弄出事，影響她的清名），即借口母親身體不好搬出大觀園，連中秋夜也沒來賈府過，令得湘雲感慨地對黛玉說：「可恨寶姐姐琴妹妹天天說親道熱，早已說今年中秋，要大家一處賞月，必要起詩社，大家聯句；到今日，便仍下咱們，自己賞月去了。」黛玉後來也很感傷地說：「寶姐姐自從挪出去，來了兩遭，如今索性有事也不來了，真真奇怪！我看他終久還來我們這裏不？」庚辰本裏寶玉也曾對此事悲感：「天地間竟有這樣無情之事！」對照平日的情誼友愛，水瓶座人突然地冷淡的確讓知心人驚異

（關於寶釵性格之「冷」，在文末將以「冷香丸」之事例進一步說明：「家庭」對寶釵性格的「冷」、「熱」之重大影響做進一步分析）！

水瓶座人雖然素以改革進步者著稱，面對傳統不合理處，他們亟思打破體系、建制；然而，當認定傳統某部分價值時，他們也會以同理心去維護，因此水瓶座人有時被人認為是極端先進派、有時卻又被視為極端保守派。不論是傳統或是改革，只要他們認定值得服膺，都是以無悔之心捍衛，對周遭之人散播他們的理想、觀念，甚至企圖改造他人的思想。所以，寶釵最愛「機會教育」，不僅規勸寶玉、黛玉，也框矩湘雲、香菱等諸人。

水瓶座人在外表上雖不一定會顯露恃才傲物之態，但是，他們的內心是相當驕傲的。舉例來說，在交朋友上面，他們雖然表面和誰都處得來，其實內心也只對他們看重或服氣之人，才會真心青睞有加，像寶釵搬出大觀園後，單單只寄書箋與黛玉，題及「猶記『孤標傲世偕誰隱，一樣花開為底遲』之句，未嘗不歎冷節餘芳，如吾兩人也。」可見在她心中唯有黛玉堪為知己，自視與黛玉是一路人，她也有她的傷春悲秋之事，只是不輕易透露而已，黛玉因此蘭言又感又慨：「寶姐姐不寄與別人，單寄與我，也是惺惺惜惺惺的意思。」

寶釵曾因黛玉行酒令情急之中脫口說出「良辰美景奈何天」、「紗窗也沒有紅娘報」，因而知

道黛玉偷看「牡丹亭」、「西廂記」兩書。寶釵認為以黛玉纏綿感時的個性，不免教這些傳奇角本給弄癡了，於是以過來人（她小時候也偷看）的姿態勸她：「至於你我，只該做些針線紡織的事才是，偏又認得幾個字。既認得了字，不過揀那正經書看也罷了，最怕見些雜書，移了性情，就不可救了！」或許是黛玉漸長，稍有成人世界的知覺，這次她不再以狹窄的心來面對，她捫心自問，要是當日行酒令是她抓到寶釵小辮子：「要是我，再不饒人的！」而今，寶釵並不當著眾人面前說她，這私下一席真摯的話，終於黛玉聽進去，且心中暗服。

幾日後，寶釵來探視病中的黛玉，提及黛玉的藥方子，並談養生之道，黛玉方才將日來心裏感激的話告訴寶釵：「你素日待人，固然是極好的，然我最是個多心的人，只當你有心藏奸，從前日你說看雜書不好，又勸我那些好話，竟大感激你。往日竟是我錯了。……怪不得雲丫頭說你好。我往日見他讚你，我還不受用。昨兒我親自經過，才知道了。比如你說了那個，我再不輕放過你的，你竟不介意，反勸我那些話，可知我竟自誤了。」

對寶玉，寶釵亦是基於水瓶座愛才、惜才之心規勸的，不然為何對自己的至親哥哥不勸？寶釵其實並非一味著要勸寶玉走經濟世途、求功名富貴，她在勸黛玉時曾說：「男人們讀書不明理，尚且不如不讀書的好，……男人們讀書明理，輔國治民，這才是好；只是如今並聽不見有這樣的人，讀了書，倒更壞了。這並不是書誤了他，可惜他把書糟蹋了；所以竟不如耕種買賣，倒沒有什麼大害處。」水瓶座人通常比一般相當年齡者成熟，她深知賈府子弟多不肖，將來這一大家子的重擔，恐怕都得落在寶玉身上，如果寶玉再不及時想明，就怕樹倒猢猻散兕眼即到。

因此，寶釵時常對寶玉說些他「不中聽」的話，如「將來金殿對策，你大約連『趙錢孫李』都忘了呢！」，稱寶玉「無事忙」、「富貴閒人」等，其實她並不是旨在「奚落」寶玉，也不是「不體貼」寶玉討厭聽科舉的話，以她水瓶座「世間理」之心，這才是真體貼！她明知良藥苦口，仍是甘願苦口婆心做這等不討好、招人嫌的「教正」工作，她是以體鑒之心、群體之利而諄諄勸勉的，縱然她忽略了或不明白適才適性、各人有各人的緣法（誰能明白？誰知道怎樣是好是壞？），至少她是個積極人生觀者，並且也做到了良朋益友之責。

香菱曾希望寶釵能教她做詩，可是寶釵並沒答應（請參考巨蟹座／香菱）。對香菱，寶釵或許有一份水瓶座人做為知識分子的驕傲，但也或許她認為以香菱之於她那獃霸王哥哥的小妾處境，若是讀了閨怨詩如朱淑真、馮小青之流，那麼知識反而帶來她的心靈苦澀，不如不讀地好。

說到學問，寶釵不愧是風象星座人，風象星座人愛溝通、腦子轉個不停，所以變動雙子寶玉旁學雜收，基本天秤熙鳳縱然不愛唸書卻是社會大學的頂尖，而固定水瓶寶釵更是紅樓兒女中知識最淵博者。水瓶座人很好學，經常出些腦筋一極棒之人，寶釵看過的書之多、學問之好，一向被推崇為紅樓兒女之最，寶玉曾說她：「無書不知」、「通今博古，色色都知道」，湘雲也說：「寶姐姐知道的竟多。」，探春稱她是「通人」，連賈政都曾風聞誇讚過她的通才。

然而水瓶座人經常不自覺會掉書袋、賣弄他們高人一等的學問，或露出知識分子的優越感。有一回眾人齊聚稻香村討論惜春要向詩社告假以完成大觀園圖一事，惜春表達她對賈母要求作成行樂圖的為難，寶釵就說：「我有一句公道話，你們聽聽。藕丫頭雖會畫，不過是幾筆寫意。如今這園子，非離了肚子裏頭有些邱壑的，如何成畫？」然後評論作畫的要領、該用什麼紙、又開了一長串的單子說明須用什麼器物；而題筆作畫的惜春只說：「我何曾有這些畫器？不過隨手的筆畫畫罷了。就是顏色，只有赭石，廣花，藤黃，胭脂這四樣。再有，不過是兩支著色的筆就完了。」相形之下，惜春顯得那麼渺小、窘迫又難堪。

當寶釵為體貼賈母而點一齣「山門」，寶玉嘲笑她只好點這些熱鬧戲文，寶釵回擊：「你白聽了這幾年戲。那裏知道這齣戲排場詞藻都好呢。」、「要說這一齣熱鬧，你更不知戲了！……這一齣戲是一套北點絳唇；鏗鏘頓挫，那音律不用說是好了，那詞藻中，有隻寄生草，極妙。你何曾知道！」接著便念寄生草給寶玉聽，果然寶玉聽了喜的拍膝搖頭，稱賞不己，一旁的黛玉吃味地把嘴一撇：「安靜些看戲罷；還沒唱『山門』，你就裝瘋了！」自古文人皆有自命清高的毛病，寶玉不屑聽聞科諢詼笑，水瓶座的寶釵不僅好辯亦真能辯，一方面顯示自己多學多才豈容輕侮、一方面顯示自己有能耐揭去這自詡的限囿，揚沙篩珍珠，一扳之下，反而令寶玉甘心拜服。

當探春向平兒、李紈談及如何興利除宿弊，提到賴大家如何利用他的小園子生利：「我才知道，一個破荷葉，一根枯草根子，都是值錢的。」寶釵在一旁聽了笑道：「真真膏梁紈袴之談！你們雖是千金，原不知道這些事，但只你們也都念過書，識過字的，竟沒看見過朱夫子有一篇『不自棄』的文麼？」、「天下沒有不可用的東西；既可用，便值錢。難為你是個聰明人，這大節目正事竟沒經歷。」李紈訝異道：「叫人家來了，又不說正事，你們且講學問！」寶釵回道：「學問中便是正事。若不拿學問提著，便都流入市俗去了。」水瓶座人的知識，是有極多面相的，既求「經驗」為體、「經濟」為實，又要能「裝點門面」。

接著來談寶釵的天蠍月座能量。月亮在天蠍是落陷的宮位，因此，天蠍月座人通常好隱藏心事，甚至會刻意將感情桎梏起來，其實天蠍是多情多慾的，如果他們選擇壓抑，事實上可能反而造成變形的宣洩，例如特別的愛錢戀權（請參考天秤座／王熙鳳的天蠍月座部分）、特殊的性癖好、孤僻、殘忍、報復心強等。寶釵日月星座皆落陷，偏偏又一味的壓抑，造成她的「情障」，

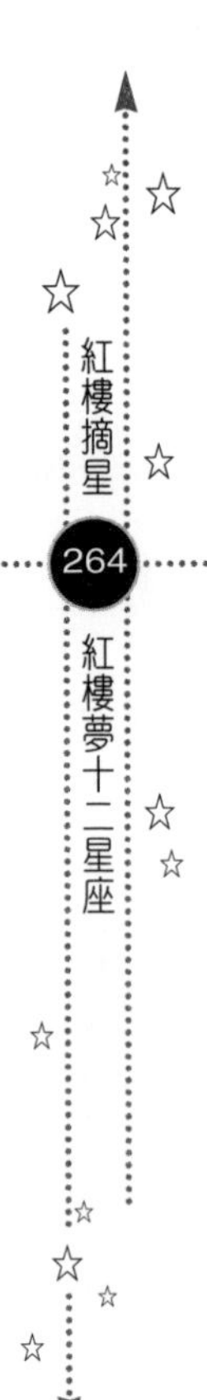

凡事皆以理性化之，失卻一股天真天然的氣質，所以她的才情只能讓寶玉感到敬重，卻不能產生可親的情誼。

天蠍月座人喜歡默默觀察、分析人性，他們的觀察力相當細膩、精準，並且很善於套、挖出別人的心事與想法。這項潛質寶釵可說是非常地出類拔萃。

像有一回湘雲替寶玉梳頭，襲人不太高興地說：「姐妹們和氣，也有個分寸兒，也沒個黑夜白日鬧的！憑人怎麼勸，都是耳旁風！」寶釵聽了，心中暗忖道：「倒別看錯了這個丫頭！聽他說話，倒有些識見！」便在炕上坐下，慢慢的閑言中套問他年紀家鄉等語；留神窺察其言語志量，深可敬愛。

當張道士送給寶玉一些金璜玉玦等敬賀之禮，賈母看見其中有個赤金點翠的麒麟，便掂起道：「這件東西，好像是我看見誰家的孩子也帶著一個的。」寶釵立即接口：「史大妹妹有一個，比這個小些。」寶玉奇道：「他這麼往我們家去住著，我也沒看見。」探春笑道：「寶姐姐有心，不管什麼他都記得。」寶玉、探春與湘雲是從小一塊兒長大的，卻都不知道湘雲身上帶有金麒麟，連曾經與湘雲同臥的黛玉也沒注意到，比黛玉晚來的寶釵，不僅知道、還能指出湘雲的麒麟比這件小，若說不是出於偶然見之，這觀察力可真不是普通地精密。

當襲人提及想請湘雲替寶玉做鞋子，寶釵聞言立即兩邊回頭，看無人來往才道：「你這麼個明白人，怎麼一時半刻的就不會體諒人？我近來看著雲姑娘的神情兒，風裏言，風裏語的，聽起來，在家裏一點兒做不得主。」天蠍月座的寶釵實在善於察言觀色，光憑湘雲的形景兒便猜想她在家必是經常做活計而累的慌；果然，之後有一回湘雲大發豪性欲邀一社作東道，寶釵猜想湘雲根本沒有作東道的本錢，於是當晚就請湘雲到蘅蕪院住，暗示：「雖然是個玩意兒，也要瞻前顧後。又要自己便宜，又要不得罪了人，然後方大家有趣。你家裏你又做不得主，一月統共那幾吊錢，你還不夠使；這會子又幹這沒要緊的事，你嬸娘聽見了，越發抱怨你了。況且你就都拿出來做這個東也不夠，難道為這個家去要不成？還是和這裏要呢？」雖然湘雲並未直接承認她的難處，她沉吟躊躇的模樣等於是默認了處境。

水瓶座人一向慷慨、而天蠍座人不僅善於觀察，他們也常有一份令人感動的不說破的貼心：「這個我已經有個主意了。我們當鋪裏有個夥計，他們地裏出的好螃蟹，前兒送了幾個來。現在這裏的人，從老太太起，連上屋裏的人，有多一半都是愛吃螃蟹的。……我和我哥哥說，要他幾簍極肥極大的螃蟹來，再往鋪子裏取上幾罈好酒來，再備四五桌果碟子，豈不又省事，又大家熱鬧呢？」、「我是一片真心為你的話，你可別多心，想著我小看了你，咱們兩個就白好了。」乖

乖，你們看這寶釵，簡直是「神道」，連上屋多一半人的飲食嗜好，她都一目瞭然！

另有一回，賈妃為試寶玉之才，命他作章題詠怡紅院等四大處。寶釵相當乖覺，一眼就瞥見怡紅院一首的起稿內有「綠玉春猶捲」一句，天蠍「探微」、水瓶「演繹」，她馬上聯想到賈妃才剛把「紅香綠玉」換去，因此提醒寶玉：「貴人因不喜『紅香綠玉』四字，才改了『怡紅快綠』。你這會子偏又用『綠玉』二字，豈不是有意和他分馳了?況且蕉葉之典故頗多，再想一個改了罷。」偏偏寶玉這時緊張地一個典也想不出，頻頻拭汗，寶釵笑道：「你只把『綠玉』的『玉』字改作『蠟』字就是了。」「唐朝韓翃詠芭蕉詩頭一句，『冷燭無煙綠蠟乾』，都忘了嗎?」

同樣是救寶玉於急難，黛玉不同於寶釵只改一字的作法，她乾脆捉刀寫出完整的「杏帘在望」一首，比較起來雖然各有各的貼心，然而相較於黛玉，寶釵是體貼之中更為多慮、小心謹慎、步步為營、深諳節制含蓄之理，不愧是天蠍月座的女兒，懂得為寶玉留面子上很大空間的餘地，只可惜寶玉一向自認愧殺鬚眉、料定天地間靈淑之氣只鍾於女子，男兒們不過是些渣滓濁沫而已，並不計較姐妹的才能超乎其上，因此寶釵也只得到寶玉一句：「姐姐真是『一字師』了；從此只叫你師傅，再不叫姐姐了！」

對於愛情寶釵掩藏地相當隱祕，甚至也把自己欺瞞住。其實寶釵雖然欺騙自己的心，卻管不住自己的腳，晴雯就曾「發現」她：「有事沒事，跑了來坐著，叫我們三更半夜的不得睡覺！」

有一回賈妃送端午節的禮物，園內姐妹中只有寶釵的節禮與寶玉相同，寶玉怕黛玉多心，拿自己那份給黛玉挑，果然黛玉回說：「我沒這麼大福氣禁受。比不得寶姑娘什麼金什麼玉的。我們不過是個草木人兒罷了。」兩人鬧起心眼，只見寶釵正好走過來，二玉便走開：

寶釵分明看見，只裝沒看見，低頭過去了……寶釵因往日母親對王夫人曾提過金鎖是個和尚給的，等日後有玉的方可結為婚姻等語，所以總遠著寶玉；昨日見元春所賜的東西獨他與寶玉一樣，心裏越發沒意思起來。幸虧寶玉被一個黛玉纏綿住了，心心念念只惦記著黛玉，並不理論這事。

寶釵真地總是遠著寶玉嗎？她心裏才有這個想頭，偏偏接下來就是「羞籠紅麝串」的情節，寶玉癡癡望著她的模樣，倒挑起她心中異樣的情懷，這是寶釵真正情竇初開的一刻。

當寶玉因琪官與金釧兒之事遭賈政笞撻地半死，寶釵帶著熱毒散來探望：「早聽人一句話，也不至有今日！別說老太太，太太，心疼，就是我們看著，心裏也……」剛說了半句，又忙咽住，不覺眼圈微紅，雙腮帶赤，低頭不語了。寶玉聽得這話如此親切，大有深意，忽又見他咽

住，不往下說，紅了臉，低下頭，含著淚只管弄衣帶，那一種軟怯嬌羞輕憐痛惜之情，竟難以言語形容，越覺心中感動，將疼痛早已丟在九霄雲外去了……寶玉又聽寶釵這一番話半是堂皇正大，半是體貼自己的私心，更覺比先前心動神移。

寶釵聽襲人說琪官之事是哥哥薛蟠吃寶玉的醋在外頭挑唆人在賈政跟前下的蛆，因此夾槍帶棒地要薛蟠以後少胡鬧，薛蟠心直口快最見不得藏頭露尾之事，明明這件事不是他做的，卻駁不過寶釵之理正，一時氣惱便對她說：「我早知道你的心了。從先媽媽和我說：你這金鎖要揀有玉的才可配。你留了心，見寶玉有勞什子，你自然如今行動護著他！」把寶釵氣怔了，為此哭了一整夜。次日，黛玉見她無精打采，眼上好似有哭泣之狀，大非往日可比，便故意刻薄她：「姐姐也自己保重些兒。就是哭出兩缸淚來，也醫不好棒瘡。」這是寶釵在「人前」表現對寶玉之情最露骨的一次。

寶釵從來不主動提金玉之事，然而她倒是很注意寶玉那塊生而啣來之玉。來賈府沒多久，她就曾向寶玉要那塊玉細細的賞鑒，若有所思地口裏念了兩遍上頭刻的小字：「莫失莫忘，仙壽恆昌」，然後回頭問鶯兒「也在這裏發獃作什麼？」鶯兒笑道：「我聽這兩句話倒像和姑娘項圈上的兩句話是一對兒。」原來寶釵金鎖上的八字「不離不棄，芳齡永繼」真地和寶玉是一對兒呢！

也許寶釵越是抗拒著金玉之說，反而這金玉二字越發刻在心版上；難怪黛玉會為了她知道湘雲有個金麒麟而捻酸吃醋說：「他在別的上頭心還有限，惟有這些人帶的東西上他才是留心呢。」

寶釵時常關心丫頭們如何做寶玉的活計，除了曾答應襲人替她為寶玉作些，有一回她看見鶯兒替寶玉打汗巾子的絡子，便說：「這有什麼趣兒？倒不如打個絡子，把玉絡上呢。」可見，對寶玉之「玉」她是念茲在茲！

「繡鴛鴦夢絳芸軒」是寶釵感情戲的最高潮、亦是大逆轉點：寶釵自王夫人處回蘅蕪院，途中順路進了怡紅院，欲尋寶玉說話以解午倦，不想全院諸人都睡去，只有襲人在做針線，她好奇地湊頭一看，白綾紅裏兜肚扎著「鴛鴦戲蓮」的花樣，原來是給寶玉帶的。兩人說笑一陣，襲人說有事出去走走，寶釵只顧看著活計，便不留心，一蹲身，剛好就坐在襲人方才的位置上，因見那個活計實在可愛，不由的拿起針來，就替她作。這是相當「耐人尋味」的舉動，頗有妻妾之樣貌；只可惜寶玉突然在夢中喊罵：「和尚道士的話如何信得！——什麼『金玉姻緣』！我偏說『木石姻緣』！」可憐寶釵聽了不覺一怔。自此寶釵已明白自己在寶玉心中的份量，因此，她只有把感情埋地更深，以往對黛玉的消極忍讓，也改以化解兩人心中癥結的積極。對金、玉之緣不再顯露痕跡；只有一次因為寶琴受寵於賈母，她半開玩笑半吃醋地推寶琴，笑道：「你也不知是

那裏來的這點福氣！……我就不信，我那些兒不如你？」其中心點並無證據是為了寶玉，何況寶琴已許給梅翰林家；最終寶釵甚至搬離大觀園。

天蠍月座人中有一種是屬於「自尊心超強、就算被人認為無情、無感都要比承認情感之難堪好得多」的族群，他們的安全感來自於偽裝「無動於衷」，寶釵就是這類天蠍人；不過，她的月亮與水星呈六分和諧相，思考與情態是一致的，因此她不會將妒恨往報復或算計等負面情緒中求宣洩。

寶釵的水星和金星都在摩羯座，是堅定的理性主義服膺者。水星摩羯人言行謹慎實際、思考問題前琢磨再三、下定論時斬釘截鐵，行事在乎有沒有把握，不輕易承諾、卻重然諾，他們穩重、堅苦卓絕、極富耐心、毅力，是誠信可靠之人，他們不喜多言，較為冷靜、嚴肅、傾向保守主義、很重視社會秩序與倫理，然而也頗能不拘小節、著眼於大處，他們的腦袋相當有邏輯，推理能力傑出、記憶力一般也甚強。金星在摩羯座是相當「冷」的位置，因為土星的「節制力」，他們非常忌諱公開情感與感受，更有一種奇妙的特質：彷彿透露心靈的深情與感性就是罪過似的；一旦感情受挫，會變地很冷淡，甚至經常有拒人於千里之外的味道；他們很重視社會形象，對於人際關係經常不自覺會有地位取向的傾向，婚姻觀也大致如此；由於拘謹，他們很難表達熱情的一面，尤其在喜歡的人面前，時常被認為是缺乏情趣、很不浪漫的情人；面對愛情常有莫名的防禦心態，因為怕受傷害，所以往往將心中不確定的愛苗用石頭掩埋。

在星座學中，摩羯人總是被視為「宿命」地「很容易與權力中心沾上邊、有掛鉤，甚至進入權力核心」，因此一向被看作是相當「會算計」、「城府深」的一類人，其實大多數是因為他們思慮縝密、謹言慎行、頗得「長輩緣」，除了本身能力外，在生命途中亦經常得到相對的提攜，因而經常邁向成功之路。素來人們對那些「乖乖牌」就容易產生輕侮或是疑惑，如果「乖乖牌」又「不幸」天資聰穎的話，人們的厭惡感、疑慮更深，一旦他們得寵或成功，便私心坐實他們平日一定是「裝」乖、討好長輩或上位者，所以輕易功成名就。

人性是如此地吊詭，會鬧的小孩有糖吃、浪子回頭比之一向安分守己的人們「可貴」，他們只要一丁點好，就彌補往日的千差萬錯；那些平日不「吶喊」、不露出天真樣的就是「世故」、「不自然」，一旦犯了錯，更覺自己有先見之明：「他們就是素日藏奸嘛」、「這可不就應了藏奸之名嘛」！想來人性一般是「見不得人好」的！像寶釵這類平日保持良好風範的人們，難道不更需要給予肯定嗎?我們讀者，尤其是著眼在愛情層面的讀者，向來都比較容易認同主角所愛的對象、都比較容易認同受迫害者的角度，因為人們經常有「受迫害者的妄想」、人們喜歡做自我投

射，因此當弱勢者越能痛快淋漓地展現自我、其人物就越能「討好」讀者，而相對地那些直接或間接阻礙他們的角色，越被歸類到反派或反面人物上去，就算他們舉止賢良，讀者也能看成「反諷」角度，更何況是抓到錯處，必以放大鏡做誇大的批評。

「滴翠亭楊妃戲彩蝶」是批評寶釵者最愛祭出的「寶」證。芒種這一天是祭餞花神的節日，古時閨中女兒最興這件風俗，為了踐別花神，女孩們不僅將樹頭、花枝綁上繡帶，也把自己裝扮地桃羞杏讓、燕妒鶯慚。那天，紅樓女兒們齊聚園中，獨不見黛玉，寶釵便說：「你們等著，等我去鬧他來。」

逶迤往瀟湘館來。忽然抬頭見寶玉進去了，寶釵便站住，低頭想了一想，寶玉和黛玉是從小兒一處長大的，他兄妹間多有不避嫌之處，嘲笑不忌，喜怒無常；況且黛玉素多猜疑，好弄小性兒，此刻自己也跟進去，一則寶玉不便，二則黛玉嫌疑，倒是回來的妙。想畢，抽身回來。

突然，一雙玉色蝴蝶，大如團扇，一上一下，迎風翩躚，嫻靜的寶釵受到節氣之感染，見了這景象，竟難得露出小女兒態，想要撲了來玩耍，遂向袖中取出扇子追著玉蝶，一直跟到滴翠亭上。只聽見亭裏有人說話，寶釵煞住細聽，原來是私情之事。突然亭裏的人說：「咱們只顧說，看仔細有人來悄悄的在外頭聽見！不如把這塌子都推開了，就是人見咱們在這裏，他們只當我們說頑話兒呢。」

寶釵心中一驚：「怪道從古至今那些姦淫狗的人，心機都不錯！這一開了，見我在這裏，他們豈不臊了？況且說話的語音，大似寶玉房裏的小紅。他素昔眼空心大，是個頭等刁鑽古怪的丫頭；今兒我聽了他的短兒，『人急造反，狗急跳牆』，不但生事，而且我還沒趣。如今便趕著躲了，料也躲不及，少不得要使個『金蟬脫殼』的法子。」因此故意放重腳步，笑道：「顰兒！我看你往那裏藏！」一面又故意往前趕。

小紅、墜兒一推窗，便聽寶釵如此說，兩人都唬怔了，寶釵反向她們笑問：「你們把林姑娘藏在那裏了？」、「我才在河那邊看著林姑娘在這裏蹲著弄水兒呢。我要悄悄的唬他一跳，還沒有走到跟前，他倒看見我了，朝東一繞，就不見了。別是藏在裏頭了？」故意進去尋了一尋，抽身就走，口內說道：「一定又鑽在山子洞裏去了。遇見蛇，咬一口也罷了！」一面說一面走，心中又好笑。

許多抑薛派者總是貶抑寶釵撲蝶的姿態突兀、矯作，因為她從來不是天真派的人。甚至認為此段的「作用」是與黛玉「埋香塚飛燕泣殘紅」做兩極的對照，而寶釵的金蟬脫殼是陷害黛玉之奸計。讀者們想想，難道不是天真派的人就一定得永遠老成持重嗎？誰不會難得一時興起、難得

放任？風光如此明媚，寶釵畢竟也有女兒心！更何況一路上並沒有人，所以寶釵會忘記平日的矜持。難道矜持之人偶發童心竟是個罪過嗎？至於寶釵會扯上黛玉，是很自然的，因為她本來起先就是尋黛玉而來的，而且平日她也多半和黛玉玩在一塊的。這只是表現她摩羯式的機智：權宜當下之利害攸關，他們要盡快掌握主動與先機；而摩羯座人善於全盤橫向思考，因此寶釵會編出全套的故事邏輯。只是太顧全自己的利益，竟忘了多為黛玉設想。有人指出小紅因此對黛玉產生疑忌，可能私底下曾藉機在鳳姐跟前嚼舌根，這恐怕是多慮了，因為事後小紅之事並無揭露之跡，而且以鳳姐之聰明多疑，小紅想進讒言，恐怕還會遭鳳姐懷疑其居心呢。

文中那句「心中又好笑」，是寶釵最讓人覺得可疑、不妥之處，一般人咸認為是她陷害黛玉而感到好笑。可是她憑什麼「一定」知道小紅會在她去後說道：「要是寶姑娘聽見，還罷了。那林姑娘嘴裏又愛刻薄人，心裏又細；他一聽見了，倘或走露了，怎麼樣呢？」她的心中好笑，只不過是「居然一向莊重的自己，卻因為一雙玉蝴蝶，差點失態」、只不過是「得意自己的機智、輕易將這件事遮過去」罷了！其實她的最不妥處不是在用什麼計策或是好不好笑的枝節末端，而是：她既然知道人家在說俏俏話、既然知道大家庭勾心鬥角的複雜，就不該為了滿足天蠍月座「過於好奇他人祕密的心態」，而駐足、把祕密都聽完！

最後再來分析寶釵性格中的「冷」和她的家庭之間的複雜情結。「冷香丸」一事，正是這糾葛中最象徵性的一段。

話說周瑞家的人到梨香院尋王夫人，正巧她和薛姨媽在話家務，只好走出來和寶釵搭拉一陣，問起寶釵到底是什麼病根兒？寶釵說：

「這個病也不知請了多少大夫，吃了多少藥，花了多少錢，總不見一點效驗兒。後來還虧了一個和尚，專治無名的病症，因請他看了，他說我這是胎裏帶來的一股熱毒，幸而我先天壯，還不相干；要是吃丸藥，是不中用的。他就說了個『海上仙方兒』；又給了一包末藥作引子，異香異氣的。他說犯了時吃一丸就好了。倒也奇怪：這倒效驗些。」

寶釵這娘胎裏帶來的「熱毒」，其實是薛家長輩對她的名利期望，因為她生得聰慧，父親遂令她讀書識字，母親曾意欲將她送入宮中待選。本來太陽在第五宮之人應該是對生命充滿熱愛、喜歡追求表現自我、創造力十足、愛出風頭、個性明快、以及相當孩子氣的；所以寶釵曾對黛玉說：「你當我是誰？我也是個淘氣的；從小兒七八歲上，也殼個人纏的。」為什麼後來會變地那

麼老成、莊重？這是因為她的水星與金星落在摩羯兼第四宮，摩羯座人原本就比一般星座容易早熟，落在第四宮家庭的宮位，家庭的制約力相當大，通常這種人會為家庭犧牲、奉獻無怨無悔。因此寶釵的一生，可說是教長輩們壓抑了她水瓶座真我個性的發展。

水瓶與摩羯座人都是屬於滿懷雄心壯志之人，而水瓶座人的壯志原本不拘限於世人的標準，他們最恨別人給他們框限，他們的理想常常須要自由的空氣予以滋養。但是寶釵承襲著家庭的勢利教養，一切依歸須以合於正統、功利、家庭福祉的標準，她必須學會控制自己的感情、她必須懂得生活的技術；既然水瓶座的她選擇看重土星對家庭之愛的標準，她就必須放棄天王星的超群脫逸，成為現實、以及過度理性的「冷」靜之人；「熱」衷名利的其實是做為薛家人的寶釵，而不是本我的寶釵。

可憐的寶釵雖然口口聲聲宣揚傳統的「女子無才便是德」，害怕別人看輕、認為咱們女兒「總以貞靜為主。女工還是第二件。其餘詩詞，不過是閨中遊戲，原可以會，可以不會。咱們這樣人家的姑娘，倒不要這些才華的名譽。」殊不知她自己唯有在填詞做詩時，才偶能展現她心底深處原我的真摯任情、超拔不俗！且看她的柳絮詞是多麼地風流飄灑：「白玉堂前春解舞，東風捲得均勻。蜂圍蝶陣亂紛紛，幾曾隨逝水，豈必委芳塵？萬縷千絲終不改，任他隨聚隨分。韶華休笑本無根；好風憑借力，送我上青雲。」她自己解釋：「柳絮原是一件輕薄無根的東西，依我的主意，偏要把他說好了才不落套。」這一翻案翻地豈只是漂亮！毋笑柳命輕薄無根，我自一派雍和從容，不信命運磨難、不隨波逐流、志節不卑不亢不移，天地廣闊、生機無限，終有一天理想實現。

可惜她畢竟沒有真的貫徹這不信宿命的萬千豪氣，終究還是聽命長輩強壓在她身上的使命，一任重重的金鎖壓頸抑心，她是被金玉「鎖」住了。「不離不棄，芳齡永繼」，寶釵一旦「相信」金鎖的傳奇，就註定了她的早夭：如果並無金玉良緣，這個「離」字帶給她的命運是芳齡無繼；如果確有金玉良緣，最終卻遭寶玉頓悟之後的捨棄，這個「棄」字帶給她的命運仍是芳齡無繼……。寶釵呀！寶釵！妳該「相信」的是自己……

富貴豈有意？蘅芷薜蘿風月。
青雲只爭片心，惆悵情如雪。
冰花照晴便澌融，是悲歡榮謝？
燭淚釵冷夢斷，正緣滅時節。

♓ 雙魚座

（二月十九日～三月二十日）

大約是二十四節氣之雨水至春分。

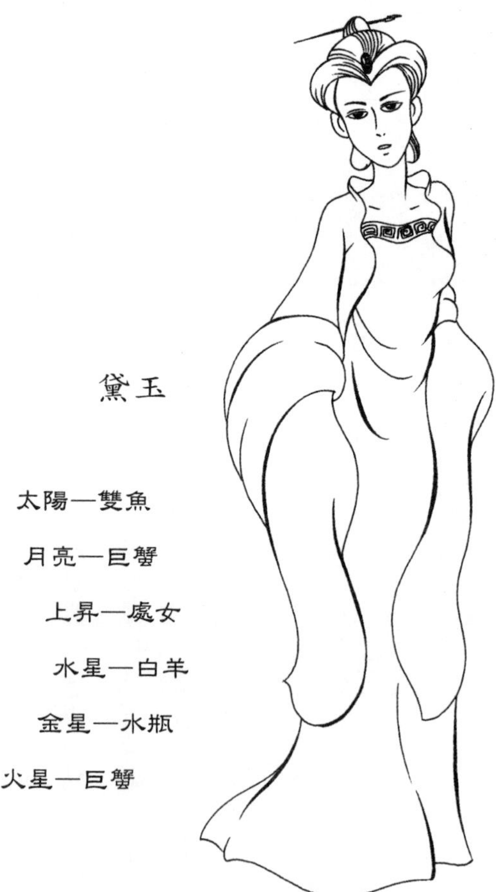

黛玉

太陽—雙魚

月亮—巨蟹

上昇—處女

水星—白羊

金星—水瓶

火星—巨蟹

水象星座加變動星座

感情豐富、理想主義、仁慈溫和、直覺敏銳，懦弱退縮、脆弱依賴、敏感多愁；隨和、創意、反應靈敏、求新求變、適應力強，善變、無目標、不穩重、不堅持、標新立異（其它特性請參考巨蟹水象星座、雙子變動星座）。

雙魚日座

雙魚座是十二星座最後一個星座：十二宮玄祕宮。此宮位掌管人類的潛意識、夢想、犧牲奉獻、世間福址、內省、修行等；因此雙魚座人一般是心腸慈悲、溫柔善感、多情浪漫、包容力強、善解人意、感性詩意、溫情主義、想像力豐富，但也可能容易心軟受騙、過於忍讓、膽小怕事、意志不堅、煩惱罣礙、憂思悲鬱、患得患失、自怨自艾、不切實際、逃避欺騙。

雙魚座人心思細膩，直覺力強，對於一切相關人性的課題相當敏感也有興趣，基本上他們很

喜歡人群、也合群，但是內心似乎總有一片不可碰觸的禁忌，連自己也不一定知其所以然，時常莫名其妙的會有失落感、無力感、混亂感，因此他們時常會想哭泣，有時突然感到悲淒、有時憤恨（通常是抑鬱型的）、有時觸景傷情、有時啃蝕寂寞，總之哀極、怨極；但是愛幻想的他們，似乎又頗能自得其樂，從百寶箱裏諸多變色眼鏡中，換上瑰麗的色彩，世界豐富、夢幻起來，他們又可以自在悠遊。雙魚座人傷春悲秋、也怡春悅秋。

雙魚座人是相當富有藝術氣息的，或許這是源自於他們對人與自然之間神祕的聯繫感特別有感受力。他們喜歡抽象迷幻的藝術，對於意識流般的音樂、詩詞有穿透力，很能抓住那種流動的感覺與意識；他們也喜歡古典精緻的藝術，纖細、一絲不苟的再現精神，或繁複、或節制，他們都能掌握最美、最精準的思觸、筆觸。雙魚座人是天生的詩人，不論在生活、音樂、繪畫、思想上，他們都能呈現任何形式的詩意。

雙魚座的守護星是海王星。海王星Neptune涅普頓（希臘神話中的Poseidon）是喜怒無常的海神，他可以吹送順風，賜予人類豐收的航行，他可以激起風暴，淹滅吞噬一切；海王星是豐饒、是給予、是犧牲、是毀滅。海王星是幻想、直覺的星，海王星帶給它的星主夢幻、靈感、悸動、激情與非世俗的經驗，因此雙魚座人的心靈、潛意識才是他們真正的「感官」，尤其代替他們的雙眼看世界，因此相位好的話，雙魚座人是很有福分得到心界的寧靜、安詳，超脫世俗名利情權的障礙，達到高度進化的靈魂；一般雙魚座人的理想性比常人高，對人世的紛擾爭亂、人性的卑劣陰暗比較有包容力、同情心與拯救心，只是當力有不逮時，自身也不能避免悲懷悵愁，捲入黑暗、低潮；而相位不佳的話，雙魚座人通常會很宿命，容易自虐、自棄、認命、自欺欺人、逃避在退縮思想裏、甚至吸食迷幻藥等麻醉自我。

雙魚座的符號♓象徵朝著相對或相反方向游的兩尾魚。因此雙魚座人的內心，似乎總有兩股互相牽制的力量在碰撞或拉扯。雙魚座人經常受到環境變易的影響，很容易受人蠱動、左右，常常感到對自己的命運不能掌控、主宰。雙魚座的符號也代表兩個對立的靈魂，當中那條線是代表物質的力量，物質的動力可以是正面也可以是負面，如果能夠超越，就能得到昇華，反之則是墮落。然而，世上的業障、誘惑、蒙蔽何其多，想要從自我的觀照中領悟洞悉生命的真意談何容易，越是擁有一知半解的靈力，越是容易造成混亂與莫衷一是，因此，雙魚座人總是顯得那麼徬徨，又自戀又自憐，又自尊又自貶，空有敏感、創意、溫情的腦袋，卻無理性、分析、歸納的手段，難怪經常出現精神性多愁、多病的徵候。

雙魚座人通常很有異性緣，因為他們的舉止溫柔體貼，很容易造成人們的會錯意，而雙魚座

人的愛情也常出現那種將錯就錯、你對我好我也就對你好的假性愛情；因為水象星座的緣故，他們的雙眼總是看來那麼地迷離矇矓，也或許是他們的眼睛水份忒多（經常掉眼淚），所以常予人一種晶瑩欲滴的錯覺，總讓人感覺他們情深意重、多情欠疼，好像他們的眼神會說話、會放電似的，因此雙魚座人好像總是一不小心就發生戀愛道路事故。

不過，因為雙魚座人心腸太軟，常常不忍心或不知道怎樣拒絕別人，所以也經常陷入三角戀愛、多角戀愛。其實有時候他們也分不太出來誰是真愛、誰是至愛，總覺得每個人都有每個人的優點，每個人都有可愛之處，選了這個又捨不下那個，所以老是覺得、歸咎於上輩子欠的。這種觀念是相當危險的，處理不好就會變成苦戀、任勞任戀。

雙魚座人的人緣也相當好，因為他們很好相處，很願意幫助朋友。只是人善被人欺，也因為他們太好說話，總是被人利用這項弱點，到頭來一片癡心傷心。雙魚座人太容易受到外在的影響，要學習堅定自己的立場，少做濫好人，也須注意不要跟著朋友一起墮落。

每個雙魚座人的心靈都有一片海洋，海洋的深底是一座夢幻的城堡，裏頭住著一個充滿愛心、夢幻的人魚公主：她不能滿足於現有的富足，她企望著觸動心靈的愛，為了追尋夢想，她奉獻了最美妙的音聲，到達她的族群不敢涉足的境地。當理想不能實現，該揮劍、亦或化為夢幻泡影？深情鮫淚，照不見空明……。這就是典型的雙魚座人，總是顧念著幸福的遠景，卻不知防範可能有的危機！或者知道危機，卻總任它船到橋頭自然直！雙魚座的人們呀，不要總是把自己看地那麼脆弱、無力，總是在心中吶喊：「誰能瞭解我？誰願意瞭解我！」，你們應該學習對宮處女座的「實際」與「精密思慮」，如果異地而處，他們會努力學習寫字，用筆傳情，絕不坐以待斃，辦法總是有的！

雙魚座代表人物——黛玉

有時溫柔婉約不一定是外在的乖順、輕聲細語，而是內心環境的情意，雙魚的黛玉有她特有的表現溫暖以及溫柔貼心的方式；她與寶玉的木石姻緣，正如她所製出的花兒名籤——明妃去時淚，灑向枝上花；狂風日暮起，漂泊落誰家？紅顏勝人多薄命，莫怨東風當自嗟——般帶走她花樣的生命。

黛玉（農曆二月十二日～花朝節）之降生是為還情債而來，她的任性率直、真摯繾綣、多心多竅、行動愛惱、憂傷喜樂，幾乎無一不是因情而生、為情而絕，因此「警幻情榜」中以「情情」

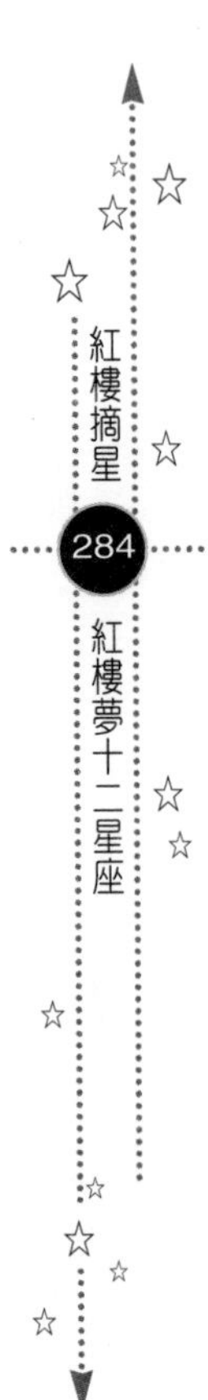

名之，其純情痴心更在紅樓兒女之上。

我們先以黛玉星盤坐落的宮位看個大致概況：第三宮溝通宮在天蠍，很在乎心靈對心靈的交往，對於執著的人事，會相當敏感，總是牽絲撥線、企圖追溯心靈網路中的契合與摩擦，如果生活不順遂，會下意識地有點被迫害的妄想症候；第四宮家庭宮在射手座，因為木星的守護，黛玉很得長輩們的疼愛，她的父母愛之如掌上明珠。無奈冥王星亦在同一宮位，親子緣薄，甚至最後因長輩命意破壞姻緣，造成她的夭亡。第五宮在摩羯座，經常把自己的想法及期望投射在愛的對象，有時會過於要求對方以同理心對待，如果事與願違，容易鑽牛角尖，逼著自己與對方僵在死胡同。

第六宮在水瓶座，對於工作（適用於黛玉之於詩社），相當的認真兼有興味，因為水瓶六宮人是以創意的方式投入工作。第七宮配偶宮在雙魚座，對於婚姻或愛情容易迷惘，容易陷入多角戀情。第八宮疾厄宮在白羊座，容易招惹紛爭，心浮氣躁，多有狹心症，也可能生一些可能會改變一生命運的病痛；鳳姐說黛玉是個「美人燈兒，風吹吹就壞了」、小廝興兒說見了黛玉氣兒也不敢出，因為「怕這氣兒大了，吹倒了林姑娘」，黛玉的多病多愁身，的確帶給她許多生命重大的衝突點，要不是體弱多病，她也不至於那麼離群索居、不善交際。

然而黛玉這位病瀟湘可不是個死氣沉沉的木美人，她表面上的孤僻冷淡其實只是處女上昇星座的保護色。上昇處女人對事物一向要求完美，他們希望給予別人優雅、大家風範的印象，因此在初次見面的場合，他們會顯得小心翼翼、仔細觀察周遭的事物，且看黛玉初來賈府「步步留心，時時在意，不要多說一句話，不可多行一步路，恐被人恥笑了去」。然而她畢竟是太陽雙魚、月亮巨蟹人，很快給人的印象便是「舉止言談不俗，身體面貌雖弱不勝衣，卻有一段風流態度」，寶玉看地更分明透徹：「嬝嬝婷婷」、「兩灣似蹙非蹙籠煙眉，一雙似喜非喜含情目。態生兩靨之愁，嬌襲一身之病。淚光點點，嬌喘微微。閒靜似嬌花照水，行動如弱柳扶風。心較比干多一竅，病如西子勝三分」。而「本性嬌懶，不肯多話」更是水象星座與土象星座的綜合。

此外黛玉瀟湘館的陳設，亦表現上昇處女的精緻、潔雅、知性：窗下案上設著筆硯，書架上放著滿滿的書，難怪劉姥姥說：「這必定是那一位哥兒的書房」、「這那裏像個小姐的繡房?竟比那上等的書房還好呢！」當初她會在眾多院落中選擇瀟湘館，也是因為「愛那幾竿竹子，隱著一道曲欄，比別處幽靜些」，這也摻雜了金星水瓶遺世獨立的風格式偏好。這種金星水瓶獨特的鬧中取靜、冷僻中隱藏熱意的衷曲，在愛情態度上更常見性靈派，抽象、難以捉摸卻意境深刻，當她越是冷言奚落寶玉，其實越是情重愈斟情，尤其配合其溢滿的水象情懷，乃至於經常出現

「五內沸然，餘意纏綿」熾烈的況味。

黛玉之喜歡寶玉並不因為他的家勢與門第，而是金星水瓶的別具慧眼，不然當寶玉拿北靜王贈他的蕶苓香串珍重轉送黛玉時，她不會說：「什麼臭男人拿過的！我不要這東西！」而擲還不取。黛玉金星水瓶在乎的是一顆「知己的心」，因此當黛玉背地裏聽見寶玉對湘雲、襲人言談中表示她是他的知己時，黛玉不覺又喜又驚，又悲又嘆。所喜者：果然自己眼力不錯，素日認他是個知己，果然是個知己。所驚者：他在人前，一片私心，稱讚於我，其親熱厚密竟不避嫌疑。……

……待要進去相見，自覺無味，便一面拭淚，一面抽身回去了。

恰好寶玉出來，見黛玉眼睛上的淚珠兒，情不自禁抬起手來替她拭淚，黛玉忙向後退了幾步：「你又要死了！又這麼動手動腳的！」

寶玉笑道：「說話忘了情，不覺的動了手，也就顧不得死活。」黛玉嗤他：「死了倒不值什麼，只是丟下了什麼金，又是什麼麒麟，可怎麼好呢！」急壞了寶玉：「你還說這些話，到底是咒我，還是氣我呢？」黛玉見他筋都疊暴起來、急的一臉汗，禁不住近前伸手替他拭去面上的汗。水瓶金星的大膽、忘情，在這小動作上一覽無遺。寶玉瞅著她半天方說道：「你放心！」黛玉也怔了半天：「我有什麼不放心的？」寶玉嘆氣：「你皆因都是不放心的原故，才弄了一身的病了。但凡寬慰些，這病也不得一日重似一日了！」

黛玉聽了這話，如轟雷掣電，細細思之，竟比自己肺腑中掏出來的還覺懇切，竟有萬句言語，滿心要說，只是半個字也不能吐出，只管怔怔的瞅著他；……兩人怔了半天，黛玉只咳了一聲，眼中淚直流下來，回身便走……黛玉一面拭淚，一面將手推開，說道：「有什麼可說的？你的話，我都知道了。」

無聲勝有聲，黛玉的一顆心腸只因牽合著寶玉互為知己的共鳴而至無怨無悔。

其實黛玉鑾會「耍寶」的。不會罷？會的！不然以寶玉「雙子最恨牽拖、計較」的個性，怎麼可能死心踢地奉陪一個純粹小肚雞腸、無理取鬧的女子「玩」兒？這話可不是唬爛讀者，君不見寶玉曾說：「要說單是會說話的可疼，這些姐妹裏頭也只鳳姐姐和林妹妹可疼了。」只要黛玉不鬧情緒，她那張巧嘴實在挺能逗人的！這說話的可疼，並不是只有「偏心」黛玉的寶玉一人在吹擂，寶釵等姐妹對她的詼諧俏語亦經常只有搖頭失笑的份兒。

像「瀟湘子雅謔補餘音」那一章節，惜春因為要作大觀園圖，向詩社告假一年，因為前日賈母帶著劉姥姥逛園子，劉姥姥艷羨不迭地說要是有人能照著畫一張讓她帶給村裏頭的人看，那真是：「死了也得好處」，賈母便說小孫女兒惜春就會畫：「等明兒叫他畫一張，如何？」黛玉因此說：「都是老太太昨兒一句話，又叫他畫什麼園子圖兒，惹的他樂得告假了。」探春笑說不能怪老祖宗，「都是劉姥姥一句話。」黛玉接口道：「可是呢，都是他一句話。他是那一門子的姥姥，直叫他是個『母蝗蟲』就是了！」原來她竟是把昨日劉姥姥在宴上的那種饞像作文章（雖然這樣的取笑實在有失厚道，但是不要忘了黛玉生長的年代與環境，她畢竟不能體會平凡農民的辛酸、苦處；所以請以純粹的笑話看待，暫時拿去階級意識的批判眼光），寶釵不禁嘆道：「世上的話，到了二嫂子嘴裏也就盡了；幸而二嫂子不認得字，不大通，不過是市俗取笑兒。更有顰兒這促狹嘴，他用春秋的法子，把市俗粗話撮其要，刪其繁，再加潤色，比方出來，一句是一句。這『母蝗蟲』三字，把昨兒那些形景都畫出來了；虧他想的倒也快！」

黛玉又轉向惜春：「人物還容易，你草蟲兒上不能。」李紈奇怪地問她：「你又說不通的話了，這上頭那裏又用著草蟲兒呢？」黛玉笑道：「別的草蟲兒罷了，昨兒的『母蝗蟲』不畫上豈不缺了點呢？」、「你快畫罷，我連題跋都有了。起了名字，就叫做『攜蝗大嚼圖』！」眾人鬨然大笑的前仰後合，湘雲更是連人帶椅地歪倒在一邊。等到笑聲止住、黛玉也理好了妝，她又故意指著李紈：「這是叫你帶著我們做針線，教道理呢！你反招了我們來，大玩大笑的。」李紈笑道：「你們聽他這刁話。他領著頭兒鬧，引著人笑了，倒賴我的不是。真真恨的我只保佑你明兒得一個利害婆婆，再得幾個千刁萬惡的大姑子，小姑子，試試你那會子還這麼刁不刁了！」

黛玉紅了臉，暫且不理會。等寶釵論畫、為惜春開畫具單子，提到「生薑二兩，醬半斤……」時，她又捉起狹來：「鐵鍋一口，鐵鏟一個。」寶釵問：「這做什麼？」黛玉回道：「你要生薑和醬這些作料，我替你要鐵鍋來，好炒顏色吃啊。」眾人都笑起來。寶釵啐她：「顰兒，你知道什麼？那粗磁碟子保不住不上火烤，不拿薑汁子和醬預先抹在底子上烤過，一經了火是要炸的。」黛玉還想鬧寶釵，看了一回單子，又偷偷地拉著探春說：「你瞧瞧，畫個畫兒又要起這水缸箱子，想必糊塗了，把他的嫁妝單子也寫上了。」探春實在掌不住笑個不停：「寶姐姐，你還不擰她的嘴？你問問她編派你的話。」寶釵笑道：「不用問，『狗嘴裏還有牙不成？』」說著走上來把黛玉按在炕上，要擰她的臉。黛玉笑著迭迭告饒：「好姐姐！饒了我罷！顰兒年紀小，只知說，不知道輕重，做姐姐的教導我！姐姐不饒我，我還求誰去呢？」眾人都笑道：「說的好可憐見兒的！連我們也軟了！饒了她罷！」寶釵笑指黛玉：「怪不得老太太疼你，眾人愛你。今兒我只覺疼你的了。過來，我替你把頭髮籠籠罷。」呵呵，可不是「卡娃伊內」嘛！

感受到她那種「耍寶」的味道了吧？黛玉很有冷面笑匠（上昇處女）的功力，時常裝作不經意，抓出一個平凡或摸不著頭腦的話頭，等「一系列」的戲謔完成，前後一組合，才會發現原來

環環相扣，整個過程再回味起來，其中的巧妙更增加發噱的強度與力度，難怪寶釵經常對黛玉那種善於「難以言詮、卻終能言詮又令人意會」的「情境笑話」讚不絕口：「顰兒這幾句話雖沒什麼，回想卻有滋味。」巨蟹和處女座精於以動作或語言的方式「模擬」真實，做情境式的笑話，雙魚的幽默心隨境轉、白羊更善於類似窮追猛打、沒完沒了的戲謔，難怪黛玉能夠隨心所欲地控制整個場合的氣氛，隨手抓個人都能施以笑彈，湘雲就曾說黛玉：「見一個打趣一個」。

不過，黛玉的笑話經常也是蠻「虐」人的，像「意綿綿靜日玉生香」，寶玉擔心黛玉老是窩在床上對身體不好，於是賴著她說話，黛玉合著眼叫他別處鬧去，寶玉推說見了別人就怪膩的，黛玉嗤的笑說：「你既要在這裏，那邊去老老實實的坐著，咱們說話兒。」寶玉喜的說：「我也歪著。」「沒有枕頭，咱們在一個枕頭上罷。」黛玉嗔他：「放屁（呵！黛玉也蠻粗魯的！真是可愛）！外面不是枕頭？」寶玉回道：「那個我不要，也不知是那個腌臢老婆子的。」黛玉鬧不過：「真真你就是我命中的『魔星』！」將自己枕的推給寶玉，再拿一個自己枕上，兩人對著臉兒躺下。突然黛玉發現寶玉腮上有鈕扣大小的血蹟，欠身湊近用手撫之細看：「這又是誰的指甲劃破了？」寶玉一面躲一面笑：「只怕是剛才替他們淘澄胭脂膏子濺上了一點兒。」黛玉拿出絹子替他細細地擦，咂著嘴兒說：「你又幹這些事了；幹也罷了，必定還要帶出幌子來。」

寶玉一向懶聽這種話，只聞見一股幽香，原來是黛玉袖中發出，聞之令人醉魂酥骨，一把將黛玉的衣袖拉住，想瞧瞧籠著何物。黛玉說：「這時候，誰帶什麼香呢？」「想必是櫃子裏頭的香氣薰染的未可知。」寶玉搖頭：「這香的氣味奇怪，不是那些香餅子、香毬子、香袋兒的香。」黛玉想起寶釵的「冷香丸」、以及寶玉老是跟著姐姐妹妹玩製胭脂膏子，於是冷笑道：「難道我也什麼羅漢真人給我些奇香不成？就是得了奇香，也沒有親哥哥，親兄弟，弄了花兒，朵兒，霜兒，雪兒，替我炮製。我有的是那些俗香罷了！」

寶玉笑道：「凡我說一句，你就拉上這些！不給你個利害，也不知道；從今兒可不饒你了！」翻身起來，將兩隻手呵了兩口，便笑向黛玉膈肢窩內兩脅下亂撓。黛玉禁不住癢，笑的喘不過氣，忙不迭告饒，寶玉方住了手：「你還說這些不說了？」黛玉笑稱「再不敢了」，一面理鬢，問道：「我有『奇香』，你有『暖香』沒有？」原來黛玉根本沒有真投降，水星白羊總是忍不住頑抗，死命仍要來上最後一抵，兜來轉去還是扯著寶釵有「冷香」的話頭。寶玉一時解不過來：「什麼『暖香』？」黛玉笑道：「蠢才！蠢才！你有『玉』，人家就有『金』來配你；人家有『冷香』，你就沒有『暖香』去配他？」寶玉嘆道：「方才告饒，如今更說狠了！」這是相當典型巨蟹座複雜的愛恨情思，說個笑話也是那麼地酸甜苦辣，出發點是愛，可是散射出來的滋味卻是五

味雜陳；真是讓寶玉恨也不是愛也不是笑也不是罵也不是，最後還是向愛舉白旗。

上昇處女座人因為水星的守護，相當有智識的驅遣力。不同於雙子水星的即興、偏散漫式的敏捷思考，處女水星更有往下深入、投注於入微觀察的興致與對細節的精緻探測，所以黛玉很能夠在不同事件中抓出類同性質的中心點，加以連貫、演繹；此外，黛玉有巨蟹月座記憶力超強、沉緬於過往回憶細節、以及因「不虞之隙」而記惱記恨的「求全之毀」的作用力，因此，往往一句看似無心的話語，再重頭思索一遍，才會發現她的腦袋之精密、心思之細微，著實：驚人到嘆為觀止的地步。

像有一回寶玉想給黛玉配一料丸藥，王夫人認為他又在混說，寶玉請寶釵做證真有這種藥方，寶釵推說不知道，黛玉羞他撒謊，弄得寶玉好沒意思。正好賈母叫丫頭找寶、黛去吃飯，黛玉故意不等寶玉就先走，沒想到寶玉果真沒跟上來。寶釵對寶玉說：「你正經去罷。吃不吃，陪著林妹妹走一趟。他心裏正不自在呢。何苦來！」寶玉道：「理他呢，過一會子就好了！」於是留在王夫人處吃飯。寶玉其實惦記著黛玉，匆匆吃完飯就往老祖宗那兒去了。寶玉到屋裏找黛玉，只見她彎著腰拿剪子裁東西，寶玉閒扯淡說：「哦！這是做什麼呢？纔吃了飯，這麼控著頭，一會子又頭疼了。」黛玉像是沒聽到似的，只管裁她的，一旁的丫頭說：「那塊綢子角兒還不好呢，再熨熨罷。」黛玉冷淡地說：「『理他呢！過一會子就好了！』」

寶玉見黛玉不理他，心裏好納悶，一時搭不上話、不知該說什麼好；正好寶釵、探春等人來了，寶釵問：「妹妹做什麼呢？」「越發能幹了！連裁鉸都會了！」黛玉回說：「這也不過撒謊哄人罷了。」寶釵接著說：「我告訴你個笑話兒：纔為那個藥，我說了個不知道，寶兄弟心裏就不受用了。」黛玉還是那句話：「『理他呢！過一會子就好了！』」不過這次卻是連寶釵也針對了：「寶兄弟受不受用，跟你寶釵又什麼相干？妳『理他呢』？！」寶玉渾身不自在，黛玉明明就是故意不理他，而且老覺得話中有話似的，可又偏偏抓不到頭緒，只想支開寶釵：「老太太要抹骨牌，正沒人，你抹骨牌去罷。」寶釵便笑道：「我是為抹骨牌纔來麼？」雖然口裏這麼說，善於察言觀色的寶釵嗅出空氣中的尷尬，或許也猜出這「理他呢」話中的種種「關聯」，於是走出去。

黛玉沒頭沒腦又丟下一句話：「你倒是去罷；這裏有老虎，看吃了你！」又好一會都不理寶玉。寶玉只好跟丫頭搭訕：「這是誰叫他裁的？」巨蟹月座的黛玉實在恨極了寶玉的不解人意，這樣沒好氣地對他，就是有「心結」嘛，偏偏就是猜不透人家的心事！偏偏就是不懂得拿好言來哄她！偏偏又是搭拉著旁人說話！於是水星白羊的黛玉不等丫頭回答，發怒地說：「憑他誰叫我

裁，也不管二爺的事！」寶玉方欲說話，剛巧有人進來回說：「外頭有人請呢。」寶玉真不知這莫名奇妙的仗要怎麼打，索性先徹離吧。黛玉對著外頭撂下最後一句話：「阿彌陀佛！趕你回來，我死了也罷了！」

這兩段看起來好像沒個搭嘎，只有那句「理他呢！過一會子就好了！」牽連著整個劇情、大有文章。起先不過是寶玉心疼黛玉吃的藥方都不見效，因而向母親要錢自己來配一副，或許王夫人終究沒理會，黛玉因而心裏產生一絲「不被疼愛」、「不被重視」的「失落感」，而寶玉又扯上情敵寶釵來爭取說服力，讓她心裏更是有說不出來的不是味道，黛玉將配藥之事的不了了之，竟有些莫名地歸咎於都是寶玉在「撒謊哄人」，心情不知如何排解，因而帶點賭氣地不等寶玉一塊走。然而她一定是心裏期待著寶玉能跟上來，所以放慢離去的腳步，才可能聽到二寶在屋中的話聲；那句「理他呢，過一會子就好了！」成為這整件事最明確可恨可惱的話，因而她死巴著這句話，一再一語雙關、三關地說給寶玉聽，可惜寶玉根本就是無心之言，哪裏會記得那句話是出自他的口裏呢！這就是巨蟹座人著名的「神經病式的鬧情緒」：剪不斷、理還亂、竟何愁？真是千般滋味在心頭！

類似這般抓著話尖、挑著話裏的空兒，再反過來嘲諷的本事，所有風象星座以及天蠍、處女和巨蟹座人都很拿手。風象星座人的方式是偏向嘻笑怒罵，受之對象猶有餘地發噱；天蠍座人則帶點令人發毛的陰狠；處女座人的方式是冷言冷語、鞭辟入裏，讓人無法招架、無地自容，因受水星影響，往往也是智慧型的一語雙關、奇警貼切；巨蟹座人則是不乾不脆、漫天撒雨式，非常不理性地將情緒帶入，不在乎自己是不是也成局裏的落湯雞。黛玉正是風向及後兩者的綜合，她的真心是疊嶂下的激流，重雲中的皎月，反諷與猜忌全是：「我為的是我的心！」

像「奇緣識金鎖、巧合認通靈」，梨香院裏二寶挨肩而坐，寶玉聞到寶釵身上有股香氣，寶釵說那是冷香丸的味道，寶玉好奇地想嚐嚐，寶釵扯他的臊：「又混鬧了。一個藥也是混吃的。」突然黛玉走進來：「哎喲！我來的不巧了！」「早知他來，我就不來了。」其實這裏頭大有「既生瑜何生亮」的深意。寶釵問她什麼意思，黛玉回說：「什麼意思呢。來呢，一齊來，不來，一個也不來。今兒他來，明兒我來，間錯開了來，豈不天天有人來呢？也不至太冷落，也不至太熱鬧。姐姐有什麼不解呢？」黛玉其實是又吃醋又示威，特意強調「我和寶玉都是一塊行動的」、指出「妳這兒是門前冷落的」。

寶玉看見黛玉身上罩著褂子，因而問是否下雪，待老媽子們回說下了半日，於是要她們把斗蓬取來，黛玉立刻說：「是不是？我來了，他就該走了。」寶玉解釋道：「我何曾說要去？不過

拿來預備著。」這時薛姨媽要他們一塊喝茶吃點心，並準備上等酒來佐著吃。寶玉拿起酒杯說：「不必燙煖了。我只愛喝冷的。」薛姨媽道：「可使不得；吃了冷酒寫字手打顫兒。」寶釵也勸：「虧你每日家雜學旁收的！難道就不知道酒性最熱，要熱吃下去，發散的就快；要冷吃下去，便凝結在內，拿五臟去煖他，豈不受害？從此還不改了呢。快別吃那冷的了。」寶玉聽見有理，乖乖地令人燙來方飲。黛玉磕著瓜子兒，只管掛著嘴兒笑。

正巧丫嬛雪雁送小手爐兒給黛玉，黛玉含笑問她：「誰叫你送來的？難為他費心。那裏就冷死我了呢！」注意喔，這句話其實是「難為寶釵費心，那裏喝個冷酒就冷死寶玉呢！」雪雁回說是紫鵑怕林姑娘冷著叫她送來的，黛玉又笑道：「也虧了你，倒聽他的話！我平日和你說的，全當耳旁風；怎麼他說了你就依，比聖旨還快呢！」請讀者自行把話中的「你」代換成「寶玉」、「他」代換成「寶釵」，就知道這句話多「巧妙」、多「厲害」了！薛姨媽打圓場：「你素日身子單弱，禁不得冷，他們惦記著你倒不好？」老道的薛姨媽還沒見識過黛玉雙魚心隨境轉、巨蟹漫天撒雨和白羊窮追猛打的習性，未料黛玉竟然不看她的老臉：「幸虧是姨媽這裏，倘或在別人家，那不叫人家惱嗎？難道人家連個手爐也沒有？巴巴兒的打家裏送了來，不說丫頭們太小心，還只當我素日是這麼輕狂了的呢。」真是好不中聽的話，倒像是有些指涉薛姨媽太小心翼翼、巴巴兒的捧護著寶玉，難道喝個冷酒竟真冷死寶玉嗎？母女一個樣！哼，好寶玉，心裏頭一定樂著有這麼多人「惦記」著他！薛姨媽只好訕訕地說：「你是個多心的，有這些想頭；我就沒有這些心。」

不知不覺寶玉已喝了三杯，李嬤嬤怕他喝多，嚇阻道：「你可仔細！今兒老爺在家，提防著問你的書！」果然寶玉大不悅，沒了興緻，黛玉偏推寶玉要他賭賭氣：「別掃大家的興。舅舅若叫，只說姨媽這裏留住你。」李嬤嬤看不過眼又說：「林姐兒，你別助著他了。你要勸他，只怕他還聽些。」黛玉冷笑：「我為什麼助著他？我也不犯著勸他。」黛玉今晚恨透了所有人都忙不迭的又是勸戒，又是獻殷勤的，她偏要唱反調，「你這媽媽太小心了。往常老太太又給他酒吃，如今在姨媽這裏多吃了一口，想來也不防事。──必定姨媽這裏是外人，不當在這裏吃，也未可知！」哇，索性來個白羊式的挑撥了呢！

李嬤嬤又是急又是笑：「真真林姐兒說出一句話來比刀子還利害！」寶釵也忍俊不住，笑著把黛玉腮上一擰：「真真的，這個顰丫頭一張嘴，叫人恨又不是，喜歡又不是！」薛姨媽也趕忙順著黛玉的意思勸起酒來。

賈府中許多人對黛玉的觀感是「嘴裏愛刻薄人」、「多心」、「素習猜忌」等，像有一回湘雲失言指出黛玉和伶人齡官長得像，寶玉緊張地瞅了她一眼，湘雲因而生氣要打包回府，寶玉忙來陪不是：「好妹妹，你錯怪了我。林妹妹是個多心的人，別人分明知道，不肯說出來，也皆因怕他惱。誰知你不防頭，就說出來了，他豈不惱呢？我怕你得罪了人，所以才使眼色。你這會子惱了我，豈不辜負了我？」湘雲摔手道：「你那花言巧語，別望著我說！我原不及你林妹妹！「我本也不配和他說話：他是主子姑娘，我是奴才丫頭麼！」寶玉急道：「我倒是為你為出不是來了！我要有壞心，立刻化成灰，教萬人拿腳踹！」湘雲仍是氣不過：「這些沒要緊的歪話，你要說，你說給那些小性兒行動愛惱人會轄治你的人聽去！別叫我啐你！」便不再理會寶玉。

寶玉沒趣，只得又來找黛玉，誰知她也不理。寶玉苦惱地說：「凡事都有個緣故，說出來人也不委屈。好好的就惱，到底為什麼起呢？」黛玉冷笑：「問我呢！我也不知道為什麼。我原是給你們取笑兒的！拿著我比戲子，給眾人取笑兒！」寶玉道：「我並沒有比你，也並沒有笑你，為什麼惱我呢？」黛玉道：「你還要比！你還要笑！你不比不笑，比人家比了笑了的還利害呢！」

寶玉聽說，無可分辯。黛玉又道：「這還可恕。你為什麼又和雲兒使眼色兒？這安的是什麼心！莫不是他和我頑，他就自輕自賤了？他是公侯的小姐，我原是民間的丫頭，他和我頑，設如我回了口，那不是他自惹輕賤？你是這主意不是！你卻也是好心；只是那一個不領你的情，一般也惱了。你又拿我作情，倒說我小性兒行動肯惱人；你又怕他得罪了我；──我惱他，與你何干？他得罪了我，又與你何干呢？」寶玉……也不分辯，自己轉身回房。黛玉見他去了，便知回思無趣，賭氣去的，一言也不發，不禁自己越添了氣，便說：「這一去，一輩子也別來了，也別說話！」

黛玉果真是「純粹的」小心眼嗎？其實凡人幾乎誰都不能夠避免小心眼，誰都不喜歡被別人取笑，何況那個是那種年代！明末清初戲曲大家李笠翁就曾說：「天下最賤之人，娼優隸卒。」所以上昇處女的黛玉會如此強烈反彈，是可以理解也須諒解的：因為她深深覺得別人在刺傷她的自尊。無心之言也就罷了，偏偏大家都「當回事」地「心神領會」、「互使眼色」，最最可惡的是寶玉，倒先去安慰湘雲，既討不了乖還累得她更遭人冷嘲熱諷，於是巨蟹月亮及火星的黛玉只有把一腔傷心、怨恨化為利箭都射向寶玉──巨蟹人的情緒無法排解時，經常會拿最親近或對他們最好的人「開刀」（請參考巨蟹座／齡官）。

當然水星白羊的黛玉不會放過惹惱她的湘雲，也仿效湘雲「主子姑娘」的含沙射影；然而多心的雙魚、巨蟹黛玉也疑心湘雲是諷刺她家世怎能比得她「阿房宮，三百里，住不下金陵一個史」

的史公侯大小姐，於是莫名奇妙的在一線之隔的自尊與自卑線上擺盪，又自憐自貶起來。要說黛玉這是小心眼的話，那一向被視為英豪闊大寬宏量的湘雲在這一章節裏不也算是小心眼嗎？其實「都是月亮惹的禍」：獅子月亮認為事無不可不說，巨蟹月亮覺得事唯不可盡說，夾纏著這兩個月亮情思的對象都繫在同一人身上，當情緒勝於理智時，這兩類人都常有「退化成小孩子心性」的傾向：爭愛邀寵吃醋。

另有一回，薛姨媽遣周瑞家的將十二枝堆紗宮花送去給園子裏的姐妹，周瑞家的「順」著路將花一一送到，最後才來到黛玉跟前（當時黛玉跟著賈母住）。黛玉問她：「還是單送我一個人的？還是別的姑娘們都有呢？」周瑞家的回道：「各位都有了。」黛玉冷笑：「我就知道麼；別人不挑剩下的，也不給我呀。」這的確可稱之為小心眼，然而還是不「純粹」，因為黛玉的設防是著眼在自己被排在最後，尤其敏感的是「禮物是薛家給的」，這是因自尊心引發的心眼多。

其它所謂「小心眼」的事體，究其原因除了感到「自尊心受傷害」的「特定條件」外，一例是為了那「容不下一粒沙子、渣滓」的「情人的眼睛和情人的心」（其實這就是巨蟹火星「攻擊」的動機），甚少明顯有主動攻擊、別具用心的成分。

有時候溫柔婉約不一定是外在的乖順、輕聲細語，而是內心濃濃的情意；水象星座作用力強的黛玉，有她獨特的表現溫暖以及溫柔貼心的方式。其實，黛玉大有熱的向度的溫柔，只是她具有水象星座人的缺點：容易消極、不夠主動。所以只有少數知心人如紫鵑知道她的熱心腸，兩人也才能情同姐妹、相待如生死之交。再加上黛玉因為體弱多病，不能像一般人多做交際、廣結善緣，然而只要是走到她身邊來的，她都願意熱誠對待：對嘴巴尖利的晴雯，她能素日相厚；對賈母遣來送銀錢的佳蕙，她就中抓了兩把打賞；對寶釵教送燕窩來的兩個婆子，黛玉打諒外頭天冷，命人給他們幾百錢打些酒吃避避雨氣；對賈母青睞有加的寶琴並不嫉妒，反而比寶釵更多疼、更好十倍的對待；對痴心學詩的香菱，她認真耐心地講解、啟發、並鼓勵，等等。這樣的黛玉誰能說不溫柔可人？

不論黛玉的月亮情緒是如何曲折、變相地折磨他人或自我，當回復平靜時，她的雙魚太陽都會「懊悔」非常，自省「七分不是」的究竟是自己，這時的她會特別的溫柔體貼。像上頭提的梨香院飲酒一事，當二玉臨去之前，丫頭替寶玉戴上斗笠，因為手腳太粗引得寶玉不悅：「等我自己戴罷！」只見黛玉站在炕沿上道：「過來，我給你戴罷。」寶玉忙近前來。黛玉用手輕輕籠住束髮冠兒，……整理已畢，端詳了會，說道：「好了，披上斗蓬罷。」情狀至為婉暱；而比為戲子一事，黛玉見寶玉果斷而去，心裏好不自在，便「假以尋襲人為由，來視動靜」，將寶玉寫的

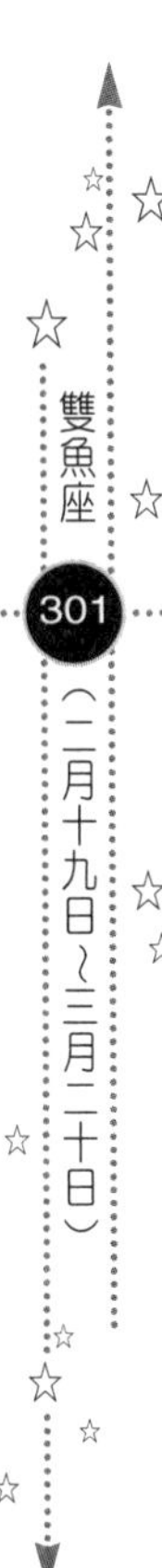

倘拿回去與釵、湘同看，最後「四人仍復如舊」。

寶、黛的月亮都在巨蟹座，氣質相近，因而彼此常會有「心心相印」、「心有靈犀一點通」的奇妙感覺。當黛玉看見寶玉的第一眼，竟然是吃一大驚，心想：「好生奇怪。……倒像在那裏見過的？……何等眼熟！……」，寶玉則笑道：「這個妹妹，我曾見過的。」也不管賈母笑他胡說，又道：「雖沒見過，卻看著面善，心裏倒像是遠別重逢的一般。」每個星座都有其特殊的自戀型式，不同於火象風象人的「外放」型，水象和土象是「含蓄」型，而水象往往帶有「自憐」的情緒；二玉眉梢眼角天然的一段風韻，是各人心中自戀過的自己，所以一見投緣，然而彼心終究不是我心，性情相近者，最容易犯的毛病是：「他應該最了解我的！他為什麼竟然不了解我？可恨他不了解我！」太過親近，反而有時更不能彼此體諒，都覺得對方「應該」最了解自己，或者是兩人執著之處太相似，反而經常陷入類同的情緒中越不能彼此排遣，因此二玉「既親密，便不免有些不虞之隙，求全之毀」。

另外，黛玉的巨蟹月亮落在寶玉的一宮，借用心理學的話來描述：黛玉對寶玉會有種「情緒臍帶」情結，會相當「依賴」寶玉，也就是說寶玉的反應會強烈牽動黛玉的情緒。情緒交流的親密度不消說是指數相當高，然而，兩人的關係中最不利的狀況會是：當情緒波動時，雙方都會感受到相當強的牽制力，一宮寶玉會覺得自我發展受到月亮黛玉所制肘、挫折，月亮黛玉會覺得情緒不能自主、認為一宮寶玉不能照顧到她的心，而至認為寶玉無情、摧折她，看起來好像月亮黛玉比較脆弱，其實兩人心碎、受傷的本質雖不相同，其強度、破壞度也不能說誰比誰嚴重、誰比誰更幻滅。

且看「多情女情重愈斟情」這一章：黛玉素日慪極自己是草木人兒沒個「憑藉」，最「過敏」寶釵有個金鎖可配寶哥兒的寶玉，偏偏在清虛觀又意外發現湘雲有個金麒麟，那張道士更好沒意思地在賈母跟前提什麼為寶玉提親之事。寶玉心中大不受用，恐怕林妹妹多心。

果然第二天黛玉在言語上又奚落寶玉，寶玉覺得黛玉歪曲誤解之心不可恕，因而沉著臉：「我白認得你了！罷了！罷了！」黛玉冷笑：「你白認得了我嗎？我那裏能彀像人家有什麼配的上你的呢！」寶玉不了解為什麼自己百般討好妹妹，憑他心愛的，只要妹妹要，他絕不吝惜，只求她別不理他，想起前日如此千萬鄭重地發誓心裏只有妹妹一個，當時是多麼地情意繾綣，為什麼她仍是要動不動拿出金鎖賭氣、現在又添個麒麟來壓派他：「你這麼說，是安心咒我天誅地滅？」雙魚的黛玉發現自己說錯話了，又是急又是愧，便抽抽搭搭哭起來，巨蟹的黛玉一腔素怨，只覺得不宣洩難以排遣，回馬一槍：「我要安心咒你，我也天誅地滅！」白羊的黛玉也忍不

住以反話試探：「我知道，昨日張道士說親，你怕攔了你的姻緣，你心裏生氣，來拿我煞性子！」

兩顆巨蟹月座的心，總是想方設法要印證愛人的心，真心隱微假意試探，安全感的巨盪，搖撼著真實，模糊了雙眼。巨蟹一宮的寶玉，多麼須要自由的空氣好讓「自我」能夠呼吸，他心中吶喊：「別人不知我的心，還可恕，難道你就不想我心裏眼裏只有你？你不能為我解煩惱，反來拿這個話堵噎我，可見我心裏時時刻刻白有你，你心裏竟沒我了。」「我不管怎麼都好，只要你隨意，我就立刻因你死了也是情願的；你知也罷，不知也罷，只由我的心，那才是你和我近，不和我遠。」巨蟹月亮的黛玉明明知道寶玉對她是深情珍重，可是他總是見了姐姐忘了妹妹的呀！可憐她的心好似懸著的柳條，隨著寶玉如風的飄忽不定而擺盪，心裏又一片灰涼：「你心裏自然有我；雖有金玉相對之說，你豈是重這邪說不重人的呢？我就時常提這金玉，你只管了然無聞的，方見的是待我重，毫髮私心了。怎麼我只一提金玉的事，你就著急呢？可知你心裏時時有這個金玉的念頭，我不提，你怕我多心，故意兒著急，安心哄我。」「你只管你就是了，你好我自然好。你要把自己丟開，只管周旋我，是你不叫我近你，竟叫我遠你了。」

寶玉一聽到「好姻緣」三字，心裏乾噎，什麼「通靈玉」，根本是「勞什子」！索性砸碎了，彼此才清淨！襲人趕忙上來勸道：「你和妹妹拌嘴，不犯著砸他。倘或砸壞了，叫他心裏臉上怎麼過的去呢？」黛玉聽了只覺「這話說到自己心坎兒上來，可見寶玉連襲人不如」，越發傷心大哭，心裏一急把方才吃的香薷飲都吐出來。紫鵑急得上前用絹子接住：「雖然生氣，姑娘到底也該保重些。才吃了藥好些兒，這會子因和寶二爺拌嘴又吐出來了，倘或犯了病，寶二爺心裏怎麼過的去呢？」寶玉聽了也覺「這話說到自己心坎兒上來，可見黛玉竟還不如紫鵑呢。」襲人勉強笑向寶玉道：「你不看別的；你看看這玉上穿了的穗子，也不該和林姑娘拌嘴呀。」黛玉怨極了寶玉如此左右她的心，巨蟹座的歇斯底里症發作，一把奪過來，順手抓起剪子就鉸：「我也是白效力，他也不稀罕，自有別人替他再穿好的去呢！」原本早已心軟的寶玉受不住黛玉如此蹂躪他的自我：「你只管鉸！我橫豎不帶他，也沒什麼！」

你證我證，心證意證，無可云證，無立足境，二玉互相較證，反將求近之心弄成疏遠之意，都是因為水象星座過度執著於情，才會求巧反拙，這時候須要旁人將之「攪和在一塊的情緒」拉開，而不是試圖當場化解；因為水象星座人通常感情主導理智、愛作繭自縛，對於情緒的結點最不善於疏理，然而他們自省力比較強，只要互相給予彼此思考的空間，才有「是立足境」。

過了一日，賈母見他兩個猶自生氣，難過地說：「我這老冤家是那一世裏造下的孽障，偏偏兒的遇見這麼兩個不懂事的小冤家兒，沒有一天不叫我操心！真真的是俗語兒說的『不是冤家不聚頭』了！」賈母這句「不是冤家不聚頭」傳到二玉耳內，兩人都好似參禪的一般，低著頭細嚼這句話的滋味兒，不覺的潸然淚下，一個在瀟湘館臨風灑淚，一個在怡紅院對月長吁，人居兩地，情發一心。寶玉畢竟太陽在風象星座，情緒恢復地快，還是先往瀟湘館來向黛玉陪不是。紫鵑笑語盈盈：「我這當寶二爺再不上我們的門了，誰知道這會子又來了。」寶玉回道：「你們把極小的事倒說大了。好好的為什麼不來？我就死了，魂也要一日來一百遭。」

寶玉運用雙子善於編巧說道理的作用力：「我知道你不惱我，但只是我不來，叫旁人看見，倒像是咱們又拌了嘴的是的。」雙魚和巨蟹座都是天底下最「好哄」的星座，寶玉繼續說：「要等他們來勸咱們，那時候兒，豈不咱們倒覺生分了？不如這會子，你要打要罵，憑你怎麼樣。千萬別不理我！」這就對了！只要對水象星座人擺出「咱們是同一陣線上的人」、只要讓對方感覺「他們在你心中的地位與分量」，他們就會投降！只是哄巨蟹座更費時、更須要巧勁，他們喜歡裝模作樣，只要你堅持力夠，多說十句好話，越是自責、越是小可憐樣，他們反而會越愧疚、越心疼。黛玉哭著：「你也不用來哄我！從今以後，我也不敢親近二爺，權當我去了！」寶玉笑道：「你往那裏去呢？」她說：「我回家去。」他說：「我跟了去。」她說：「我死了呢？」他說：

「你死了，我做和尚。」……

黛玉兩眼直瞪瞪的瞅了他半天，氣的噯了一聲，說不出話來；見寶玉鱉的臉上紫漲，便咬著牙，用指頭狠命的在他額上戳了一下子，哼了一聲，說道：「你這個……」剛說了三個字，便又嘆了一口氣，仍拿起絹子來擦眼淚。寶玉……自己也有所感，不覺掉下淚來；要用絹子揩拭，不想又忘了帶來，便用衫袖去擦。黛玉……一面自己拭淚，一面回身，將枕上搭的一方絹帕拿起來，向寶玉懷裏一摔，一語不發，仍掩面而泣。……

「好了！」突然鳳姐跳出來：「老太太在那裏抱怨天抱怨地，只叫我來瞧瞧你們好了沒有。我說不用瞧，過不了三天，他們自己就好了。」「倒像黃鷹抓住鷂子的腳，兩個人都扣了環了。」

水象星座人雖然不像火象星座人般：氣來地快散地也快，但是只要懂得把握他們對「感性」的須求，也是很容易達成和解的；但是也絕對不能「敷衍」，如果心結未解，下回出現爭端，他們還是會翻舊帳的。還有一點很奇特：雙魚與巨蟹座人有「眼淚情結」，不只自身愛哭，也喜歡情人為他們而哭；尤其是女性，他們並不認為男兒的淚是英雄氣短，而是男人眼淚的多寡等於情意的多寡。

黛玉的愴情妒恨大都是因為雙魚太陽胡思亂想、以及巨蟹月座的情思得不到安全感的保證。

然而一時的言語保證只是空中閣樓，一蹴到金玉之說，這安全感就被擊得粉碎。寶釵的存在，有時帶來的影響竟比寶玉強大。其實寶釵的月亮與黛玉的月亮是呈和諧相位，應該是很好相處的；只是黛玉的水星白羊和寶釵的金星摩羯呈衝突相，一直把寶釵想成假想敵，寶釵也認為黛玉太我行我素，總是藉機嘲諷她，因而兩人一直無法交心。等到寶釵聽到寶玉夢中喝叱金玉良緣，她才從迷夢中昇華出來，果然寶釵的主動用心，將兩人和諧相位的作用力發揮出來，終於能夠釋盡黛玉前嫌。因此「蘅蕪君蘭言解疑癖」不僅是釵、黛二人友好關係的轉捩點，對於黛玉的意義更重大，自此以後，黛玉終於可以盡情發揮她個人星圖的星體特質，終於脫掉那讓人誤以為她「心胸狹窄」的外殼，展現她的青春活力。

黛玉的水星白羊是她最大的活力來源，雖然她生來秉氣薄弱，但是一顆瀟灑風流、跌宕華贍的心卻是有限的軀體不能羈絆、桎梏的。撇開那些因身世飄零體性纖弱的工愁善病、因情感無託悲憐無命的怨春傷秋，黛玉其實是心活、愛笑的，且看劉姥姥在宴上逗地眾人發笑時，文靜的黛玉竟「笑岔了氣，伏著桌子，只叫『噯喲』」，且看瀟湘子雅謔補餘音，黛玉「一面笑的兩隻手捧著胸口」，且看蘆雪庵爭聯即景詩，黛玉「笑得握著胸口，高聲嚷道」，且看凹晶館聯詩，黛玉見湘雲機敏聰慧，不由得「起身叫妙」、「又叫好，又跺足」……。當黛玉暫忘伶仃、不自困情繭中時，她也能瀟瀟灑灑、落落大方。

由於白羊座的能量，黛玉在思想上相當有新意、創見，在人生態度上渾然有積極自信的氣派，因此她會做出高標倜儻的「五美吟」，並不令人意外——她歌詠自由：「效顰莫笑東村女，頭白溪邊尚浣紗」，她稱羨真情：「都緣頑福前生造，更有同歸忍寂寥」，她睥睨無知：「君王縱使輕顏色，予奪權何畀畫工」，她驚嘆不移的志節：「黥彭甘受他年醢，飲劍何如楚帳中」，她喝采識人巨眼：「長揖雄談態自殊，美人巨眼識窮途」，她欽慕巾幗理想：「屍居餘氣楊公幕，豈得羈縻女丈夫」！

黛玉白羊座正面的能量經常是發揮在詩社的交流中。黛玉沒有白羊能量更強的探春那麼有號召力、首開海棠詩社，沒有射手湘雲那麼劍及履及、搶邀第二（菊花）社，那是因為她上昇處女的節制能量，她得考量起社作東等實際金錢問題。當詩社一再因事延誤散了一年，她的桃花詩卻鼓舞了眾人重新整理詩社的興致，黛玉當了桃花社社主，雖然沒開成，倒底她還是和湘雲合開了柳絮社，印證了星圖中只要有重要的白羊主星能量，定有領導眾人的機會。白羊水星是顆相當自信果決、思緒敏銳、臨危不亂、愛作智慧冒險的星體，所以我們可以看到黛玉作詩下筆快、立意新，有時雖然悠悠哉哉半天沒動靜，其實她早就胸有成竹。

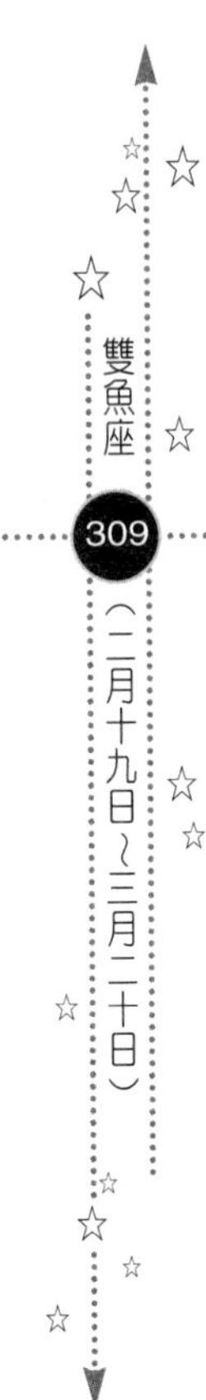

像初創海棠社，眾人第一次聚集創作，雖然名為賞花寄興寓情，然而恐怕每個人都不乏有較勁的衷心。只見黛玉「或撫弄梧桐，或看秋色，或又和丫嬛們嘲笑」，寶玉背著手一邊在迴廊上踱來踱去，一邊又催著黛玉：「香要完了，只管蹲在那向地下做什麼？」黛玉也不理他。等到李紈將所有人的詩唸完後，黛玉才道：「你們都有了？」說著，提筆一揮而就，擲與眾人。頭一句寶玉就喝采：「從何處想來！」再往下看，眾人禁不住叫好：「果然比別人又是一樣心腸！」水星白羊就是如此，要嘛就爭第一，不然就換成一鳴驚人式的壓倒氣勢，總之要與眾不同！

水星白羊的黛玉難免亦常暢快恣縱、鋒芒畢露、爭強好勝。像蘆雪庵聯詩時，她見識過湘雲的快捷詩才，到了凹晶館聯詩時，她全力以赴，聲稱「倒要試試咱們誰強誰弱」，幾次強打精神，一心想要壓倒湘雲，最後因為湘雲一句自然、新鮮、現成的「寒塘渡鶴影」，差點竟要擱筆了！湘雲怕她虛耗精神傷身：「就放著明日再聯也可。」然而黛玉豈肯認輸，半晌沉吟，終於對出個更新鮮奇譎的「冷月葬花魂」，並且說道：「不如此？如何壓倒你？只為用工在這一句了！」

不過幸好黛玉有雙魚、巨蟹水象星座與水瓶風象星座的緩和，因此她倒不會一意沉緬在白羊的爭鬥快感中，而更常能夠心悅誠服、神思嚮往他人所擁有的才華。雖然上昇處女及水星白羊的黛玉給予人的印象常是孤高自許、目無下塵、自我中心，但是在「文藝」面前，她是景仰與謙和的，因此當探春邀集眾人結詩社，寶玉嘆惋：「可惜遲了！早該起個社的！」黛玉卻說：「此時還不算遲，也沒什麼可惜；但只你們只管起社，可別算我，我是不敢的。」這並不是故作姿態，而是出自一片赤誠，不然黛玉不會在妙玉奚落她「你這麼個人，竟是大俗人」之後，卻因偶見妙玉有雅興「既邀她與湘雲至櫳翠庵飲茶、又提筆將二人凹晶館所聯之詩書寫出來」，竟是那麼地意外之喜。為了一圓素日對「世外妙玉或有別致高情」之心儀，她見機地說：「從來沒見你這樣高興，我也不敢唐突請教。這還可以見教否？苦不堪時，便就燒了；若或可以，即請改正改正。」當她察覺妙玉心有活動，忙說：「果然如此，我們雖不好，亦可以帶好了。」見妙玉揮灑而就，她忍不住傾倒：「可見咱們天天是捨近求遠！現有這樣詩人在此，卻天天去紙上談兵！」

秋爽齋結海棠社時，黛玉和寶釵尚未投合，然而在談文作藝當前，黛玉是誠懇真摯的，她建議「既然定要起詩社，咱們就是詩翁了，先把這些姐妹叔嫂的字樣改了才不俗」，變閨閣親伴為學友、去倫理次序而平等筆墨，這是她水瓶金星的別樣衷腸！當掌壇評閱的李紈論白海棠詩「風流別致自是瀟湘，含蓄渾厚終讓蘅蕪」，而讓她屈居第二，她不理論；當李紈論菊花詩，因黛玉的詠菊、問菊「詩也新，立意更新」，而推舉她為此次的詩魁，她卻是自謙「我那個也不好，到底傷於纖巧些」，更還稱讚湘雲供菊中的「圃冷斜陽憶舊遊」是頭一句好的。當寶琴編十首懷古

詩，寶釵對後二者取材自西廂記與牡丹亭，擔心寶琴讓人看輕，而示意另做，彼時釵、黛二人已有金蘭之默契，但是黛玉卻不因兩人之間形益親近而不提醒寶釵應該在思想上改掉不夠奔放、坦蕩的毛病：「寶姐姐也忒『膠柱鼓瑟，矯揉造作』了」，一如她教香菱作詩的要義：「詞句究竟還是末事，第一是立意要緊。若意趣真了，連詞句不用修飾，自是好的：這叫做『不以辭害意』」、「只管放開膽子去做」，並且認為「正要講究討論，方能長進」。

如果不是因為父母早亡，讓黛玉的太陽雙魚、月亮巨蟹益發強調脆弱無助的作用力，其水星白羊的自信心不會這麼容易受動搖、上昇處女及金星水瓶的堅強理性也不會一味任著水象星座的感情牽動思考方向。由於黛玉星盤中的水象星座太多，因此對「愛」的需求傾向全面與厚實，對愛的感覺經常會有不饜足感，好似得了愛的饑荒症，顯得特別沒有安全感。但是自黛玉從金玉之說的不安全感中跳脫出來後，她星盤中的日月三分和諧相，與金星、水星和天王星的六分和諧相終於能發揮良好的作用力。她對寶釵說：「往日竟是我錯了。實在誤到如今。」想從前，大為後悔不曾好好把握姐妹的歡聚、連帶地寶玉也陪她吃盡酸味苦衷。另外像凹晶館聯詩時，寶玉因晴雯病勢甚重諸務無心、探春因家事著惱無心遊玩、寶釵寶琴姐妹又不來賈府一同賞月，好好一個團圓的中秋，竟是如此七零八落、淒清荒疏，勾起她對景感懷的心事，若是從前的黛玉定然會傷心不住，然而她竟能接受湘雲的勸慰，克服心理的乖違濃愁，不忍掃湘雲作詩的豪興，可見其相位的和諧讓她已成長懂事不少！

至於木石姻緣終成鏡花水月，她應當不會再執著怨怪命運的乖舛：雖然雙魚和巨蟹人在面對挫折時，經常會自我放棄，最常見的是不愛惜生命，但是其心理過程未必全然是消極、厭世的，有時也可能是明白透徹、為理想美而死的；且看黛玉的星盤有這麼多和諧相位，垂死的她必然是一片澄和靈透，以她「情情」的純粹，死當死得潔淨沉慨，絕當絕地從情獨衷！

根據某些紅學家研究，黛玉之夭亡是因為元妃指婚二寶。其可信度相當高，因為黛玉是為「還淚」而來的，豈有「帶著怨恨寶玉的心而魂歸離恨天」之理？由於是元妃賜婚，寵愛黛玉的賈母也無能為力（如果依照現有程高本的安排，寶玉與祖母、母親之間的情感不是太尷尬了嗎？）。其實，黛玉早就有預感自己稟氣柔弱、孤命難長，她曾想過：「我雖為你（寶玉）的知己，但恐不能久待；你縱為我的知己，奈我薄命何！」她對寶釵說過：「不中用，我知道我的病是不能好的了」、「生死有命，富貴在天，也不是人力可強求的！今年比往年反覺又重了些似的」，因此在經過與寶釵的前嫌盡釋後，她的思緒不可能再限囿於當年的任性小器，而當該是「但求盡淚、不得我命」般思想躍進的解脫！

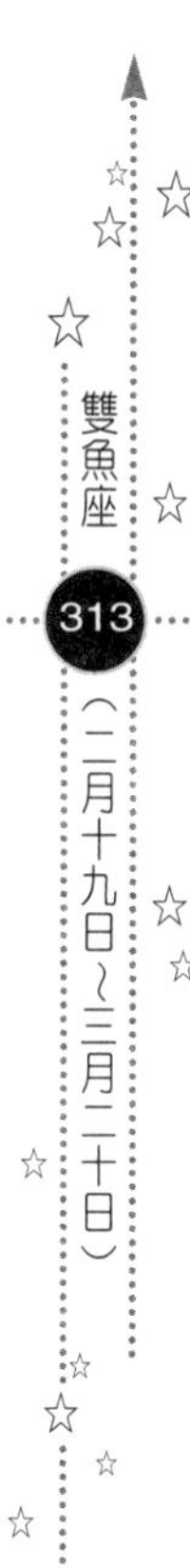

至於元妃深處宮中不曾與大觀園姐妹相處，何以單單看重寶釵，既送她紅麝串又賜旨她的婚呢？這「文章」是出在十八回末「天恩浩蕩，一月許進內省視一次」，那麼肯定是元妃的母親王夫人趁這內省之時，將她的觀感傳達給元妃。王夫人一向認為黛玉「素日是個有心的」、身體不好又「三災八難」的，元妃因愛弟心切，自然會傾向喜歡從時隨分、身體結實又門當戶對的寶釵了。證諸黛玉的星圖：元妃的水瓶太陽落在黛玉的第六宮，水瓶六宮人比較個人主義，雖然樂於團體工作，卻並不具有團隊精神，經常有離群索居的傾向，而黛玉的確性格「喜散不喜聚」，生命力不強悍，很難符合做為一個大家庭主子奶奶的氣勢與形象，她的多心尖利、愛惱任性更是抵觸傳統婦女的美德規範，因此元妃以她的太陽意志否絕掉黛玉的位置。這也算是封建共業（黛玉的冥王星在四宮）對黛玉的摧殘。

既然木石姻緣已無可如何，黛玉放棄了求生意志，不肯再吃藥，加速病魔的張狂，帶走她花樣的生命。一如怡紅夜宴黛玉所掣出的花名兒籤：明妃去時淚，灑向枝上花；狂風日暮起，飄泊落誰家？紅顏勝人多薄命，莫怨東風當自嗟；她是一朵風露清愁的芙蓉，綻開半季的清顏與芳馥；而芙蓉別稱「拒霜花」，姿清質雅獨自芳，不畏寒霜見高標……她並不怨怪寶玉，她是帶著愛而死的……。

寶黛的前世情緣

月亮坐落的星座，代表我們前世的記憶。

黛玉的月亮在巨蟹，寶玉的月亮也在巨蟹。他們兩人的情緣結於「太虛幻境」，且看他們的「來歷」：

當年這個石頭，媧皇未用，自己卻也落得逍遙自在，各處去玩；一日，來到警幻仙子處，那仙子知他有些來歷，因留他在赤霞宮中，名他為赤霞宮神瑛侍者。他卻常在西方靈河岸上行走，看見那靈河岸上三生石畔有棵絳珠仙草，十分嬌娜可愛，遂日以甘露灌溉，這絳珠草始得久延歲月。後來既受天地精華，復得甘露滋養，遂脫了草木之胎，換化人形，僅僅修成女體，終日遊於「離恨天」外，飢餐「祕情果」，渴飲「灌愁水」。只因尚未酬報灌溉之德，故甚至五內鬱結著一段纏綿不盡之意。常說：自己受了他雨露之惠，我並無此水可還；「他若下世為人，我也同去走一遭，但把我一生所有的眼淚還

他，也還得過了！」

巨蟹月座母性堅強，深富同情心，容易付出愛心，如春雨般潤澤萬物，時常扮演著照顧人的角色；另外，一旦受人點滴之恩，也必思圖汲泉湧報。

月亮掌管人與人之間情緒與感覺的親疏，因此寶黛這兩個巨蟹月座的人，常莫名地會有似曾相識的感知、很願意去互相了解、親近對方，很容易變為知己，或一拍即合，無論是做為情人或朋友，都是非常情投意合的一對。尤其雙方月亮都在同一星座時，關係最能維持長久，而親密度、及穩固的指數也最高。

寶黛的今世情緣

當我們要看兩人之間今世的緣分與速配程度的概況時，首要觀察兩人的太陽與月亮落入的星座及其所呈現的相位是否合諧。

如果以黛玉為主體，我們要觀察黛玉的月亮和寶玉的太陽。

黛玉的月亮在巨蟹，寶玉的太陽在雙子。由於雙子是風象星座，所以會加倍讓人有把握不定的感受；而巨蟹月座女子極度渴望的是：「安全感」，而偏偏這是雙子座人最容易「忘記」給予增強的、又恰巧是巨蟹座人認為的「愛情保證」。巨蟹月座一旦情緒不能得到滿足，就會出現負面情緒：情緒化、敏感多疑、胡思亂想、老是感覺心靈受傷。對感情看得過重的結果，卻遭到自以為不被關心、或不夠被關心的情緒折磨，也難怪會時常「五內鬱結」，鬧鬧小情緒。因此當巨蟹遇上雙子，這隻巨蟹就註定要比較受到情感的煎熬了。

如果以寶玉為主體，就要看寶玉的月亮和黛玉的太陽。

寶玉的月亮在巨蟹，黛玉的太陽在雙魚，都是水象星座，因此不用刻意努力經營，先天就能夠彼此包容、感覺親密。

巨蟹月座男子，在情感上不像巨蟹月座女子那麼明顯地受剋於情緒變化，比較能保持一貫「付出」的純粹，因此不會任性於情緒上的不滿足，或執著於相對的回饋，而走入極端或情感的死胡同（參考天蠍座／尤三姐的巨蟹月座部分）。因此被巨蟹月座男子愛上，可以說是世間女子的幸福。

巨蟹月座男子，很能夠安撫雙魚敏感纖細的情緒神經，兩者對感情都比較重視一生一世的付出與犧牲。如果先不論重要星體的相位是否有刑剋，或者撇開外在事件及內在情緒的影響，那麼這一對真是愛地水乳膠融，愛地死心塌地，愛地纏纏綿綿，愛地忘記日月星辰，愛地只羨鴛鴦不羨仙，乃天生的神仙眷侶也！

綜觀而論，寶黛的速配指數相當高，如果想減少情感世界的風風雨雨，其課題就在：寶玉應當多修習「定性」，黛玉則該調整「我執」。

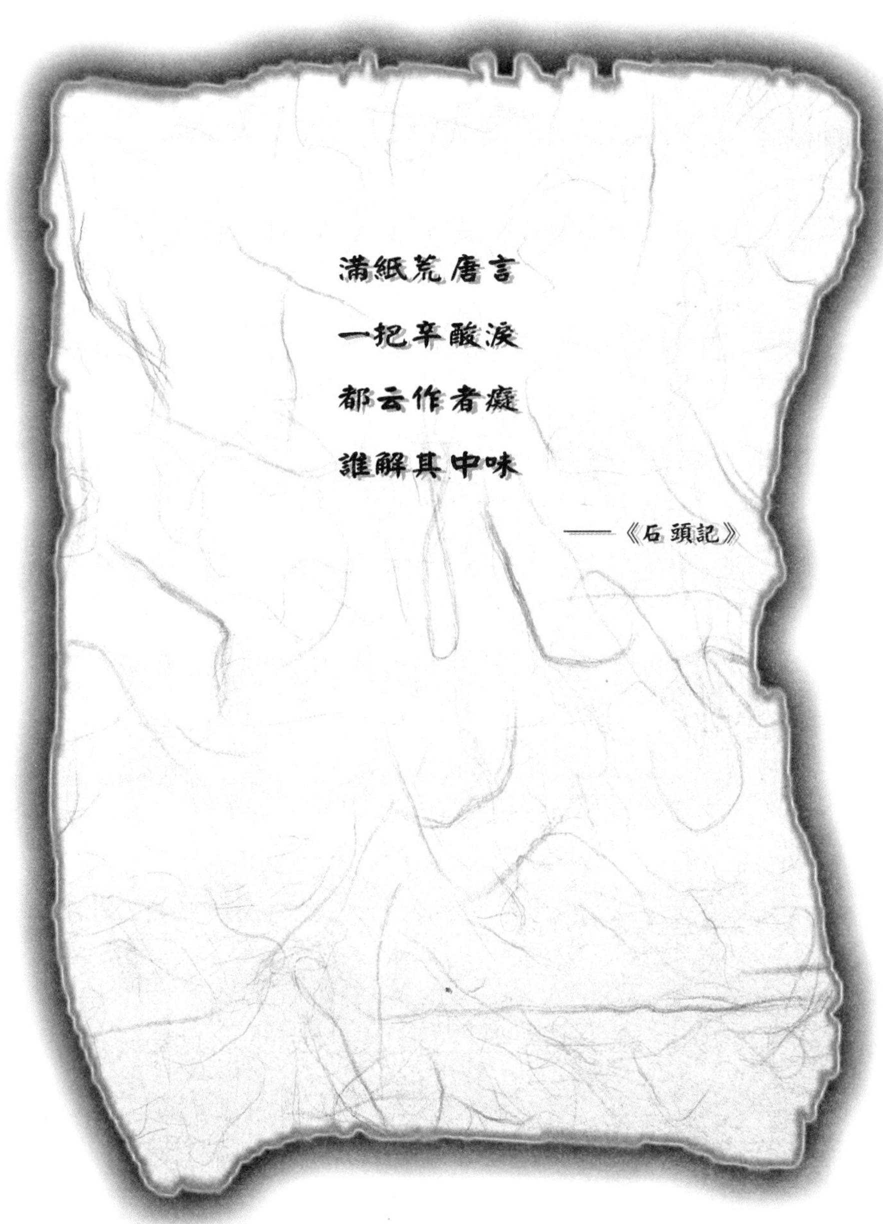
滿紙荒唐言
一把辛酸淚
都云作者癡
誰解其中味
——《石頭記》

國家圖書館出版品預行編目資料

紅樓摘星：紅樓夢十二星座／風雨　琉璃作.--
初版.--臺北市：生智，1999〔民88〕
面；公分.--（Lot系列；5）

ISBN　957-818-055-1（平裝）

1. 占星術

292.22　　88012460

紅樓摘星 紅樓夢十二星座

Lot系列 05

著　　者／風雨　琉璃
出 版 者／生智文化事業有限公司
發 行 人／林新倫
總 編 輯／孟　樊
執行編輯／范維君
美術編輯／周淑惠
登 記 證／局版北市業字第677號
地　　址／台北市文山區溪洲街67號地下樓
電　　話／886-2-23660309　886-2-23660313
傳　　真／886-2-23660310
印　　刷／鼎易印刷事業股份有限公司
法律顧問／北辰著作權事務所　蕭雄淋律師
初版一刷／1999年11月
定　　價／新台幣 250元
I S B N／957-818-055-1

北區總經銷／揚智文化事業股份有限公司
地　　址／台北市新生南路三段88號5樓之6
電　　話／886-2-23660309　886-2-23660313
傳　　真／886-2-23660310

南區總經銷／昱泓圖書有限公司
地　　址／嘉義市通化四街45號
電　　話／886-5-2311949　886-5-2311572
傳　　真／886-5-2311002

郵政劃撥／14534976　　帳戶／揚智文化事業股份有限公司
E-mail／tn605547@ms6.tisnet.net.tw
網　　址／http://www.ycrc.com.tw